高等学校小学教育专业教材

# 汉 语

## （下编）

主编　马景仑

南 京 大 学 出 版 社

**图书在版编目(CIP)数据**

汉语/马景仑主编.—南京:南京大学出版社,
2000.1(2017.8重印)
高等学校小学教育专业教材
ISBN 978-7-305-03480-0

Ⅰ.汉... Ⅱ.马... Ⅲ.汉语-高等学校-教材
Ⅳ.H1

中国版本图书馆CIP数据核字(1999)第57817号

丛 书 名 高等学校小学教育专业教材
**书　　名 汉　语(下编)**
主　　编 马景仑
责任编辑 周　明
装帧设计 赵　庆
责任校对 汪　明
出版发行 南京大学出版社
(南京汉口路22号南京大学校内　邮编210093)
印　　刷 丹阳市兴华印刷厂
经　　销 全国各地新华书店
开　　本 850×1168　1/32　印张11.5　字数285千
2000年3月第1版　2017年8月第15次印刷
印　　数 39501-42500
定　　价 23.00元
ISBN 978-7-305-03480-0


**发行部订购、联系电话:83592317、83593695、83596923**

# 高等学校小学教育专业教材
# 编写委员会名单

# 前　言

培养具有较高学历的小学教师是江苏社会主义现代化建设和基础教育事业发展的迫切需要，也是我国师范教育改革发展的必然趋势。1984 年，江苏省南通师范学校在全国率先进行培养专科程度小学教师的五年制师范教育试验；1998 年，通过联合办学形式，组建南京师范大学晓庄学院，在全国率先进行培养本科程度小学教师的试验，使江苏省较早启动了以高学历、高素质为基本特征的“跨世纪园丁工程”。10 多年来，试验院校为基础教育输送了一大批新型小学教师，提升了小学教师的学历结构，提高了小学教育教学质量，受到了教育行政部门和用人单位的普遍欢迎。但自试验以来，江苏省乃至全国还没有一套专为培养、本专科程度小学教师而编写的小学教育专业教材，这不能不说是一种缺憾。

1997 年 6 月，江苏省教委根据原国家教委师范教育司《大学专科程度小学教师培养课程方案(试行)》的基本精神，组织制订并印发了《江苏省五年制师范课程与学习手册》，对培养专科程度小学教师的目标、规格、课程体系作了明确规定，对各专业所开设课程的目标、内容和要求作了具体说明。1999 年 6 月，又对《江苏省五年制师范课程与学习手册》中小学教育专业课程方案进行了修订，正式颁布了《江苏省五年制师范小学教育专业课程方案(试行)》(以下简称《方案》)，标志着江苏省培养专科程度小学教师的五年制师范教学内容和课程体系的确立。“九五”期间，原国家教委师范司组织成立了“面向21世纪本、专科学历小学教师专业建设”课题组，江苏省教委和南京师范大学承担了其中一系列的子课题研究任务，编写教材纳入了课题组的预期研究成果，这为教材建设提供了理论和实践上的准备。为了着力解决培养本、专科程度小学教师学校教材紧缺的燃眉之急，进一步规范和完善教学管理，切实保证教学质量，江苏省教委组织编写了这套高等学校小学教育专业教材。

这套教材以全面贯彻党的教育方针，全面提高教育质量为宗旨，以教育要“面向现代化、面向世界、面向未来”为指针，以《方案》为依据，体现素质教育思想和改革创新精神，体现大学文化程度和为小学教育服务的内在要求，遵循小学教师成长的规律和学科教学特点，加强通识教育，注重文理渗透，强化职业能力培养，合理安排教材结构，科学构建教材体系。在教材编写过程中，充分汲取了省内外试验院校的教学经验，并注意借鉴国际师范教育教学改革的先进成果，在确保科学性的前提下，进一步突出教材内容的时代性、针对性和系统性，坚持师范性和学术性统一，基础性和发展性并重，使教材体系更加符合培养面向21世纪本、专科学历小学教师的需要。

全套教材按照“整体规划、分步实施、逐步到位”的教材建设目标进行编写。第一批主要编写《方案》中规定的学科专业必修课、教育专业必修课和部分选修课的教材，共计38本。

学科专业课教材有：《文学理论》、《中国古代文学》、《中国现当代文学》、《外国文学》、《汉语》、《写作》、《普通逻辑概要》、《儿童文学》、《人文社会科学基础》、《高等代数》、《数学分析》、《空间解析几何》、《概率与统计》、《算术基本理论与数论初步》、《微机辅助教学软件设计》、《普通物理》、《现代科技概论》等17本。

教育专业课教材有：《教育基本原理》、《教育技术教程》、《教育技艺原理与训练》、《教育科研方法》、《儿童心理学》、《班队管理》、

《小学语文教材概说》、《小学数学教材概说》、《小学语文教学概论》、《小学数学教学概论》等10本。

选修课(必选)教材有:《大学语文》、《高等数学》、《中国文化概说》、《教育思想史》、《素质教育论》、《教育现代化》、《家庭社区教育》、《教育伦理学》、《现代教育思潮》、《小学教育个案研究》、《小学教育比较研究》等11本。

本套教材由国内学养深厚的知名专家学者担任主编,一大批具有丰富教学经验和较高学术水平的学科带头人集体参与编写,确保了教材质量。

本套教材适用于培养大学本、专科学历小学教师的全日制学校,也可以作为在职小学教师本、专科学历进修、继续教育和自学考试的指定教学用书。

培养本、专科学历小学教师是一项面向未来的探索,小学教育专业建设尤其是教材建设尚处在起步阶段。由于缺乏经验,加上编写时间仓促,难免存在一些不足之处,各地在具体使用过程中有什么问题或建议,请及时与江苏省教委师范教育处联系,以便修订完善。

高等学校小学教育专业
教材编写委员会
1999年8月

# 目　录

# 下编　古代汉语

# 第一章　绪　论

我们知道，语言是人类社会最重要的交际工具，是语音和语义的结合体。语言的本质属性，就是它的社会性。语言是社会约定俗成的产物。因此，不同的民族有着不同的语言。任何一种语言，都是由语音、词汇、语法组成的完整的符号体系。

在本教材"上编"中，我们已经系统地介绍了现代汉语的构成情况及有关知识。在"下编"中，我们将对古代汉语的构成情况和有关知识进行一番剖析和介绍。

古代汉语是相对于现代汉语而言的，它是古代汉民族的语言。"汉族"这个名称，源始于汉代。公元前206年，汉高祖刘邦击败项羽，平定天下，建立了汉朝。西汉时期，疆域辽阔，人口众多，经济发达，国力强盛。尤其是建元二年(公元前139年)和元狩四年(公元前119年)，汉武帝两次派遣张骞出使西域，加强了中原地区和西域少数民族的联系，发展了汉朝和中亚各国人民的友好关系，开辟了著名的"丝绸之路"，促进了中国和西方的经济文化交流。当时，无论是中国人还是外国人，都把生活在中国的民族，称作"汉族"或"汉人"。

在汉朝建立之前，中国人叫"华"族、"夏"族或"华夏"族。"华"

是“花”的意思，“夏”是“大”的意思。“华”的篆体作“”，就像一朵盛开的鲜花(上部中间是花蕊，两旁是花瓣，下部是花萼)，后来又加草旁(草字头)作“”。花是最美的东西，因此，“华”引申出“美”义。“夏”的篆体作“”，由“页”、“臼”、“夂”三部分组成，分别表示人头、两手和两腿，实际上是画了一个完整的人形(头、手和腿之间的“身体”省略)。《说文解字》(东汉许慎著，公元100年成书，中国古代第一部字典)云：“夏，中国之人也。”在古人的观念中，“天大、地大、人亦大”(《说文解字》“大”字说解)，“大”的字形就像一个两腿分立、两臂侧举的人形。因此，“夏”也就引申出“大”义。那么，中国人为什么用“华”、“夏”作为自己民族的称呼呢？唐代著名学者孔颖达(公元574－648)在注解《左传》时，点出了这个问题的答案。《左传·定公十年》记载了孔子“裔不谋夏，夷不乱华”的话(“裔”、“夷”均指边远少数民族)，孔颖达疏云：“中国有礼仪之大，故称夏；有服章(表示官员身份品秩的服饰)之美，谓之华。华、夏一也。”原来，“华”、“夏”的称呼，充分地反映了我们的祖先对中华文明的骄傲和自豪，反映了我们中国早在两千五百多年之前就是一个礼仪之邦、文明之国。直到今天，我们的国家还叫“中华”，简称“华”。作为后代子孙，我们应当为祖国感到自豪。

古代汉语是个历时的概念。一般来说，人们以1919年的“五四”运动为分界线，在此之前的汉语叫“古代汉语”，在此之后的汉语叫“现代汉语”。这是因为“五四”运动是一场伟大的新文化运动，它提倡科学和民主，反对迷信和专制，提倡白话文，反对文言文，对汉语，特别是书面汉语的发展产生了极其巨大的影响。但是，由于语言的发展变化是一个长期缓慢的渐变过程，需要几十年甚至几百年才能看出其语音系统、基本词汇和语法结构的质的变化，因此，我们决不能机械地以1919年5月4日这一天作为古今汉语的分水岭。大致说来，由古代汉语发展到现代汉语，应以十九世纪后期至二十世纪初叶的几十年为过渡时期。

汉语有口头语言和书面语言之分。前者是“说”的语言，以语音为其物质外壳，诉诸人们的听觉；后者是“写”的语言，以文字为其物质载体，诉诸人们的视觉。这两种语言形式既有联系，又有区别。从理论上说，古代汉语应当既包括古代的口头语言，也包括古代的书面语言。“但是，古人已经死了，现代的人不可能听见古人说话，古人的话只能从古代留传下来的文字反映出来。因此，所谓古代汉语，实际上就是古书里所用的语言。”（王力《古代汉语常识》，人民教育出版社 1979 年 1 月第 1 版，第 1 页）明确“古代汉语实际上就是古书里所用的语言”即古代的书面语言这一点十分重要，它可以使我们确定古代汉语的学习范围和研究对象。

古代汉语的书面语言，根据目前的考古发掘，大约可以追溯到殷商时期的甲骨卜辞，距今约三千几百年。夏代及其以前的语言状况，我们无从得知，也无法学习和研究。在汉语史上，一般将古代汉语划分为四个时期：1. 远古时期，指殷商；2. 上古时期，指周秦两汉；3. 中古时期，指魏晋南北朝隋唐宋；4. 近古（近代）时期，指元明清。

古代汉语的书面语言，大致有两个系统：一个是以先秦口语为基础而形成的上古汉语书面语言以及后来历代作家仿古作品中所使用的语言，即人们通常所说的“文言”；一个是六朝以后在北方话基础上所形成的书面语言，即所谓“古白话”。由于古白话距今较近，同现代汉语的差异较小，使用范围较窄（一般只限于民间文学和笔记语录等作品，如唐代的变文、宋代的平话和语录、元代的戏曲、明清的小说等。著名的长篇小说《水浒传》、《红楼梦》、《儒林外史》、《金瓶梅》等，就是用古白话写的），现代人容易读懂，所以古白话不是古代汉语课的学习对象。古代汉语课学习的对象是古代的文言。这不仅因为文言的形成距今较远，同现代汉语的差异较大，人们难以理解，而且因为文言一向是中国古代占主流地位的书面语言，上至国家的典章制度、法律条文、大事记载、奏议诏令，下至文人墨客的政论书策、墓志碑铭、山水游记、书说赠序，都是用文言来写作的。秦代以后，历代作家都以文言创作仿古作品，如唐宋八大家的散文，清代桐城派的古文，都是运用文言的范例。因此，掌握了文言，也就掌握了打开中国古代典籍宝库大门的钥匙。

解放以来，《古代汉语》一直是大学中文系学生的必修课。对于以培养小学教师为目标的高等学校小学教育专业的学生来说，也应当学习一些古代汉语的基础知识。这不仅是为了适应未来小学语文教学的要求，也是为了提高这些学生本身的文化素养和综合素质。从某种角度讲，古汉语水平的高低，是衡量一个人语文水平高低的标志，而语文水平的高低则往往表现了一个人文化水准的高低。掌握了古代汉语，我们就能看懂古代的典籍，更好地批判继承光辉灿烂、博大精深的中国古代文化，从而为建设新时代的精神文明作出贡献；掌握了古代汉语，我们就能更深刻地了解古今汉语之间的发展规律和继承关系，从而大大加深对现代汉语的认识，提高语言文字水平；掌握了古代汉语，还可以帮助我们更好地学习古代文学和中国历史、中国哲学等课程，扩大知识领域，拓展研究空间，为进一步深造创造条件，从而为社会作出更大的贡献。总之，对于未来的小学教师来说，古代汉语知识不仅是必要的，而且是必需的。

学习古代汉语，应当贯彻理论联系实际的原则，将理论学习、文选阅读和常用词的理解记忆紧密地结合起来。我们这部教材，虽然由于体例的关系，不能不以古汉语理论的阐述为主，但为了防止理论脱离实际的倾向，在每章的每一节后面，我们都安排了若干复习思考题，其中有不少题目是标点和翻译文言短文。这些短文，实际上是对本教材正文未列古汉语文选和常用词这一缺憾的弥补，务望引起学习者的高度重视。我们希望使用这部教材的学生，不但要逐字、逐词、逐句地读懂读通所有短文，而且要反复诵读这些文章，有的最好能背下来、默写出来，以便增强语感，加深记忆。

此外，也希望大家重视课外学习，多找一些文言作品（如《古文观止》、唐宋八大家散文、《史记》、《资治通鉴》等）阅读，以开阔眼界，增加知识。

我们这部教材“古代汉语”部分的内容，除绪论外，由文字、词汇、语法、音韵及修辞、标点、翻译和常用工具书五部分组成，基本上涵盖了古汉语理论的核心内容。我们这儿所介绍的，都是一些最基本、最重要、最实用的概念和知识，其中也不乏学术界的最新研究成果。希望学习者能从这部教材中获得比较系统的古汉语理论知识，为今后进一步钻研打下良好的基础。

美国当代著名汉学家罗杰瑞（Jerry Norman）教授在《汉语概说》（语文出版社 1995 年 1 月第 1 版，张惠英译）一书中指出：“从公元前 3000 年一直延续至今的深厚的中国文化统一体，即使在过去政治分裂的时期，那种文化上一统的单一帝国理想，从没被忘却过。汉语，特别是它的书面语，一直是这个文化统一体的最有力的标志。”（见该书第 1 页）古代汉语在“中国文化统一体”的形成和发展过程中，曾经起过极其巨大的作用；今天，它仍在为社会主义新文化的建设提供源源不断的养料。有人说，二十一世纪将是中国的世纪，将是汉语和汉文化的世纪。我们一定要学好古代汉语，为中华的腾飞、为中华文化在新世纪的发展，作出我们应有的贡献！

## 复习思考题

1. 什么是语言？

2. “汉族”是怎样得名的？

3. 为什么古代中国称“华”、称“夏”？

4. 什么是“古代汉语”？

5. 在汉语史上，古代汉语划分为哪几个时期？

6. 古汉语书面语言有哪几个系统?
7. 古代汉语课的学习对象是什么?
8. 为什么要学习古代汉语?
9. 怎样学习古代汉语?
10. 古代汉语的教学内容有哪些?

# 第二章 文 字

## 第一节 汉字的特点及其产生、发展简况

### 一、汉字的特点

文字是记录语言的书写符号的系统，是最重要的辅助、扩大和完善语言的交际作用的工具。文字不等于“字”，“字”只是文字系统中单个的书写符号。汉字就是记录汉语的书写符号的系统，它包括汉字的所有构字部件（主要指由基本笔画构成的各种偏旁，如形旁、声旁等）、汉字中所有的字（总数超过5万）、汉字的书写规则（如每个字的书写笔顺，组成文章的字自上而下或自左而右的书写顺序等），以及标点符号及其使用规则。正因为汉字是形成了完整体系的书写符号，所以它才能正确地记录汉语。

唐代著名学者孔颖达在《尚书·序》的正义（“正义”是古代一种注释的名称）中说：“言者意之声，书者言之记。”意思是说：语言（言）是思想（意）的声音表现形式，文字（书）是记录语言的书面符号。这句话清楚地说明了文字（书）同语言（言）和思想（意）之间的关系。

汉字是一种表意体系的文字，汉字的根本特点，就在于每一个字都是形、音、义三者的统一体。

每一个汉字都有其固定的书写形式，这就是“形”；每一个汉字都有固定的读音，这就是“音”；每一个汉字都表示特定的含义，而这种含义同它的字形结构紧密相联，这就是“义”。形、音、义三者密不可分，紧紧结合。

例如，“牟”字，现代读音为 móu，在造字之初，其含意为“牛鸣也”。“牟”的字形与“牛鸣”之义紧密相联：下部的“牛”，表示动作的主体是牛；上部的“厶”则“象其声气从口出”。“牟”字的字形实际上就像一头牛在鸣叫的样子，其读音 móu 也与“牛鸣”之声相近。

再如，“黑”字，现代读音为 hēi，其造字之义为“火所熏之色也”。“黑”的字形与“火所熏之色”的意义紧密相联：在“黑”的篆体字形中，上部是古文“囱”字，中、下部合成一个“炎”字；以“炎上出囱”的形体表示“火所熏之色”，真是十分确切。清人王筠在《说文释例》中指出：“今人亦呼灶突为烟囱，……是烟所由出，故‘黑’字从之。”

又如，“颖”字，其含义为“禾末也”，即禾穗上的芒刺。清代最著名的文字学家段玉裁在注解中国古代第一部字典《说文解字》(简称《说文》)时指出：“近于穗及贯于穗者”都叫“颖”。“颖”这个字的结构，是“从禾，顷声”。“从禾”，表示“颖”的含义与“禾”有关；“顷声”，表示“颖”古代的读音与“顷”相同或相近。“颖”字的形、音、义就是这样紧密地结合在一起的。

了解汉字的这一特点，对于深刻理解汉字的结构，从而准确地掌握古汉语的词义，提高文言文的阅读鉴赏能力，具有十分重要的意义。

## 二、汉字的产生过程

汉字从诞生至今，已有五六千年了，它是世界上最古老、最有生命力的文字。根据古籍记载，在汉字诞生之前，中华民族的先民是以实物记事和图画记事来帮助记忆、辅助交际的。

上古的实物记事,主要有结绳、结珠、讯木等。所谓结绳,就是用绳打结,以不同形状和数量的绳结标记不同的事件。《周易·系辞下》说:"上古结绳而治,后世圣人易之以书契。"《老子》、《庄子》、《尚书·序》、《说文解字·叙》等古书,也有关于结绳记事的记载。《周易集解》引《九家易》云:"古者无文字。其有约誓之事,事大大其绳,事小小其绳。结之多少,随物众寡,各执以相考,亦足以相治也。"所谓结珠,指用绳子把贝壳串起来,以不同颜色、不同数量的贝壳表示不同的事情。据说中国的算盘即起源于结珠。所谓讯木,指在一根木棒或竹条上,刻上各种花纹或齿画,有时还插上一些附加之物,用以记录事情或传达命令。古代的令箭、符信等,就具有讯木的性质。据古书记载,直到春秋战国时期,社会上还在使用具有讯木性质的"刻契"——刻上齿画以记数量的竹木之札。实物记事同文字的产生并无直接关系,但它们是文字产生之前的孕育阶段。

上古的图画记事,是以具体的图画来记载事情、传递信息、辅助交际。由于记事图画形象、明了,表达的内容丰富、复杂,因此,它比实物记事大大地前进了一步。但是,记事图画并不记录语言,并无固定的读音和相对固定的形体,也不代表一定的词句,所以它还不是文字。不过,记事图画已经是象形文字的直接萌芽,是象形文字产生的基础。

记事图画在长期的发展过程中,所表概念逐渐固定,图形线条逐渐简化,形体相对定型,成了形象化的符号,而且同语言里的词发生了固定的联系,并被赋予一定的读音,成为记录语言的书写符号——只有到这个时候,它才同"记事图画"产生了质的差别,真正变成了文字。早期的象形字之所以具有浓厚的绘形意味,是因为它们都是由记事图画发展而来的。

在中国历史上,曾经长期流行"仓颉造字"的传说,在《荀子》、

《韩非子》、《吕氏春秋》等典籍中，对此都有记载。甚至连《说文解字》的作者许慎也说："黄帝之史仓颉，见鸟兽蹄迒之迹，知分理之可相别异也，初造书契，百官以乂，万品以察。"但这种说法是不可靠的。事实上，汉字是经过长期的孕育，才逐渐由记事图画发展而成的；汉字的产生，凝聚了几十代、几百代人的心血和智慧，决不可能是一个人的创造。仓颉可能是古代一位对汉字很有研究，在收集、整理和传播汉字方面作出过巨大贡献的人，因而后人把创字之功附会到他身上。

## 三、汉字结构的发展简况

汉字是一种以象形字为基本构字部件的表意体系文字。汉字结构的发展，经历了表形、表意和音义结合三个阶段。

### （一）表形阶段

表形阶段的汉字，主要是直观描拟外物的具体形象的象形字，它们有的是直接从记事图画脱胎而来的。象形字数量不多，大约只有几百个。如"鹿"、"鱼"、"人"、"马"、"牛"、"羊"、"刀"、"木"、"手"等。这一阶段的汉字还包括能表示一些抽象概念的指事字，如"刃"、"本"、"末"等。

### （二）表意阶段

有些比较抽象、复杂的概念，用象形、指事难以造字，人们就用两个或几个象形字（或指事字）组合在一起表示，形成了会意字，汉字进入了表意阶段。"友"、"步"、"晶"、"比"、"看"、"右"、"牢"、"囚"、"逐"等字，都是会意字。会意字的数量比象形字多些，总数约近一千个。

### （三）音义结合阶段

表形和表意的字，只能用形象或抽象的图形、符号来表示语词的含义，而不能表示语词的读音。文字的作用，就是记录有音的语词，因此，这些字在使用上和发展上，就受到很大局限。为了克服这个缺点，人们就以已经造好了的表形、表意字为基础，创造了音义结合的造字方法，汉字进入了音义结合的阶段。

音义结合阶段的汉字，是指由表义的形旁与表音的声旁组合而成的形声字。形旁所表的“义”，并不是形声字本身的含义，而仅仅是形声字含义所属的意义范畴，也即形声字所属的“义类”；声旁所表的“音”，是形声字初创之时的读音。如“江”、“河”、“语”、“词”、“施”、“娃”、“蛤”、“情”等，都是形声字。

形声字不但表义，而且表音，同活的语言联系密切，因此，形声字的生命力极强，音义结合的造字方法的能产性也最强。在汉字发展的历史过程中，形声字所占的比例越来越大。据统计，在1226个甲骨文之中，象形字277个，指事字20个，会意字396个，形声字334个，用于假借的字129个，结构不明的字70个，形声字约占27%；在东汉许慎所著的《说文解字》中，共收9353个篆字，其中象形字364个，指事字125个，会意字897个，而形声字则有7967个，约占85%；宋代郑樵《通志·六书略》统计了当时22796个字，其中象形、指事、会意字共1455个，形声字却多达21341个，约占94%。这些统计数字表明，形声字在汉字中逐渐占绝对优势，一直延续到现代。

### 四、汉字形体的发展简况

汉字形体的发展，大致可分为两个阶段。

#### （一）从商周古文到秦代小篆

商周古文主要是甲骨文和金文。甲骨文是殷商时代用金属刀具刻划在晒干了的乌龟腹甲和牛羊肩胛骨上的文字。这种文字是殷商王室用来记录占卜吉凶之事的，因此，又叫“卜辞”或“殷墟卜辞”，也叫“契文”。甲骨文最初出土于河南安阳小屯村的殷墟，光绪二十五年（1899年）才被发现。1928年以后，经过多次发掘，先后出土十余万片。已发现的甲骨文单字约4500个，其中已被人们认识的约1700个。甲骨文是一种相当成熟的文字，它的结构，包含象形、指事、会意、形声等。但甲骨文中多数字的结构部位和书写笔画还没有定型（如“人”字就有六七十种写法）。最近几十年，在陕西扶风、岐山一带的周原等地，也发现了一些西周时代的甲骨文。由于甲骨文是用刀具刻在坚硬的甲骨上的，因而其笔画多为细而长的“瘦笔”。甲骨文的形体尚未定型，异体字很多。

金文，又叫“钟鼎文”，是殷周两代铸刻在青铜器上的铭文。青铜器一般是商周王室或贵族用来祭祀、宴饮的器皿，称作“彝器”或“礼器”。商代在青铜器上铸刻的铭文，字数较少，字体与甲骨文相近。周代的铭文，字数渐多，最长的近500字，内容多为记载典祀、宣扬征伐、赏赐功臣、订立盟约、训诰百官等；其字形笔画比甲骨文宽、粗，多为“肥笔”，显得浑厚古朴。

春秋战国时期通行于中国西部的文字，是大篆，又叫“籀文”。大篆是相对于小篆而言的，其笔画圆匀，结构繁复。

小篆又叫“秦篆”，本是秦国使用的文字，是在籀文的基础上发展、简化而成的。秦始皇统一全国后，采纳李斯的建议，推行“书同文”即统一文字的政策，以小篆为全国通用的标准字形，废弃了通行于其他地区的异体字（如六国古文等）。小篆笔画圆匀，粗细一致，结构比籀文简单。

甲骨文、金文、大篆、小篆，总称古文字。这一阶段汉字的形体特点，主要是圆形和弧线较多，“点横撇捺”等笔画不够分明，图画意味较重。

### （二）从小篆到楷书

秦代规定以小篆为标准字形，但由于“奏事繁多，篆字难成，即令隶人佐书，曰隶字”（晋卫恒《四体书势》）。这儿的“隶人”是指官府衙门里面专司缮写抄录的胥吏，是一种职位低微的吏役。秦始皇允许他们用“隶字”书写公文，是高明之举。相传隶书的创始者叫程邈。程邈曾为县狱吏，因得罪秦始皇，被幽禁于云阳狱中。他苦思十年，变大小篆方圆而为隶书三千字奏之，始皇称善，用他为御史。隶书在形体上与小篆的结构、笔势大不相同，它把小篆圆匀宛转的线条变成平直方折的笔画，又把小篆一些复杂的笔画加以简化，并打破小篆原先的字形结构，使一篆变数形或数篆变一形，使小篆丧失了原先的形象性。由于隶书字形简单，书写方便，大大便捷了人们的掌握使用，因此，到了汉代，它就取代了小篆的地位，成为全国通行的主流字形。从小篆到隶书，是汉字形体上的一次重要改革，是古文字和今文字的分水岭。

汉代末年，在隶书的基础上，又产生了楷书。楷书是对隶书的简化，它减省隶书之波磔，形体方正，笔画平直，易写易认，至魏晋已广泛通行，一直沿用到今天。现代汉字仍以楷书为标准字形。

隶书和楷书总称为今文字。今文字的特点是：字形方正（所以又叫“方块字”），笔画分明，横平竖直，图画意味不易体会。

五千多年来，汉字从无到有，从表形到表意到音义结合，从不统一趋向统一，从形体繁复趋向形体简单，走过了一条漫长而曲折的道路，成为中华文明的最大载体和光辉象征。

## 复习思考题

1.“文字”和“字”是不是一回事？为什么？

2.举例说明汉字的特点。

3.汉字是怎样产生的？象形文字与记事图画的根本差别是什么？

4.寻找几则关于“仓颉造字”的传说，并谈谈你对“仓颉造字”的看法。

5.汉字结构的发展，经过哪几个阶段？

6.什么是“古文字”？什么是“今文字”？它们各有哪些特点？

7.标点并翻译短文：

①盖天下事物之象人目见之则心有意意欲达之则口有声意者象乎事物而构之者也声者象乎意而宣之者也声不能传于异地留于异时于是乎书之为文字文字者所以为意与声之迹也（陈澧《东塾读书记》）

②昔造书之主凡有三人长名曰梵其书右行次曰佉卢其书左行少者仓颉其书下行梵佉卢居于天竺黄史仓颉在于中夏梵佉卢取法于净天仓颉因华于鸟迹文画诚异传理则同矣(《说苑珠林》卷十五)

③桓赫曰刻削之道鼻莫如大目莫如小鼻大可小小不可大也目小可大大不可小也举事亦然为其不可复者也则事寡败矣(《韩非子·说林下》)

④夏首之南有人焉曰涓蜀梁其为人也愚而善畏明月而宵行俯见其影以为伏鬼也仰视其发以为立魅也背而走比至其家失气而死(《荀子·解蔽》)

## 第二节　汉字的造字理论——“六书”

### 一、“六书”的名称和功用

“六书”一词,早在春秋战国时期即已流传。最早提到“六书”的古籍,是《周礼·地官·保氏》:“保氏(周代掌管教育的官员)掌谏王恶,而养国子(贵族子弟)以道,乃教之六艺:一曰五礼,二曰六乐,三曰五射,四曰五驭,五曰六书,六曰九数。”这段话告诉我们:周代的小学共上六门功课,即礼、乐、射、驭、书、数这“六艺”。“六书”是这六门功课中的一门。“六书”的“书”,本是“书写”之义,后来也指写出来的字。“六书”应当是识字课,相当于现代的语文课。但“六书”的内容究竟是什么,《周礼》中没有具体说明。

到了汉代,有三位大学者对“六书”的名称进行了解说。第一个是班固,他在《汉书·艺文志》中指出:“古者八岁入小学。故周官保氏掌养国子,教之六书,谓象形、象事、象意、象声、转注、假借,造字之本也。”第二个是郑众,据郑玄《周礼注》所引,郑众认为:“六书,象形、会意、转注、处事、假借、谐声也。”第三个是许慎,他在《说文解字·叙》中不仅指出“六书”的名称,而且分别给它们下了定义。他说:“周礼八岁入小学,保氏教国子,先以六书。一曰指事,指事者,视而可识,察而见意,上下是也。二曰象形,象形者,画成其物,随体诘诎，日月是也。三曰形声，形声者，以事为名，取譬相成，江河是也。四曰会意，会意者，比类合谊，以见指撝，武信是也。五曰转注，转注者，建类一首，同意相受，考老是也。六曰假借，假借者，本无其字，依声托事，令长是也。”

班固、郑众、许慎三人对“六书”名称的解说，虽有差异，但基本一致。清代以后，人们对于“六书”的名称，一般采用许慎的说法（只有“形声”有时也称“谐声”）；而对于“六书”的排列次序，则采用班固的说法。这样，对“六书”的名称和次序，就形成了比较固定的说法，即：(1)象形；(2)指事；(3)会意；(4)形声；(5)转注；(6)假借。

《汉书·艺文志》把“六书”看成是“造字之本”，即造字的根本之法，但古人并不是先定出“六书”的原则，然后再进行造字的。因为汉字的产生经历了漫长的历史时期，是集体的创造；到殷商的甲骨文阶段，汉字已经成为一种高度发达的文字；而“六书”之说直到春秋时期才出现。“六书”实际上是后人在分析了相当数量的已成之字的基础上所归纳出来的理论。由于这种理论符合汉字结构的实际情况，因而它一旦被总结出来，就被用来作为学校识字教学的基本内容，并被用来指导再造新字。事实上，在“六书”说提出之后所创造的大量新字，都是自觉地按照“六书”理论、特别是“形声”之法创造的。因此，把“六书”称为汉字的造字理论，是恰当的。

## 二、“六书”的定义及其分析

许慎在《说文解字·叙》中对“六书”所下的定义，奠定了汉字结构分析的理论基础，最有权威性。后人几乎都是围绕许慎的定义，来阐释汉字的结构特点和造字方法的。下面，我们从“造字”角度，结合具体字形，对许慎的“六书”定义作一分析。

### （一）象形

许慎说：“象形者，画成其物，随体诘诎，日月是也。”“象形”二字，是动宾关系，“象”是“摹拟”、“描摹”之义，“形”是外界物体的形态、形象；“象形”指“描摹外物形象”的造字方法。“诘诎”是“曲折”、“屈曲”之义。许慎的意思是：“象形这种造字方法，就是描画那个外界物体，笔画线条随着它的形体而曲折变化，‘日’、‘月’二字就是用这种方法造的字。”象形造字法的特点，是直观摹拟人眼能够看见的、有具体形象的外物。

象形法造出来的字，一种是独体，一种是合体。段玉裁在《说文解字注》中指出：“有独体之象形，有合体之象形。独体如‘日’、‘月’、‘水’、‘火’是也。合体者，从某而又象其形，如‘眉’从目而以‘’象其形，“箕”从竹而以‘’象其形，‘衰’从衣而以‘’象其形，‘畴’从田而以‘’象耕田沟诘屈之形是也。独体之象形，则成字可读；附于从某者，不成字不可读。”

象形字中独体占绝对多数，它们是完整、单独的形体结构，不可以拆开来分析，如“羊”、“牛”、“手”、“山”、“鸟”、“隹”、“鱼”、“刀”、“人”、“弓”、“子”、“女”、“牙”、“爪”、“井”、“毛”、“文”、“心”、“户”、“戈”、“斤”、“目”、“又”、“木”、“犬”、“皿”、“矢”、“禾”、“瓜”、“水”、“它”、“田”、“矛”、“臣”、“自”、“肉”、“米”、“臼”、“网”、“衣”、“舟”、“耳”、“虫”、“角”、“豆”、“贝”、“身”、“豕”、“豸”、“车”、“虎”、“鹿”、“兔”、“象”、“鼠”、“燕”、“龟”，等等。

象形字中合体很少，它们是在独体象形字的基础上，附加一些象形笔画，表示物体的某一组成部分；这些附加的象形笔画，不能单独成字。例如，“果”的下部是个“木”字，上部似“田”的部分，实际上是画了一只果子的俯视图形，表示它是长在“木”上的果实。又如，“巢”的下部是个“木”字，中部是鸟窝的形象，上部像三只站在窝上的鸟形。再如，“朿”的意思是树上所长的刺，字形从“木”，中间部分是刺的形状，等等。

象形字的数量虽然只有几百个，但它们是汉字的构成基础，是创制成千上万个会意字、形声字以及部分指事字的基本要素。

（二）指事

许慎说:“指事者,视而可识,察而见意,上下是也。”“指事”二字,是动宾关系,“指”是“指明”、“指出”之义,“事”表示“具体的含义”;“指事”是“指明具体含义所在”的造字方法。“视”是“看”的意思,“识”表示“认识”、“识得”,“察”表示“仔细审察”、“细致地察看”。许慎的意思是:“指事这种造字方法,就是人们一看到所造的字的形体就能识得,经过仔细地辨认审察,就能领悟到它的意义,‘上’、‘下’二字就是用这种方法造的字。”许慎的定义,是从人的认识的两个阶段来说的:“视而可识”是感性认识阶段,强调对字的外部形体的感知;“察而见意”是理性认识阶段,强调对字的意义内涵的领会。指事造字法的特点,是以“象形”的手段,来表示比较抽象的概念。

指事造字法在具体运用中有两种情况:一种是在象形字上添加抽象的标记符号造字。例如,“刃”字是在“刀”上加一点,表示刀锋之所在;“亦”(腋)字是在“大”(即“人”)字的两侧加两点,表示“腋下”之义;“寸”字是在“又”(本义为“右手”)字下面加一点,表示靠近手腕的“寸口”之义;“叉”字是在“又”字中间加一点,“象指间有物”(段玉裁语),表示“手指与物相错”之义;“朱”字是在“木”字中加一横,表示“朱”本指“赤心木”;“立”字是在“大”下加一横,表示人站在地上;“旦”字是在“日”字下加一横,表示太阳刚刚从地平线上升起来,即“早晨”之义;“血”字是在“皿”字上加点,表示古代盟誓时滴入“皿”中的鲜血,等等。

另一种是用纯粹的抽象符号造字。例如,“上”字的篆文字形,是在一长横上面加一短横,表示甲物在乙物之上;“下”字则是在一长横下面加一短横,表示乙物在甲物之下。又如,“一”、“二”、“三”、“四”(甲骨文“四”是在“三”字下面再加一横)等字,也都是纯粹符号性的指事字。

前一种指事字,虽然带有抽象符号,但从整体上来看,它们仍然是象形字。后一种指事字,从本质上来说,也是人们把外物之形在头脑中抽象化之后描摹出来的形象，如“上”、“下”二字中的长横、短横，泛指任何具体事物。因此，段玉裁指出：“指事亦得称象形。”

清代文字学家王筠在《说文释例》中对“指事”与“象形”的区别，讲得十分深刻：指事字是“象人意中之形”，象形字则是“象人目中之形”。段玉裁在《说文解字注》中指出：“指事之别于象形者，形谓一物，事赅众物，专博是分，故一举‘日’、‘月’，一举‘上’、‘下’。‘上’、‘下’所赅之物多，‘日’、‘月’只一物。学者知此，可以得指事、象形之分矣。”

指事造字法能产性最低，因而指事字最少。但指事字也是会意字、形声字的构成要素，是汉字孳乳发展的重要基础之一。

（三）会意

许慎说：“会意者，比类合谊，以见指㧑，武信是也。”“会意”二字是动宾关系，“会”是“会合”、“汇合”之义，“意”指字的含义；“会意”是“会合两个或几个字的含义，以成一字之义”的造字方法。“比”是“并放”、“紧挨”、“紧靠”的意思；“类”即字类，这儿指两个或几个字形；“谊”在后代常写成“义”（“谊”是古本字，“义”是后代通用的假借字），是“含义”的意思；“以”，用以，用来；“见”，即“显现”、“显露”；“指㧑”，义同“指挥”，这儿表示“所指向的新意义”。许慎的意思是：“会意这种造字方法，就是把有关联的两个或几个字形放到一起组成新的字形，会合它们的含义以成新字的字义，用来显示造字者所想要指明的意义，‘武’、‘信’二字就是用这种方法造的字。”会意造字法的特点，是强调显示出新造字所要表达的概念（其中有许多是抽象概念）的意义。

会意法所创造的新字，就其结构而言，有两种情况：

1. 同体组合（同文会意），指用两个或几个相同的字形合在一起组成新字。例如，“友”由两个“又”（右手）组成，表示双方友好；“并”由两个“立”组成，表示两人并排站着；“从”由两个“人”组成，表示一个人紧跟在另一个人身后;“棘”由两个“朿”组成,义为“小枣丛生者”(“棘”树有刺,故从“朿”);“珏”由两个“玉”组成,“二玉相合为一珏”;“轰”由三个“车”组成,义为“群车声也”;“吅”(音xuān)由两个“口”组成,义为“惊呼也”或“众人并呼”;“品”由三个“口”组成,义为“众庶也”即“许多人”;“㗊”(音jí)由四个“口”组成,义为“众口也”。其他如“林”、“森”、“晶”、“淼”、“磊”、“比”、“众”等,也都是这类会意字。

2.异体组合(异文会意),指用两个或几个不相同的字形合在一起组成新字。例如,“看”由“手”和“目”组成,用“手”搭在额头为“目”遮阳,是常见的远看动作;“见”由“人”、“目”组成,义为“看见”;“牧”是“放牛”、“放牧”之义,甲骨文字形是一个人手持棒条(即“攴”字)赶“牛”;“罗”是用网捕鸟之义,甲骨文字形由“网”和“隹”(“鸟之短尾总名”)组成;“取”由“又”、“耳”组成,本指割取战俘左耳;“逐”由“辵”、“豖”组成,表示一个人在追猪;“为”的本义是“役象”,甲骨文字形由“又”(或曰“手”、“爪”)、“象”组成。其他如“囚”、“监”(本义是一个人对着盛了水的“皿”照看自己的形象,即“照镜子”)、“信”(一个人讲话要守信用)、“武”(由“止”、“戈”组成,“止”即“趾”,表示脚;一个人扛了戈到前线去,表示有战事)、“祭”(由“又”、“肉”、“示”组成,义为“持肉享神”)、“牢”(本指养牛的地方)、“莫”(太阳落到草丛里,本指“傍晚”)、“相”(以“目”对“木”,本指“仔细地察看”)、“企”(一个人踮起脚跟)、“男”(在田里力作之人)、“尖”(上面小,下面大)、“耷”(本义“大耳也”)、“班”(用刀分珏)等等,也都是这类会意字。

会意字都是合体字,是由独体的象形字、指事字会合而成的。因此,“会意”的能产性较强,可以表示的范围较广。但“会意”偏于主观,有时其含义很难准确地把握。例如,“美”字由“大”、“羊”组成,有人认为“美”本指外形,一个人(即“大”)头上戴了“羊”作装饰,就很“美”;也有人认为“美”本指味感,“大”的“羊”肉多,吃在嘴里感到肥“美”。又如,“好”字由“女”、“子”组成,“女”和“子”之间究竟是修饰关系(“女”的“子”)、主谓关系(“女”生“子”),还是领属关系(“女”人的“子”,妇女总认为自己的孩子“好”)、并列关系(有“女”有“子”),很难说清。在这种情况下,我们一般以《说文解字》的解释为准。上述二字,《说文解字》分别释为:“美,甘也,从羊大。羊在六畜主给膳也。美与善同意。”“好,媄也,从女子。”(“媄,色好也”)因此,我们把“美”的含义定为“味美”,把“好”的含义定为“女子色美”。

(四) 形声

许慎说:“形声者,以事为名,取譬相成,江河是也。”“形声”二字也是动宾关系,“形”是“显现”、“表现”的意思,与班固所说的“象声”的“象”字义近,“声”指字的读音;“形声”是“显现出新造字的读音”的造字方法。“以”是介词,义为“用”;“事”指义类,即表示客观事物的某种意义类别;“为”是“创造”的意思;“名”是“字”的别称。汉字中的每一个方块字,既叫“文”,又叫“字”,又叫“名”。段玉裁说:“郑(玄)注二《礼》、《论语》皆云:‘古曰名,今曰字。’按:名者,自其有音言之;文者,自其有形言之;字者,自其滋生言之。”自其书写言之,字还可以叫“书”;自其刀刻言之,字还可以叫“契”。“譬”是“比喻”、“比况”,“取譬”指“取一个与新造字读音相同的字作譬”之义;“相成”是“促成其事”。许慎的意思是:“形声这种造字方法,就是用表示某种事物类别的字作为创造新字的意符,再取一个譬况新字读音的字作为声符来促成此事,造出新字,‘江’、‘河’二字就是用这种方法造的字。”形声造字法的特点,是强调显示出新造字的读音,用这种方法所造的字,都是音义结合的形声字。

下面,我们从七个方面对形声字进行分析:

1.形旁和声旁的作用

形声字是由形旁和声旁组合而成的。

形旁即意符,它只表示一个形声字本义所属的意义范畴,表示大的义类概念，而不表示该形声字的确切含义。例如，以“水”为形旁的字，都与河流或流淌于河流之中的液体即通常的“水”的意义有关：“江”是长江，“河”是黄河，“淮”是淮河，“洛”是洛河，“洪”是大水，“涓”是小流，“汭”是河流相入之貌，“汪”是又深又广的水，“活”是水流之声，“波”是“水涌流”，“湍”是水在沙上急速流淌，“洞”是急速的水流，“浅”是水不深，“涅”是水中的黑泥，等等。

声旁即声符，它表示一个形声字初造之时的读音。凡声旁相同的字，古代的读音都相同或相近。如“江”、“虹”、“空”、“缸”、“项”、“红”、“邛”、“肛”、“贡”、“杠”等字，都从“工”得声，古代音同或音近。

2. 形声、会意两兼字

形声字的声旁，主要表音，但有些形声字的声旁也表意义。也就是说，这些字既是形声字，又是会意字，是形声、会意两兼之字。许慎在《说文解字》中，有时从“会意”角度出发，把这些字称作“亦声”字。段玉裁指出：“凡言‘亦声’者，会意而兼形声也。”下面，我们举《说文解字》中的一些例字来证明：

“婚，妇家也。《礼》：‘娶妇以昏时。’妇人阴也，故曰婚。从女昏，昏亦声。”

“姻，婿家也。女之所因，故曰姻。从女因，因亦声。”（“因”表“依靠”之义）

“婢，女之卑者也。从女卑，卑亦声。”

“拘，止也。从手句，句亦声。”

“笱，曲竹捕鱼笱也。从竹句，句亦声。”

“钩，曲钩也。从金勾，勾亦声。”

有些字，《说文解字》只说明它们是形声字，但实际上它们的声旁也表意，是形声兼会意字。例如：

“嫁，女适人也。从女，家声。”按：“家”也表意。“嫁”即“女”有了属于自己的“家”。

"娶，取妇也。从女，取声。"按："取"也表意。"娶"即"取女"。

3. 省形、省声的形声字

省形，指形声字的形旁书写笔画减省。例如，《说文》："考，老也。从老省，丂声。""考"的形旁是"老"，但在书写时，其下部"匕"省略。又如："耇，老人面冻黎若垢。从老省，句声。"等等。有的会意字也可省形，如："孝，善事父母者。从老省，从子。子承老也。"

省声，指形声字的声旁书写笔画减省。例如，"柷"是古代一种木制的空心乐器，《说文》分析其结构时说："从木，祝省声。""柷"的声旁是"祝"，书写时，其左边的"示"省略。又如，"骞"是"从马，寒省声"，"珊"是"从玉，删省声"，等等。

4. 数形一声的形声字

形声字一般是由一个形旁和一个声旁组合而成的。但是，也有少数形声字是由数形一声构成的。例如："碧，石之青美者。从玉石，白声。"又如，"宝"的繁体写法"寶"，"从宀，从玉，从贝，缶声"。

5. 形旁与声旁的搭配方式

形声字形旁与声旁的搭配方式，是多种多样的，主要有六种：

① 左形右声：训江棋娘昭

② 左声右形：政期胡郸顶

③ 上形下声：室筵茵罪穹

④ 上声下形：照型辈羣帛

⑤ 内形外声：辨哀问闽辫

⑥ 内声外形：圆衷阁街匣

其中第①种最为常见，是形声字的基本形式；第②、③、④种也较常见；第⑤、⑥种较少。也有少数形声字的形旁或声旁只占一小角，如"颍"字是"从水，顷声"，"腾"字是"从马，朕声"，"徒"字是"从辵，土声"，等等。

6. 可以用作形旁、声旁的字

象形字、指事字、会意字、形声字都可以用来作为形旁或声旁，创造新的形声字。例如："衣"是象形字，用它作声旁可以造出"依、哀"等字，用它作形旁可以造出"被、祛、袆、袍、褴、裴、袒、裁、补"等字。"刀"是指事字，用它作声旁可以造出"仞、忍"等字。"相"是会意字，用它作声旁可以造出"想、厢、箱"等字。"言"是形声字(从口，辛声)，用它作形旁可造"诗、请、诺、讽、访、谋"等字，用它作声旁可造"唁"字。"寺"是形声字(从寸，之声)，用它作声旁可造"侍、待、等、特、峙、时"等字。以象形字"刀"为声旁可造"召"，以"召"为声旁可造"昭、迢"，以"昭"为声旁可造"照"，等等。正因为形声字的造字材料极其丰富，所以形声造字法的能产性最强。

7.形声字与象形、指事、会意字的区别

形声字与象形字、指事字、会意字的区别很明显。段玉裁指出："其别于指事、象形者，指事、象形独体，形声合体。其别于会意者，会意合体主义，形声合体主声。"(《说文·叙》注)

上面，我们分析了象形、指事、会意、形声四种造字方法及其造字情况。古汉语中所有的字，就其结构而言，都不外乎这四种情况。

(五)转注

许慎说："转注者，建类一首，同意相受，考老是也。"学者们对许慎所下的这个定义，在理解上分歧最大，从古到今没有统一过。在这里，我们不作深入探讨，只简单地谈谈我们的意见。

我们认为，"转注"是一种特殊的造字方法。这种造字方法是为了适应词的读音分化的需要，为分化出来的新音另造新字。由转注创造的新字，和老字虽然读音不同，但表示的含义相同。新字从结构上来说，只能是形声字。许慎定义中的"类"，指字形类别，"首"指《说文》中的部首，"受"指两个字字义相同，可以相互容受。用转注法新造的字，按照其字形分类，在《说文》中与老字属于同一个部首，新字、老字在读音上有联系，含义又相同，可以互相注释。

“考”和“老”就是新字、老字的典型例子。

“转注”的造字过程是这样的：例如，语言中有一个词，它的含义是“年老”，读音是 lǎo，人们造了一个“老”字来记录它。后来，由于某种原因，这个词在某些地方、某些场合下，读音变成了 kǎo。这样，这个词就有了两个读音。为了准确地记录后一个读音，人们就以“老”字为形旁，另加声旁“丂”，造了一个新字“考”。“考”、“老”二字，在字形结构的分类上，都属于《说文》的“老”部；在读音上，有迭韵关系，字音相近；在含义上，可以互相训释(《说文》：“老，考也。”“考，老也。”)；因此，它们成了一对转注字。

“转注”并不能产生超出象形、指事、会意、形声之外的新的字形结构(用转注法造的字都是形声字)，因此，转注造字法同象形、指事、会意、形声四种造字法在本质上是不相同的。

下面，再举几对转注字的例子：

① 颠、顶 《说文》页部：“颠，顶也。从页，真声。”“顶，颠也。从页，丁声。”颠、顶二字读音相近，是双声关系。

② 妹、娟 《说文》女部：“妹，女弟也。从女，未声。”“娟，楚人谓女弟曰娟。从女，胃声。”妹、娟二字音近，是迭韵关系。

③ 更、改 《说文》攴部：“更，改也。从攴，丙声。”“改，更也，从攴，己声。”更、改二字双声。

④ 逆、迎 《说文》辵部：“逆，迎也。从辵，屰声。关东曰逆，关西曰迎。”“迎，逢也。从辵，卬声。”逆、迎双声。

由于转注是为一个词增造新字的方法，因此，它造成了“一词多字”现象，使文字的数量不断增加，不断孳乳。

(六)假借

许慎说：“假借者，本无其字，依声托事，令长是也。”“假借”二字是并列关系，都是“借用”的意思。“托”是“寄托”之义，“事”指“意义”，即某个词的特定意义。许慎的意思是：“假借这种造字方法，就是语言中存在某一个词，但本来没有专门造一个记录它的字，于是就依照读音相同或相近的原则，把这个词的含义寄托在一个已有的音同或音近字身上，借用那个现成的字来记录这个词，'令'、'长'就是被借用的字。""假借"造字法的前提条件是"本无其字"，运用方法是"依声托事"。

"假借"是一种借用现成字来记录别的词的方法，我们之所以称它为"造字法"，是因为它扩大了被借用之字的使用范围，使一个字发挥了两个字甚至几个字的作用。假借其实是一种不造字的造字方法。由于假借扩大了汉字记词的功能，使人们不必为每个词专造一个字，因此，它造成了"一字多词"的现象，使文字数量的孳乳增长得到了节制。转注和假借，一个使文字不断繁衍，一个使文字的衍生受到抑制，方向正好相反。这两者在汉字造字法中同时存在，反映了汉民族在造字过程中的辩证思想。清代著名学者孙诒让在《与王子壮论假借书》一文中说："天下之事无穷。造字之初，苟无假借一例，则逐事而为之字，而字有不可胜造之数。此必穷之术也，故依声而托以事焉。视之不必是其字，而言之则其声也；闻之足以相喻，用之可以不尽：是假借可救造字之穷而通其变。"这段话深刻地说明了假借在汉字造字过程中的作用。

假借的原则是"依声"，即根据音同或音近的关系借用某字。因此，某字的本来意义与它被借用后所获得的假借意义之间，没有任何联系。也就是说，某字的假借义与该字的字形结构无关。在古汉语中，六书假借字是很多的，大量虚词是用假借字表示的。

下面，我们举一些常见的假借字之例：

来，是个象形字，本义是周代一种"瑞麦"；被借为"行来"之"来"。

乌，是个象形字，本义是"孝鸟也"，即乌鸦；被借为表语气的"乌呼"字。

朋，是个象形字，是"凤凰"之"凤"的古文；被借为"朋党"、"朋友"字。

韦，是个会意字，本义是“相背也”（后来写作“违”）；被借为“皮韦”字，表示熟牛皮。

而，是个象形字，本义是“须也”，即男人脸上的胡须；被借为虚词，可作连词、代词、语气词等。

权，是个形声字，本义是“黄华木也”，即一种开黄花的树；被借为“权衡”字。

新，是个形声字，本义是用斧斤伐木；被借为“新旧”字。

难，是个形声字，本义是一种鸟名；被借为“难易”字。

易，是个象形字，本义是“蜥蜴”；被借为“难易”字。

容，是个会意字，本义是“盛受”；被借为“容貌”字。

冯，是个形声字，本义是马行疾速；被借为“依冯（凭）”字和姓氏。

然，是个形声字，本义是“燃烧”；被借为代词用。

之，是个象形字，本义是“出也”；被借为代词、助词等。

其，是个象形字，本义是“簸箕”；被借为代词、语气词等。

所，是个形声字，本义是“伐木声也”；被借为“处所”字，又借为虚词用。

则，是个会意字，本义是“等画物也”，即“科则”、“准则”；被借为连词用。

是，是个会意字，本义是“正见”；被借为代词、判断词用。

若，是个会意字，本义是“择菜”；被借表“如”、“你”之义。

夫，是个象形字，本义是“丈夫也”，即成年男子；被借为语气词、代词等。

何，是个形声字，本义是“担”（用肩膀挑）；被借为疑问代词。

耳，是个象形字，本义是耳朵；被借为句末语气词。

邪，是个形声字，本义是邑名；被借为语气词。

翁，是个形声字，本义是鸟的颈毛；被借为“翁姑”字。

戚，是个形声字，本义是大斧；被借为“亲戚”字。

衰,是个象形字,本义是防雨的蓑衣;被借为"衰微"字。

等等。

上述二十几例深刻地证明:假借义与本义之间没有联系。从这个角度看,许慎以"令"、"长"二字作为"假借"的例子,是不妥当的。许慎所引"令"、"长"二字,是"县令"、"官长"之类的意思,但这些意义仅是"令"、"长"二字本义的引申,而非假借。"令"的本义是"发号也",即发布号令,由此义引申为发号令的人,如"县令"即是。"长"的本义是头发长,引申为长短的长,又引申为生长、成长,又引申为年龄大、辈份高、有权威的人,如"家长"、"族长",再引申为"官长"。因此,现代学者在谈到"假借"时,几乎没有人以"令"、"长"为例。

转注、假借在造字功能上,与象形、指事、会意、形声这四种造字方法有着根本的差别,古今许多学者都不把它们看作"造字"方法,而只看作"用字"方法。例如,清儒戴震、段玉裁即有"四体二用"之说。我们从"造字"角度分析转注、假借,是把"六书"整体地作为造字理论来看待的。这些意见,供大家学习时参考。

关于"六书",我们就谈这些。

## 复习思考题

1. 何谓"六艺"?"六书"在"六艺"中占何地位?

2. "六书"的名称和次序是什么?是什么人提出来的?

3. 为什么说"六书"是汉字的造字理论?

4. 许慎对"六书"是怎样下定义的?请谈谈你对这些定义的理解。

5. 熟记教材所列之象形、指事、会意、形声、转注、假借的所有字例,并从《说文解字》或《说文解字注》中查找它们的篆文写法,对它们进行结构分析。

6. 为什么说"指事亦得称象形"?"指事"与"象形"有何区别?

7. 为什么说会意字的含义有时很难准确地把握?碰到这种情况,以什么解释为准?

8.形声字的形旁、声旁各有何作用？请举例说明。

9.什么是形声、会意两兼字？请举例说明。

10.何谓省形、省声？请举例说明。

11.哪些字可以用作形旁、声旁？请举例说明。

12.为什么说转注、假借也是"造字法"？它们与象形、指事、会意、形声有何不同？

13.现代学者为什么不以"令"、"长"为假借之例？

14.标点并翻译短文：

①盖文字者经艺之本王政之始前人所以垂后后人所以识古故曰本立而道生知天下之至啧而不可乱也 （《说文解字·叙》）

②臣父故太尉南阁祭酒慎本从逵受古学盖圣人不妄作皆有依据今五经之道昭炳光明而文字者其本所由生自周礼汉律皆当学六书贯通其意恐巧说邪辞使学者疑慎博问通人考之于逵作说文解字六艺群书之诂皆训其意而天地鬼神山川草木鸟兽昆虫杂物奇怪王制礼仪世间人事莫不毕载凡十五卷十三万三千四百四十一字 （许冲《上说文解字表》）

③许慎字叔重汝南召陵人也性淳笃少博学经籍马融常推敬之时人为之语曰五经无双许叔重为郡功曹举孝廉再迁除洨长卒于家初慎以五经传说臧否不同于是撰为五经异义又作说文解字十四篇皆传于世 （《汉书·儒林传》）

④段氏为说文注与桂馥王筠并列量其殊胜固非二家所逮何者凡治小学非专辨章形体要于推寻故言得其经脉不明音韵不知一字数义所由生此段氏所以为杰 （章炳麟《国故论衡·小学略说》）

⑤盖字者孳乳而寖多字之未造语言先之矣以文字代语言各循其声方语有殊名义一也其音或双声相转叠韵相迆则为更制一字此所谓转注也 （《国故论衡·转注假借说》）

⑥薛谭学讴于秦青未穷青之技自谓尽之遂辞归秦青弗止饯于郊衢抚节悲歌声振林木响遏行云薛谭乃谢求反终身不敢言归 （《列子·汤问》）

⑦鲁丹三说中山之君而不受也因散五十金事其左右复见未语而君与之食鲁丹出不反舍遂去中山其御曰反见乃始善我何故去之鲁丹曰夫以人言善我必以人言罪我未出竟而公子恶之曰为赵来间中山君因索而罪之 （《韩非子·说林上》）

## 第三节 偏旁、部首及其与字义分析的关系

### 一、偏旁及其与字义分析的关系

汉字有独体字与合体字之分。所谓独体字，是指那些单独成字的结构形体，它们不可拆开分析。例如，“日”、“月”、“山”、“水”、“火”、“天”、“木”、“人”、“手”、“口”、“刀”、“牛”、“羊”、“末”、“本”、“刃”、“亦”、“旦”等字，都不能拆开分析。如果把它们强行拆散，只能得到一些“点横竖撇捺”等笔画，而不能得到形音义三者统一的独立汉字。这些字都是单独成字的，所以，它们都是独体字。一般来说，象形字和指事字都是独体字。象形字中虽有少数合体字，但如果把它们拆开来，至少能得到一个不成字、无读音、只能依附于成字部分的形体。如“巢”字，可以拆成上、中、下三个部分，但除了下部是“木”字外，其上部、中部都不是字(上部像三只鸟形，中部像鸟筑在树上的窝)。因此，严格地说，“巢”字并不能算真正的合体字，而只能算以上、中、下三部分整体象形的独体字。

所谓合体字，是指那些由若干个字结合而成的结构形体，它们可以拆开分析。例如，“初”、“分”、“看”、“休”、“采”、“林”、“森”、“诂”、“江”、“灼”、“吾”、“切”、“遂”、“穿”、“旷”、“烘”、“煎”、“地”、“妖”、“说”、“宫”等字，都能拆开分析：“初”可拆为“刀”、“衣”，“看”可拆为“手”、“目”，“采”可拆为“爪”、“木”，“诂”可拆为“言”、“古”，等等。拆开之后的每一个分体，都可单独成字。这些分体，有的是独体字，有的仍是合体字，仍可继续拆开分析，直到全部分体都是独体字为止。例如，“语”字可拆成“言”、“吾”，“言”又可拆成“辛”、“口”，“吾”又可拆成“五”、“口”。又如，“燃”字可拆成“火”、“然”，“然”又可拆成“火”、“肰”，“肰”又可拆成“月(肉)”、“犬”，等等。这些情况，说明了合体字内部的层次性。所有合体字都是会意字或

形声字。

在《说文解字》中，独体字被称为“文”，合体字被称为“字”。“文”是个独体字，本义是花纹。“字”是个合体字，从宀（义为房屋）、从子（婴儿），其本义是“人及鸟生子”。把独体字称作“文”，含有“描摹外物形象”之义。把合体字称作“字”，含有“孳生繁衍”之义（合体字是在独体字的基础上产生的，就像人生子、鸟下蛋一样）。《说文·叙》云：“仓颉之初作书，盖依类象形，故谓之文。其后形声相益，即谓之字。文者物象之本，字者言孳乳而寖多也。”由于“文”产生在前，“字”产生在后，所以“文”又常被称作“初文”。据统计，汉字中的初文大约有五百多个，其余都是“字”。许慎把自己编写的中国古代第一部字典命名为“说文解字”。“文”不可析，故以“说”明之；“字”则可析，故以“解”剖之（“解”的本义是“判也”，字形“从刀，判牛角”）。可见，许慎对“文”和“字”的界限，是划得很清楚的。但“文”和“字”二字，古人经常混用，所以段玉裁指出：“析言之，独体曰文，合体曰字；统言之，则文字可互称。”

弄清了独体字和合体字的内涵与外延，就容易理解什么是偏旁了。

“偏旁”是从分析具体汉字的结构角度提出来的专门术语，它是专门针对合体字而言的：合体字左边的分体叫“偏”，右边的分体叫“旁”。例如，“偏”字，其左“亻”是“偏”（俗称“站人旁”），其右“扁”是“旁”；“初”字，其左“衣”是“偏”，其右“刀”是“旁”，等等。但在习惯上，合体字上、下、左、右、内、外的各个组成部分，都统称为“偏旁”。

偏旁可以分成两类：形旁和声旁。形旁表义、声旁表音。会意字只有形旁，没有声旁（“亦声”字除外）；形声字既有形旁，又有声旁。

通过上述分析，我们可以得出这样的结论：偏旁是就一个个具体的合体字的结构而言的，合体字的每一个组成部分，都可以称偏旁。偏旁中的形旁,同字义分析有直接关系;声旁,纯表音的与字义分析无关,兼表义的与字义分析有关。

## 二、部首及其与字义分析的关系

"部首"是在字典中就它所统属的字而言的。在古代的许多字典中,在形体结构上具有相同的组成部分的若干个字,被归为一类,称作一个"部";每部中排在第一个的字,就是该部所有字在结构上所共有的那个组成部分,这个字就被称作"部首"或"部首字"。最早提出"部首"的,是汉代许慎的《说文解字》。

"部首"可以分为两类:造字部首和检字部首。

### (一) 造字部首

造字部首专指《说文解字》的部首。《说文》以小篆为标准字形,收字 9353 个。《说文》共分 540 部,它的 540 个部首是根据篆文的形体构造加以分析归类而概括出来的,大部分是独体字,只有少数合体字。

《说文》540 部的分部原则是"据形系联",即根据字形结构上的联系,排列部次。540 个部首以"一"字起头,以"亥"字终了。许慎在《说文·叙》中说:"其建首也,立一为耑(端)。方以类聚,物以群分;同条牵属,共理相贯;杂而不越,据形系联。引而申之,以究万原,毕终于亥,知化穷冥。"段玉裁指出:"五百四十部次第,大略以形相连次,使人记忆易检寻","部首以形为次,以六书始于象形也"。可见,许慎对部首的建立和排列,是经过郑重思考并花费了大量心血的。

在 540 个部首中,除了"三"、"久"、"才"、"克"、"录"、"耑"、"丏"、"冉"、"能"、"燕"、"率"、"它"、"四"、"五"、"六"、"七"、"甲"、"丙"、"丁"、"庚"、"壬"、"癸"、"寅"、"卯"、"未"、"戌"、"亥"等 36 个部首没有被统字(因为这些字在形体结构上无法同其他字归为一类,只能单独列部)外,其余 504 个部首都有所属之字。这 504 个部首本身即标示着它们领统之部所有字的本义所属的意义类别、意义范畴，因为这些部首是从六书造字角度分析合体字的构成情况后归纳出来的，它们实际上都是偏旁中的形旁，或者说意符。

例如，“示”是一个部首字，根据南唐文字学家徐锴研究，“示”就是古“祇”(qí)字。古代“神祇”二字常连用，“神”是天神，“祇”是“地祇”(即地神)。因此，所有从“示”之字，都同神鬼之事有关。示部的字，按其意义可以分为四类：

① 神的类别。如：神，天神；祇，地神；社，土地神，等等。

② 祭祀的类别。如：祰，“告祭也”；祠，“春祭曰祠，品物少，多文词也”；礿，“夏祭也”；祓，“除恶祭也”；祷，“告事求福也”，等等。

③ 有关宗庙的词。如祖，“始庙也”；祏，宗庙中藏神主的石屋；祔，新庙；祪，远庙，等等。

④ 有关祸福之事。如：祸，“害也，神不福也”；福，“备也”(备，百顺之名)；禄，“福也”；祟，“神祸也”；祺，“吉也”，等等。

又如，目部的字，如“眩、映、盼、瞟、睢、相、眷、看、眙、睡、眯、盲、眇”等，都跟眼睛有关；火部的字，如“烟、烛、灰、炳、灿、然(燃烧)、光、熬、煣”等，都跟火有关，等等。

（二）检字部首

检字部首是指明清以来的大型字典(如明人梅膺祚的《字汇》和清代官订的《康熙字典》)中通用的 214 个部首。这些部首是为了查检汉字、方便使用而创立的。它们所依据的字形，不是含有较浓的图画意味、基本上能反映造字意义的小篆，而是基本上丧失了形象性、由“点横竖撇捺”等笔画组成的楷书。因此，它们同《说文》的 540 个部首有很大的不同。

一般来说，检字部首是对造字部首加以简化、归并之后产生的。把 214 个检字部首和 540 个造字部首相比较，大致有以下几种情况：

① 有的部首，是从《说文》直接继承而来，保持了《说文》部首

的原貌。这些部首仍能表示其所统之字的本义所属的意义范畴。因此,它们都是所统之字的形旁。例如:"口"、"女"、"巾"、"弓"、"戈"、"斤"、"月"、"牙"、"皿"、"示"、"衣"、"穴"、"竹"、"缶"、"网"、"羽"、"老"、"耳"、"肉"、"角"、"豆"、"豕"、"贝"、"车"、"邑"、"金"、"门"、"阜"、"页"、"食"、"马"、"骨"、"鬼"、"鸟"、"髟"、"黍"、"黑"、"鼠"、"鼓"、"齿"、"龙"、"龟"等。

② 有的部首,是将《说文》部首归并而来,归并之后基本上不影响字形结构的分析。例如,"玉"部是由《说文》"玉"、"珏"、"琴"等部合并而来,如排除"琴"、"瑟"、"琵"、"琶"等少数字,其余的字几乎都与"玉"有关。又如,"火"部是由《说文》"火"、"炎"、"燚"等部合并而来,如排除"熊"、"营"等少数字,其余的字几乎都与"火"有关。其他如"羊"、"毛"、"鹿"、"犬"、"鱼"、"日"、"人"、"虫"、"力"、"口"、"心"、"工"、"木"、"水"、"山"、"见"、"土"、"子"、"禾"、"立"、"田"、"言"、"辛"、"虎"、"隹"、"目"等部,也属于这种情况。因此,这些部首基本上都是其所统之字的形旁。

③ 有的部首,是将《说文》部首归并而来,但归并之后打乱了字形结构的分析。例如,"乙"部,是将《说文》"乙"、"九"、"气"等部的全部或部分字合并而来,"乙"只是原《说文》"乙"部字如"乾"、"乱"的形旁,而不是其他字的形旁。又如,"匕"(bǐ,本义为"相与比叙也")部,是将《说文》"匕"(bǐ)、"匕"(huà,本义"变也")、"北"等部的部分字合并而来,"匕"(bǐ)只是原《说文》"匕"(bǐ)部字如"匙"、"𠤏"的形旁,而不是其他字的形旁,等等。因此,"乙"、"匕"(bǐ)等部的字的本义,并不属于同一个意义范畴。

④ 有的部首,虽有其字,但意义不明。如《康熙字典》把《说文》中"亡"、"亢"、"交"、"亥"、"亦"、"京"、"亩"等部首字全都放在"亠"部,《字汇》中虽有"亠"字,并注明其读音为"徒钩切,音头"但"义阙"。因此,"亠"决不可能是"亡"、"亢"、"交"、"亥"、"亦"等字的形旁。"亠"只是上述诸字楷书形体的前两笔罢了。

最近几十年,由于简化字的广泛推行,以及大型字典的编纂,在新编字典中,部首的分合变化和字的归属,又出现了许多新的情况。例如,中国社会科学院语言研究所词典编辑室编的《现代汉语词典(修订本)》(1996年7月修订第3版),共有189个部首,其中"几"部收有"凡"、"凤"、"凫"、"夙"、"秃"、"凭"等字,而这些字在《说文》中分属"二"、"鸟"、"几(shū)"、"夕"、"秃"、"几"部。又如,1993年11月出版的《汉语大字典》,收字56000个,分为200部(将《康熙字典》214个部删去8个部,合并6个部),又调整了不少单字的归部(如将原属"水、火、禾"部的"颍、颎、颖"一类字统归"页"部,将原属"肉"部的"胖、肾"等字改归"月"部,将原属"耳、口、心"部的"闻、问、闷"一类字,统归"门"部,等等)。所有这些做法,都是为了方便读者检索。

通过以上分析,我们可以发现:检字部首虽然在查检汉字时,比造字部首简单方便,但是,如果要分析汉字的字形结构并进而掌握其字义,则必须以造字部首为依据。

## 三、常用的汉字造字部首简介

汉字的造字部首通常也就是合体字的形旁,同一部首的字,属于同样的意义范畴。因此,了解常用造字部首的含义及其所表示的意义范畴,对分析常用字的字义,具有重要意义。

下面,我们介绍20个常用的造字部首:

1. 口

"口"的本义是"人所以言食也"。口部的字主要有四类:

① 跟"口"有关的器官。如:噭(jiào,马口)、噣(zhòu,鸟嘴)、喙(huì,兽嘴)、吻("口边也")、喉。

② 跟"口"有关的行为。如:吞、咽、哆("张口也")、咀(含而味之)、含、吮、喘、呼、吸、吹、喟("大息也")、哼、噤("口闭也")、呷、吐、啖、吁("惊也")、叫、呻、吟,等等。

③ 象声词。如:呱(gū,“小儿啼声”)、啾(jiū,“小儿声也”)、喤(“小儿大声”)、咳(“小儿笑也”)、哑(笑声),等等。

④ 跟言语有关的事。如:命、问、唯(应答)、咄(欲相语而先惊之之词)、唉(应也)、吃(口吃)、哽(“语为舌所介也”)、嗑(“多言也”),等等。

2. 言

言部的字,主要有三类:

① 与语言有关的动词。如:语、谈、谓、请、谒、许、诺、讽、诵、读、训、诲、譬、谆、谋(“虑难曰谋”)、访(“泛谋曰访”)、论、议、订、详(“审议也”)、讯、诰、诂、诛(斥责)、识(记住)、诬、谲(权诈也),等等。

② 与语言有关的形容词。如:谅(“信也”)、谨、信、诚、诈。

③ 与语言有关的名词。如:诗、誓(自表不食言之辞)、话(善言也),等等。

3. 心

心部的字,主要有两类:

① 关于人的德性和品质。如:性、慎、忠、悖、慷、慨、愿(“谨也”)、慧、恭、恕(“仁也”)、慈、忱、愚、悍、怠、慢(怠慢、傲慢)、懦,等等。

② 关于人物的心理活动。如:情、意、志、快(“喜也”)、念(“常思也”)、怡、怀、想、怙、恃、悟、慰、恼、恤(“忧也”)、怪、悔、悲、惕、愁、惭,等等。

4. 页

“页”(xiè)的本义是人的头,所有从“页”的字,几乎都与人的头或脸有关。如:颜(面上两眉之间的部位)、颂(“貌也”)、颠(头顶)、题(“额也”)、领(脖子)、项(脖子的后部)、硕(“头大也”)、颁(“大头也”)、颀(“头佳貌”)、颗(“小头也”)、顾(回头看)、顿(“下首也”,即磕头)、颇(头偏)、烦(“低头也”)、颢(白首貌)、颤(“头不定也”)、烦(“热头疼也”),等等。

5. 肉

肉部的字,主要有两类:

① 指身体的有关部分,为名词。如:脰(“项也”)、肓、肾、肺、脾、肝、胆、胃、肠、膏(脂肪)、膺(胸也)、背、胁、膀、肋、肩、臂、肘、腹、股、胯、肯(附在骨节间的肉)、胫、胡(牛脖上下垂的肉)、脩(干肉),等等。

② 指有关身体的某些性状,为形容词。如:腴(yú,“腹下肥也”)、肖(“骨肉相似也”)、肥、臞(“少肉也”)、腯(兽肥)。

6. 手

手部的字,绝大部分表示与手有关的动作,如:抑(压低)、拉(“摧也”)、承(用双手捧或接)、排(“挤也”)、扶(手相助也)、操(把持也,即拿着)、据(倚杖而持之)、把(“握也”)、按(“下也”,即以手抑之使下)、控(“引也”)、措(“置也”)、招(“手呼也”)、掉(“摇也”)、扬(“飞举也”,用手举起)、振(“举救之也”)、扮(“握也”)、援(攀引)、探(“远取之也”)、扣(“牵马也”),等等。

7. 又

“又”的本义是右手,又部的常用字:右(“助也”,手口相助)、厷(即“肱”,“臂上也”)、曼(引也,长也)、尹(“治也”)、及(“逮也”)、秉(手持禾束)、反、叔(“拾也”)、取、友、度(法度),等等。

8. 攴

“攴”(pū)的本义是“小击也”。攴部的字多与敲打、治理及行为义有关。例如:敏(“疾也”)、整(“齐也”)、效(仿效)、故(“使为之也”)、政、数(“计也”)、敞(“平治高土可以远望也”)、敛(“收也”)、救(“止也”)、赦(“置也”)、攸(“行水也”)、败(“毁也”)、寇(“暴也”)、放(放逐)、牧(“养牛人也”)、收(“捕也”),等等。

9. 行

“行”(háng)的本义是四通的路。行部的字一般与路有关,如：術（“邑中道也”）、街（“四通道也”）、衢（四通的路）。

10. 疒

疒（chuáng）部的字，一般与疾病有关。例如：疾（一般性的病）、病（重伤或重病）、痕（伤痕、疮疤）、疲（劳累）、疫（“民皆疾也”）、痼（“久病也”）、瘥（病好）、瘉（病好），等等。

11. 歹

“歹”（niè）的本义是残骨。歹部的字一般与“死”有关，例如：猝（“大夫死曰猝”）、殊（死；断约）、殇（未成年而死）、殛（诛杀）、殆（危险）、殃、残（毁败）、殄（尽也，绝也）、歼、死，等等。

12. 土

土部的字，都跟土有关，下列字值得注意：坤（八卦名，表示“地”）、坪（“地平也”）、均（土地平坦）、埴（黏土）、基（墙基）、垣（墙）、堵（一面墙）、堪（地之突出者）、堂（“殿也”）、在（“存也”）、封（垒土为界）、型（制作陶器的模子）、塞（边塞）、坏（墙毁）、场（“祭神道也，一曰：山田不耕者。”）、块（土块），等等。

13. 邑

“邑”的本义是城镇，作偏旁时，在字的右边，俗称“右耳朵”。邑部的字，一般与城镇或国名、邑名、行政区域名有关。例如：郑、邓、邦、郡、都、郊、鄙（五百家；边邑）、邻（“五家为邻”）、郢（楚国都城）、郎（鲁国邑名）、邮（传递文书的驿舍），等等。

14. 厂

“厂”（hàn）的本义是山崖。厂部的字一般与山崖或石头有关，例如：厥（“发石也”，即把石头射出去）、厉（磨刀石）、仄（山崖倾斜）、厚（山陵厚），等等。

15. 阜

“阜”（fù）的本义是高的土山。阜作偏旁，在字的左边，俗称“左耳朵”。阜部的字，主要有以下几种意义：

① 与高山义有关。例如：陵（“大阜也”）、陆（高而上平的土

山)、阿(ē,大陵)、隅(山角)、阴(山之北)、阳(山之南)。

② 与高义有关。例如:陟("登也")、陷(自高处入于下)、降(从高处下来)、坠(从高处掉下)、陨(从高处落下)、际(两墙相邻之缝),等等。

③ 与障碍义有关。例如:险(险峻不平坦的地势)、阻(险也)、限(阻也),等等。

④ 与登高的阶梯义有关。例如:阶(台阶)、除(殿阶)、陛(殿阶),等等。

16. 广

"广"(yǎn)的本义是"因厂为屋也",即依傍山崖盖屋。广部的字,一般与房屋之义有关。例如:府(文书所藏之处)、庠(商代学校之名)、庐、庭、庖(厨房)、库("兵车藏也")、序("东西墙也")、廛(老百姓家里的住宅)、廉(堂边)、庞(高屋)、庶("屋下众也",即屋下的老百姓)、废(房屋倾倒)、庙(祭祀先祖的宗庙),等等。

17. 尸

尸部的字,可分为两类:

① "尸"表示"人"的意思("尸"的金文、篆文像人形)。如:居("蹲也",今作"踞")、屑(屑屑,劳碌不安)、展("转也",转身)、届("行不便也")、尻(kāo,"臀也")、尼("从后近之")、尾、屄、屠("刳也",宰杀),等等。

② "尸"表示"宫室房屋",是"屋"的省形写法。如:屋、屏(照壁、萧墙)、层("重屋也",即楼房),等等。

18. 巾

"巾"的本义是"佩巾也"。巾部的字一般与布有关。例如:帅("佩巾也")、币("帛也")、幅("布帛广也")、带("绅也",腰带)、帻(头巾)、常(旗帜)、帐、帷、幕、帚、席、布,等等。

19. 㫃

"㫃"(yǎn)的本义是旗帜招展之貌。㫃部的字一般与旗帜有关。例如:旗、旌(用牦牛尾和彩色鸟羽作竿饰的旗)、旂("旗有众铃")、旃("旗曲柄也")、施(旗帜飘动的形状)、旄(竿顶用牦牛尾为饰的旗)、旅(军队编制,有五百人,听旗指挥,所以从㫃),等等。

20.贝

"贝"的本义是贝壳。古人曾以贝为货币,所以贝部的字多与财物有关。例如:贿("财也")、货("财也")、资("货也")、赈("富也")、贲("饰也")、贺("以礼物相奉庆也")、贡("献功也")、贷(以财施人)、赂(赠送钱财)、赏("赐有功也")、赖("赢也")、赘("以物质钱")、质(作抵押的物品)、贸("易财也")、责("求也")、贵("物不贱也")、贱(价少)、赋(敛财)、贪(贪图财物)、费(耗费财物)、贾(买卖财物)、购(悬赏征求),等等。

## 复习思考题

1.什么是偏旁?它与字义分析有何关系?请举例说明。

2.什么是部首?什么是造字部首?什么是检字部首?造字部首与检字部首有何异同?

3.部首与字义分析有何关系?

4.部首和偏旁是一回事吗?为什么?

5.认真掌握教材所介绍的20个常用造字部首及其所表示的意义范畴。

6.标点并翻译短文:

① 仓颉以前已先有造书者亦犹后稷以前神农已务稼穑后夔以前伶伦作律吕也夫人具四肢官骸常动持莛画地便已纵横成象用为符号百姓与能自不待仓颉也 (《章氏丛书·造字缘起说》)

② 西施病心而矉其里其里之丑人见而美之归亦捧心而矉其里其里之富人见之坚闭门而不出贫人见之絜妻子而去之走彼知矉美而不知矉之所以美 (《庄子·天运》)

③ 宋有富人天雨墙坏其子曰不筑必将有盗其邻人之父亦云暮而果大亡其财其家甚智其子而疑邻人之父 (《韩非子·说难》)

④ 阳子之宋宿于逆旅逆旅人有妾二人其一人美其一人恶恶者贵而美者贱阳子问其故逆旅小子对曰其美者自美吾不知其美也其恶者自恶吾不知其恶也阳子曰弟子记之行贤而去自贤之行安往而不爱哉 （《庄子·山木》）

⑤ 曾子之妻之市其子随之而泣其母曰女还顾反为女杀彘妻适市来曾子欲捕彘杀之妻止之曰特与婴儿戏耳曾子曰婴儿非与戏也婴儿非有知也待父母而学者也听父母之教今乃欺之是教子欺也母欺子子而不信其母非以成教也遂烹彘也 （《韩非子·外储说左上》）

## 第四节 假借字、古今字、异体字和繁简字

假借字、古今字、异体字和繁简字，是古汉语学习中经常碰到的几个概念。在本节中，我们就来讨论这个问题。

### 一、假借字

“假借”是个大的概念，它包括“造字”的假借和“用字”的假借，前者指“六书”中的假借，后者指古代文献用字中的通假（又叫“古音通假”）。用六书假借法“造”的字，叫“六书假借字”；由古音通假而使用的字，叫“通假字”。

#### （一）六书假借字

我们知道，“六书”是专讲造字理论的。六书中的象形、指事、会意、形声是能产性的造字方法，它们能从无到有创造新的字形，因此历来被称作“造字之本”；转注和假借由于不能创造超出象形、指事、会意、形声之外的新的字形，因而被称作“用字之法”。段玉裁说：“戴（震）先生曰：‘指事、象形、形声、会意四者，字之体也；转注、假借二者，字之用也。’圣人复起，不易斯言矣。”戴震和段玉裁的这种观点，简称“四体二用”，又叫“体用说”，在学界有很大影响。实际上，假借是一种不造新字的“造字方法”，它的本质是“本无其字，依声托事”。也就是说，语言中已有某一个词，但在文字中没有

记录它的字，于是就在已有的文字中找一个与它读音相同但意义不同的字来兼记它，而不再为它另造专字。

例如，“其”是象形字，它本来记录语言中含义为“簸箕”的名词。语言中又有一些虚词，意思是“那”、“他的”、“如果”，或者表示委婉语气、反问语气，它们的读音与“其”相同；照理，应当分别为它们专造新字。但古人由于种种原因，没有为它们造字，而是直接借用“其”字来记录它们。于是“其”除了本义“簸箕”外，又兼表了上述几种虚词假借义。例如《史记·项羽本纪》：“今欲举大事，将非其人不可。”“其”表“那，那个”之义。《论语·卫灵公》：“工欲善其事，必先利其器。”“其”表“他的”之义。《荀子·劝学》：“兰槐之根是为芷，其渐之滫，君子不近，庶人不服。”“其”表“如果”义。《左传·僖公三十年》：“吾其还也。”“其”表委婉语气，可译作“还是”。《左传·僖公五年》：“一之谓甚，其可再乎？”“其”表反问语气，可译作“难道”、“岂”，等等。上述例句中的“其”，就是六书假借字。

因此，从汉字的绝对数字来看，六书假借并没有增加新字，仅是借用音同的已成之字来记录新词，确实是“用字之法”；但是，如果从整个文字体系发展变化的角度来看，由于它能以一个字表示若干个词，免却了为每一个词造一个专字的劳顿，节制了文字无限制地繁衍滋生，所以它又确实是不造新字的“造字方法”。

六书假借字在古汉语书面语言中用得十分广泛。如果一个词的词义同用来记录它的专字的字形结构所反映的本义没有任何内在联系，那么，就可以把表示这一词义的专字看作六书假借字。虚词“之”、“所”、“而”、“则”、“然”、“若”、“夫”、“莫”、“或”、“为”、“也”、“邪”、“焉”等，都是六书假借字。

（二）通假字

通假字是古汉语书面语言中在有本字的前提下，由于音同或音近而借用的字，它是由古音通假而产生的。所谓古音通假，就是古汉语书面语言里音同或音近的字的通用和假借。

古音通假纯属用字之法，它的本质是“本无其意，依声托字”（清代著名学者朱骏声语）。也就是说，语言中的某一个词，已有专字记录它，但古人在写文章时，却不用这个专字（又叫“本字”），而借用另一个读音相同或相近、意义不同的字来记录这个词。那个被借用的字即通假字。

例如，“眉”是记录“眉毛”的专字，但在《荀子·非相》“伊尹之状，面无须麋”一句中，却借用了与“眉”古音相近的“麋”（本义是一种鹿）来表示“眉毛”之义，“麋”即通假字。

凡通假字，一定能找到本字。这是通假字与六书假借字的区别。

由于六书假借字和通假字都是以音同或音近为原则而借用的字，所以，人们往往把两者合称为“假借字”。近代学者刘师培曾以“制字之假借”和“用字之假借”来区别六书假借和古音通假，他说：“制字之假借一字两用，用字之假借是两字一用。一字两用之假借由于字少，两字一用之假借由于用字之宽。”他的话颇有道理。

通假字，如果从音同替代的角度看，实际上就是现代人所说的“写别字”。但通假字与别字之间也有差别，即通假字具有社会约定俗成性和历史沿用性，而别字则具有任意性。

别字往往出于文化水平不高者之手。他们由于识字不多，对许多字的含义、用法不能细辨，于是，在写字时，就随便乱写，只要音同或音近，不管字的含义如何。例如，“豆腐”一词，就有“头付”、“头夫”、“斗府”、“斗伕”等多种别字写法，张三李四错得不同，北京上海写法各异。

通假字则不同。写通假字的人，一般都是古代文化知识水平很高的人。通假字往往是相对固定的，不同时代、不同作家的作品中，都这样写。例如，“早晨”的“早”字，在古书中经常写成“跳蚤”的“蚤”字：

《诗经·豳风·七月》：“四之日其蚤，献羔祭韭。”

《国语·越语下》:“孰使我蚤朝而晏罢者?非吴乎?”

《孟子·离娄下》:“蚤起,施从良人之所之。”

《史记·项羽本纪》:“项伯许诺,谓沛公曰:‘旦日不可不蚤自来谢项王!’”

《论衡·问孔》:“颜渊蚤死。”

在古书中,“蚤世”即“早死”(《国语·周语中》:“叔孙之位不若季孟,而亦泰侈焉,不可以事二君。若皆蚤世犹可,若登年以载其毒,必亡。”),“蚤知”即“先知”、“早知”(《战国策·燕策二》:“蚤知之士,名成而不毁,故称于后世。”),“蚤食”即“早食”(《淮南子·天文》:“日出于旸谷,浴于咸池,……至于曾泉,是谓蚤食;至于桑野,是谓晏食。”),“蚤莫”即“早晚”(“莫”,后来写成“暮”。《仪礼·曲礼上》:“侍坐于君子,君子欠伸,撰杖屦,视日蚤莫,侍坐者请出矣。”),“蚤达”即“早年显达”(《宋书·王僧绰传》:“为侍中,时年二十九。始兴王濬尝问其年,僧绰自谦蚤达,逡巡良久乃答。其谦虚自退若此。”),等等。

可见,通假字是相沿成习的写法,不是随便乱写的。“澡”、“找”虽然也与“早”同音,但古书中似乎没有以“澡”、“找”代“早”之例。这也说明通假字不像“别字”那样可以任意写。

当然,在通假字的形成过程中,也不能排除古人作文时偶写别字、偶然笔误,或为了快速简捷而有意用笔画较少、容易书写的字来代替本字的情况。

在先秦古籍中,用通假字的地方较多。据有人统计,1973 年湖南长沙马王堆汉墓中出土的《老子》乙种本,共 5800 余字,其中有 320 个通假字。《荀子·天论》一文,不到两千字,通假字有二十几个。但唐宋以后,文人作品中除了仿古沿用的通假字外,新生的通假字罕见。

下面,再举一些古书中通假字的用例:

惠,本义是“仁慈”、“恩惠”,借作“慧”。《列子·汤问》:“甚矣,汝之不惠！”

生，本义是“生长”，借作“性”。《荀子·劝学》：“君子生非异也，善假于物也。”

距，本义是“鸡距”，即雄鸡跖后角质性的、突出像脚趾的部分，通用义是“距离”，借作“拒”。《史记·项羽本纪》：“当是时，秦嘉已立景驹为楚王，军彭城东，欲距项梁。”

归，本义是女子出嫁，借作“馈”（赠送）。《论语·阳货》：“阳货欲见孔子，孔子不见。归孔子豚。”

直，本义是“曲”的反面，借作“特”（表“仅只”之义）。《孟子·梁惠王上》：“‘……以五十步笑百步，则何如？’曰：‘不可。直不百步耳，是亦走也。’”

逝，本义是“往”，借作“誓”。《诗经·魏风·伐檀》：“逝将去女，适彼乐土。乐土乐土，爰得我所。”

壶，本义是器物之名（如“水壶”），借作“瓠”（葫芦）。《诗经·豳风·七月》：“七月食瓜，八月断壶。”

由，本义是“从”，借作“犹”（犹如，如同）。《孟子·梁惠王上》：“今之乐由古之乐也。”

驩，本义是“马名”，常借作“欢”。《左传·昭公四年》：“寡人愿结驩于二三君。”《史记·廉颇蔺相如列传》：“且以一璧之故，逆彊秦之驩，不可。”

辩，本义是“巧言”，借作“辨”。《庄子·秋水》：“秋水时至，百川灌河。泾流之大，两涘渚崖之间，不辩牛马。”

信，本义是“诚也”，借作“伸”。《周易·系辞下》：“尺蠖之屈，以求信也。”

时，本义是“四时也”（即一年四季的“季”），借作“是”（这些）。《诗经·周颂·噫嘻》：“率时农夫，播厥百谷。”

靡，本义是“倒下”，借作“无”。《诗经·大雅·荡》：“靡不有初，鲜克有终。”

等等。

## 二、古今字

### （一）古今字的概念

古今字指的是这样一种文字现象：同一个词，在不同的时代，用不同的字形来记录；产生在前的那个字，叫古字，产生在后的那个字则叫今字。古字和今字是不同历史时期的产物。"古"和"今"也是相对的概念，段玉裁说："古今无定时，周为古则汉为今，汉为古则晋、宋为今。随时异用者，谓之古今字。"可见，"古"、"今"只是指表示某一词义的字产生的时代性而言的。

古今字是汉字在发展孳乳过程中所产生的一种文字现象。上古时期，汉字的数量较少，不少字除表本义外，还往往借作他用，产生了假借义，再加上词义的引申发展，就使"一字多义"变成了不可避免的现象。后来，随着文字的不断增多，为了把多种意义加以区别，使一字"兼职"过多的情况有所改变，人们就另造新字来表示其中的某一个意义。这样，在这个义项上，先造字和后起字就形成了古今字关系。因此，从本质上来说，古今字就是区别字，是以不同的字形来区别不同的意义。人们有时称古今字为"分化字"，其原因即在于此。例如：

"辟"这个字，《说文》解曰："法也。从卩辛，节制其罪也；从口，用法者也。"原来，"辟"是个会意字，由"卩"、"辛"、"口"三部分组成："卩"表"节制"，"辛"表"罪"，"口"表"用法者"即执法之人。"辟"的本义是"法"，如《诗经·大雅·板》："民之多辟，无自立辟。"汉毛亨传："辟，法也。"但在古代、特别是先秦著作中，"辟"经常借作他用：

①《左传·宣公二年》："晋灵公不君。……从台上弹人，而观其辟丸也。"

②《孟子·梁惠王上》："然则王之所大欲可知已：欲辟土地，朝

秦楚,莅中国,而抚四夷也。”

③《孟子·梁惠王上》:“……苟无恒心,放辟邪侈,无不为已。”

④《论语·季氏》:“友直,友谅,友多闻,益矣;友便辟,友善柔,友便佞,损矣。”

⑤《礼记·中庸》:“君子之道,辟如行远,必自迩;辟如登高,必自卑。”

⑥《庄子·田子方》:“心困焉而不能知,口辟焉而不能言。”(唐陆德明《经典释文》引司马彪云:“辟,卷不开也。”)

⑦《荀子·正论》:“不能以辟马毁舆致远。”

⑧《左传·成公二年》:“齐侯以为有礼。既而问之,辟司徒之妻也。”(晋杜预注:“辟司徒,主垒壁者。”)

⑨《诗经·大雅·灵台》:“于论钟鼓,于乐辟廱。”(汉毛亨传:“水旋丘如璧曰辟廱,以节观者。”)

⑩《诗经·邶风·柏舟》:“静言思之,寤辟有摽。”(汉毛亨传:“辟,拊心也。”)《礼记·檀弓下》:“辟踊,哀之至也。”(唐孔颖达疏:“拊心为辟,跳跃为踊。”)

上述十例中的“辟”,后来分别写成:①避;②闢;③僻;④嬖;⑤譬;⑥襞(折迭);⑦壁;⑧璧;⑨躄(脚病);⑩擗(捶胸)。“辟”与上述十个字,分别构成古今字。

(二) 古今字的形成情况

古今字形成的情况十分复杂,主要有三种:

① 在本义基础上形成的古今字。

古字是记录某一词义的本字,由于经常借作他用,后来又另造新本字来专表该词义。这样,先造的本字和后造的本字,就形成了古今字。

例如,“莫”的本义是“傍晚”,《说文》:“莫,日且冥也。从日在茻中,茻亦声。”(“茻”从二艸会意,义为“众草也”)《诗经·齐风·东方未明》:“不能辰夜,不夙则莫。”《礼记·聘义》:“日莫人倦,齐庄正齐,而不敢解情。”句中的“莫”即其本义之用。但“莫”又被借作虚词(六书假借字),如:《荀子·天论》:“在天者莫明于日月,在地者莫明于水火,在物者莫明于珠玉,在人者莫明于礼义。”《国语·鲁语下》:“女知莫若妇,男知莫若夫。”(韦昭注:“言处女之智不如妇,童男之智不如丈夫也。”)前句中的“莫”是否定性的无定指代词,义为“没有什么”;后句中的“莫”是否定副词,义为“不”。“莫”还常被用作通假字,如:《诗经·小雅·巧言》:“秩秩大猷,圣人莫之。”清人陈奂传疏:“莫,读为‘谟’,此假借字。”“谟”即谋划之义。《庄子·逍遥游》:“何不树之于无何有之乡,广莫之野。”“莫”为“漠”之通假字,义为“大也”,等等。后来,就新造“暮”字表示“傍晚”之义。南唐文字学家徐锴在《说文解字系传》一书中解说“莫”字云:“平野中,望日且莫将落,如在茻中也。今俗作‘暮’。”“莫”、“暮”二字即为古今字。

这种类型的古今字很多,常见的如:

然燃、孰熟、队坠、县悬、何荷、责债、其箕、暴曝、要腰、止趾、奉捧、匪篚、益溢、虚墟,等等。

② 在假借义基础上形成的古今字。

表示某一词义的古字是六书假借字,后来,又为这一词义另造新本字。这样,原先的六书假借字与新造的本字就形成了古今字。

例如,我们在前文中所举的“辟”(本义“法也”)与“避”、“闢、“僻”、“嬖”、“譬”、“襞”、“壁”、“璧”、“躄”、“擗”等字的关系,就属于这类古今字。

再如,《说文》:“说,说释也。从言,兑声。一曰,谈说。”段玉裁注:“‘说释’即‘悦怿’。说悦、释怿,皆古今字。许书无‘悦’、‘怿’二字也。”按:从字形上分析,《说文》“一曰”所云之“谈说”,应是“说”的本义,而“悦”则是“说”的假借义。古书中用“说”表示“悦”义的例子很多,如《论语·学而》:“子曰:‘学而时习之,不亦说乎?’”《论语·雍也》:“非不说子之道,力不足也。”司马迁《报任安书》:“士为知己者用，女为说己者容。"等等。

这种类型的古今字也很多，常见的如：

属嘱、共供、田畋、戚慼、舍捨、栗慄、采彩、或惑、放倣、师狮、泉钱、涂塗、陈阵、错措、禽擒、章彰、弟悌、適嫡，等等。

③ 在引申义基础上形成的古今字。

古字是记录某一词义的本字，后来，该词义的某一引申义，由于经常使用，需要加以区别。于是，专为引申义造一新字。这样，原字与新字就形成了古今字。

例如，"贾"的本义是"集市"，通用义是做生意、做买卖。《说文》："贾，市也。"段玉裁注："市，买卖之所也。因之凡买凡卖皆曰市。贾者，凡买卖之称也。……引申之，凡卖者之所得、买者之所出皆曰贾，俗又别其字作'价'。"可见，在"价值"、"价格"、"价钱"这一"贾"的引申义上，"贾"与"价"形成古今字。

又如，"取"的本义是"割取(猎获的禽兽或捕捉到的战俘的)左耳"。《说文》："取，捕取也。从又，从耳。《周礼》：'获者取左耳。'《司马法》曰：'载献聝。'聝者，耳也。"按：《周礼·夏官·大司马》："大兽公之，小禽私之，获者取左耳。"郑玄注："得禽兽者取左耳，当以计功。"《左传·僖公二十二年》："且今之勍者，皆吾敌也，虽及胡耇，获则取之，何有于二毛？"这儿的"取"是割取战俘左耳之义。"取"由本义引申为"取物"、"获得"、"收取"等，如《礼记·丧大记》："取衣者亦以箧。"《战国策·赵策三》："所贵于天下之士者，为人排患、释难、解纷乱而无所取也。""取"又引申为"婚娶"之义，如《诗经·豳风·伐柯》："取妻如何？匪媒不得。"唐陆德明《经典释文》云："取，亦作'娶'。""取"所表的"婚娶"之义，后来又专造"娶"表示，在这个意义上，"取"、"娶"形成古今字。

属于这种类型的古今字，还有：昏婚、竟境、知智、赴讣、道导、景影、反返、敛殓、沽酤，等等。

古字和今字在字形上一般都有联系。通常是以古字为声旁，再加上形旁构成今字。例如:然燃、孰熟、责债、其箕、共供、舍捨、栗慄、采彩、取娶、竟境、反返、景影,等等。也有一些古字和今字具有相同的声旁、不同的形旁,如:赴讣、敛殓、沽酤、错措。只有少数古今字在字形上无联系,如:泉钱,等等。

通过以上分析,我们可以知道:古今字和通假字是不同的概念,两者之间的界限是很清楚的。但是,由于今字用得广泛,其含义为人们所熟知,所以人们往往以今字为正字,而把古字看成是它的通假字。例如,《列子·汤问》:"寒暑易节,始一反焉。"不少古汉语读本、古汉语教材中,把"反"字注成"通'返'"("通"是说明通假字的专用术语)。从理解词义角度讲,这样注解无可指摘(在一般考试中,把古今字看成通假字加以解释,应当算对);但是,如果从科学性角度分析,这样就违背了文字发展的历史事实。因此,严格地说,不能在古今字和通假字之间划等号。

## 三、异体字

### (一) 异体字的概念

异体字是音同、义同、形不同的两个或几个字,它们在任何情况下都可以互相替代。异体字同古今字的差别在于:异体字所表示的词义范围完全相同,而古今字中今字的词义范围仅仅同古字的某一个义项的范围相同,一个古字在不同的义项上可以有不同的今字(如"厉"在不同的义项上,分别与"励"、"砺"形成古今字,"共"分别与"供"、"拱"、"恭"形成古今字)。

异体字是汉字在创制过程中不可避免的现象。由于汉字的使用地域十分广大,使用人口极其众多,而且使用历史非常悠久,汉字的创造并非一人之功,因此,记录同一个词的汉字,就可能产生多种写法。例如:诒贻、蚓螾、照炤、谕喻、詠咏,等等,都是异体字。

### (二) 异体字的构成情况

异体字的构成情况主要有以下四种:

① 结构方式不同。例如,“泪”和“淚”是一对异体字,“泪”是会意字,“淚”是形声字。

② 偏旁位置不同。如:惭慙、和咊、秋秌、峰峯、群羣、期朞,等等。

③ 声符不同。如:线綫、裤袴、泄洩、掩揜、猿猨,等等。

④ 意符不同。如:暖煖、瓶缾、辉煇、寓庽、睹覩,等等。

异体字的存在,徒然增加学习者的负担。因此,在解放后的文字改革运动中,把异体字作为规范化的对象,一般只留一个常用字作正字,其他异体写法一律废除。在新编的字典、词典中,常把被废除的异体字附在被保留的正字之后。例如:《现代汉语(修订本)》第63页:“逼(偪)”;第351页:“泛(汎、氾)”;第1151页:“世(卋)”;第1364页:“衔(啣)”。等等。

## 四、繁简字

### (一) 繁简字的概念

同一个字,字形笔画多,写法复杂的,叫繁体字;字形笔画少、写法简单的,叫简体字或简化字;二者合称繁简字。

文字是供人们书面交际用的。在不影响表意的前提下,笔画越少、结构越简单,就越方便使用。因此,许多繁体字变成简体字,是社会需要带来的必然结果。

早在甲骨文时代,就已经出现了简体字。许多小篆也是在大篆的基础上加以简化而来。在汉代,民间已用了不少简体字。北魏时代,“亂”字已有简化字“乱”。宋元以来,简体字又进一步发展。我国目前通行的简化字,许多是历代相传下来的。

自1956年以来,我国公布了四批简化字。

### (二)汉字简化的原则

汉字简化的工作,是按照一定的原则来进行的。汉字简化的主要原则是:

① 把繁难的偏旁改成简单的。例如：

燈——灯　　機——机　　憐——怜

遷——迁　　膚——肤

② 删去原字的一部分。例如：

務——务　　條——条　　習——习

雖——虽　　開——开

③ 草书楷化。例如：

會——会　　東——东　　書——书

韋——韦　　當——当

④ 采用笔画简单的古字。例如：

禮——礼　　啓——启　　薦——荐

誇——夸　　雲——云　　捨——舍

⑤ 同音替代。例如：

穀——谷　　醜——丑　　後——后

徵——征　　餘——余

等等。

(三)简化字与繁体字的关系

在现代的日常书面交际中，人们应当写简化字，这是我国在语言文字应用方面的一项基本政策。但是，由于古汉语著作、特别是古代流传下来的典籍，都是用繁体字刻写、印刷的，因此，学习古代汉语，必须掌握繁体字，了解简化字和繁体字之间的关系，从而为更好地贯彻"识繁写简"的原则打下基础。

简化字与繁体字之间的关系，主要有两种情况：

① 绝大多数简化字与繁体字是"一对一"的关系。例如：

爱——愛　　罢——罷　　办——辦

达——達　　粪——糞

② 原先字义完全不同，只是读音相同或相近的两个或两个以上的字，取其中写法最简单的一个字作简体字来表示所有的字。

例如：

谷(山谷)　　穀(庄稼)——谷

只(仅只)　　隻(量词,本义是一隻鸟)——只

丑(地支之名)　醜(美的反面)——丑

干(盾牌)　乾(乾燥)　幹(才幹)　榦(树身)——干

余(我)　餘(剩餘)——余

后(君王)　後(前後)——后

有时,则另造一个简体字来表示所有这些字。例如：

復(反復)　　複(本义是“重衣也”)——复

發(射箭)　　髮(头髮)——发

我们学习古汉语,要搞清每个简化字究竟代表古书中的哪几个繁体字,不能搞混。特别是在某些情况下需要从简化字倒推繁体字时,一定要选择恰当的字,否则,就会闹出诸如把“人头上的毛发”写成“頭發”、把“皇帝的夫人”写成“皇後”、把“人的才华能力”写成“才乾”之类的笑话。

## 复习思考题

1.什么是“六书假借字”？请举例说明。

2.什么是“通假字”？请举例说明。

3.举例说明通假字与现代“别字”的异同。

4.什么是“古今字”？举例说明古今字的形成情况。

5.什么是“异体字”？举例说明异体字的构成情况。

6.什么是“繁简字”？汉字简化的主要原则是什么？简化字与繁体字之间存在怎样的关系？均请举例说明。

7.标点并翻译短文：

① 有赴饮夜归者值大雨持盖自蔽见一人立檐下溜即投伞下同行久之不语疑为鬼也以足撩之偶不相值愈益恐因奋力挤之桥下而趋值炊糕者晨起亟奔入其门告以遇鬼俄顷复见一人遍体沾湿踉跄而至号呼有鬼亦投其家二人

相视愕然不觉大笑(《续笑林》)

[盖——伞。檐下溜——滴水檐下。]

② 赵且伐燕苏代为燕谓惠王曰今者臣过易水蚌方出曝而鹬啄其肉蚌合而拑其喙鹬曰今日不雨明日不雨即有死蚌蚌亦谓鹬曰今日不出明日不出即有死鹬两者不肯相舍渔者得而并禽之今赵且伐燕燕赵久相支以弊大众臣恐强秦之为渔父也故愿王之熟计之也惠王曰善乃止　(《战国策·燕策》)

[支——对抗。]

③ 永之氓咸善游一日水暴甚有五六氓乘小船绝湘水中济船破皆游其一氓尽力而不能寻常其侣曰汝善游最也今何后为曰吾腰千钱重是以后曰何不去之不应摇其首有顷益怠已济者立岸上呼且号曰汝愚之甚蔽之甚身且死何以货为又摇其首遂溺死。　(《柳河东集》)

# 第三章 词 汇

现代汉语词汇是由古代汉语词汇发展而来的,古代汉语是源,现代汉语是流,源与流既有继承,又有变化。古今汉语词汇基本词是稳定的,一脉相承的,变化的则是一般词汇。古汉语的词汇与现代汉语比,有着十分明显的特点。第一,古汉语词汇大多是单音节的,双音词多为联绵词和叠音词。第二,词义按照从具体到抽象、从个别到一般、从实词义到虚词义的一般规律引申,丰富的引申义大大增强了古汉语的表现力。第三,对外来词的吸收和改造体现了古汉语词汇高度的融他性,同时也丰富了古汉语词汇的宝库。

阅读古代的文言作品,词汇的理解是关键。要解决古文阅读的词义理解问题,就必须弄清楚词的本义和引申义,把握住古今词汇的异同,学会对同义词进行辨析,了解词语训释的基本术语和词汇训释的方法。如果能把古汉语词汇的理论和实践有机结合起来,把感性认识和理性认识结合起来,就会收到事半功倍的学习效果。

## 第一节 古汉语词汇的基本特点

### 一、语音上的特点

(一) 单音节为主

现代汉语的词汇多为双音节，而在古代汉语中，词汇大多为单音节。单音节的词与字在书写形式上是一致的。例如古代的“日”，是一个汉字，同时它也是一个词，一个单音节的名词。今天，我们说“日”，换成了双音节词“太阳”。古代的“月”，现代相对应的是“月亮”。再如：

| 古汉语 | 现代汉语 |
| --- | --- |
| 江 | 长江 |
| 齿 | 牙齿 |
| 城 | 城市 |
| 更 | 更改、更动 |
| 曾 | 曾经 |
| 理 | 治理 |
| 屋 | 屋子 |
| 椅 | 椅子 |
| 金 | 黄金、金子 |
| 厌 | 满足、厌恶 |

（二）双音节的联绵词和叠音词

古汉语词汇虽然以单音节为主，但也有一定数量的双音节词语。古汉语双音节词中有一些是联绵词和叠音词。联绵词又叫“连绵词”、“联绵字”，“联（连）绵”是连接不断、不可拆开之义。联绵词在书写上是两个字，这两个字只代表构成联绵词的两个音节的读音，它们合在一起表示一个意义，不可拆开理解。联绵词是由一个语素构成的单纯双音词，它的两个音节往往形成“双声”、“叠韵”关系。叠音词则是重叠两个音节组成的单纯词，这两个音节也不可拆开。例如：

双声联绵词：参差　憔悴　滑稽　忸怩　留连　蝙蝠　鸳鸯　蜘蛛　蟋蟀

叠韵联绵词：逍遥　须臾　徜徉　蹉跎　峥嵘　望洋　差池

婵媛　侏儒

双声叠韵联绵词:辗转　缱绻

叠音词:夭夭　历历　关关　田田　岌岌　眇眇　丁丁　隐隐　青青　萋萋

古代汉语中三音节的词语很少,如:欣欣然、恂恂如、徐徐焉。

## 二、语义上的特点

### (一) 词义对词形词音的依赖性

古代汉语词汇具有词义与词形、词音紧密联系的特点。印欧语系的词汇是由数量极少的纯符号的字母组合起来表达概念的,而汉语中许多概念意义与文字本身有着密切的关系。特别是先秦文献中的词语,大多使用本义,探求本义若是离开了记录词的汉字的字形,则寸步难行。

语言是声音和意义的结合,声音是语言的物质外壳。声音要素在汉字的构造中具有十分重要的作用,先秦汉字中约有 80% 的形声字,它们就是依靠声符指示字的读音的。这一特性,古代的学者早就注意到了,在东汉许慎的《说文解字》中就已经收录和分析了大量的形声字。声符指示字的读音,而有些读音相同或相近的字,在语义上具有相通性。所以从汉代到清代,训诂学家们除了从字形上求证本义外,还充分利用语音要素训释词义。汉代的《释名》、《方言》中,就运用了大量的声训。到了清代,"因声求义"成了词语训释的最重要的方法。清代著名训诂学家王念孙说:"训诂之旨,本于声音。故有声同字异,声近义同。虽或类聚群分,实亦同条共贯。譬如振裘必提其领,举网必挈其纲。"(《广雅疏证·叙》)古汉语训诂中如果没有声音作媒介,大量的同源词族就不可能发现,许多词义也很难说解清楚。

### (二) 词义引申通常是由具体到抽象、由个别到一般、由实词义到虚词义

古汉语由于时间跨度较大,词语在发展过程中,从本义不断地向外引申,产生了丰富多彩的引申义。词义引申的过程通常是从具体到抽象,从个别到一般,从实词义到虚词义,显示了极强的规律性。详见下节。

## 三、词汇系统发展的特点

### (一) 单音节向双音化发展

我们前面所说的古汉语词汇以单音节为主,主要是针对上古时期的汉语以及后来仿古的文言文而言的。单音节词语在语言表达上,简约精练,要言不烦,这是它的优势。但随着人类思维的发展和人们社会认识活动的深入,原有的单义词为了适应交际表达的需要,开始引申出新的意义。为了区别这些新的引申义,且又不增加新字,于是就通过字与字组合成双音节词来表达。在口语中,双音节与单音节比,语音的延续时间要长,容易让人辨明意思。此外,从语言的表达艺术看,单音节如果辅以双音节,就能形成强烈的节奏感,以适应思想情感的表达。所以从中古开始,汉语口语中开始出现大量的双音节词,特别是对于新事物的命名,大多用双音节词语,汉代的西域外来词(胡瓜、葡萄、胡豆、胡椒等)、佛教的译词(罗汉、菩萨、阎罗、地狱、般若等)中就有大量的双音节词语。词语音节的双音化渐渐成了古代汉语词汇发展的大趋势。

### (二) 构词法逐渐丰富

在先秦时期,由于词汇大多为单音节,复音词多为联绵词、叠音词。所以,也就不可能有丰富的构词法。随着双音化的发展,复音词大量增加,使得构词手段也日益增多,从最初的并列式、偏正式,到后来具有极强构词能力的词头(阿、老等)、词尾(子、儿、头等)的出现,古汉语的构词法变得越来越丰富了。

古汉语的合成双音词,主要由三种构词法构成:

1.并列式

并列式合成词的两个词素之间，是并列关系，每个语素都表示具体意义，多数还能作为单音词独立使用。根据语素间的意义关系，可分为4类：

(1)同义复词

如：婚姻、恭敬、饥馑、阻隘、恐惧、朋友、宇宙、驽钝，等等。

(2)反义复词

如：乾坤、臧否、呼吸，等等。

(3)变义复词

变义复词由两个相关或相反的语素组成，但合成后的含义不是两个语素原义的相加，原语素义发生了变化。如："骨"、"肉"本指"骨头"、"肌肉"，组成合成词"骨肉"后，不是"骨和肉"的意思，而是"躯体"或"有血缘关系的至亲"之义。

(4)偏义复词

偏义复词由两个意义相近、相关或相反的语素组成，但词义只偏于其中一个语素的意义，另一个语素作陪衬。例如：诸葛亮《出师表》："宫中府中，俱为一体，陟罚臧否，不宜异同。"句中"异同"之义偏于"异"，"同"作陪衬。

这类词有：园圃(《墨子·非攻》："今有一人，入人园圃，窃其桃李。")、休祲(《战国策·魏策》："怀怒未发，休祲降于天。")、作息(《孔雀东南飞》："尽夜勤作息。")、寒暑(《列子·杨朱》："无羽毛以御寒暑。")，等等。

2. 偏正式

偏正式合成词的两个语素之间，具有修饰和被修饰的关系，如：陛下、天下、天子、足下、君子、小人、太医、太史、太守、寡人、寡妇、屯长，等等。

3. 附加式

附加式合成词由一个实义语素和一个虚义语素构成，分为前加式和后加式两种。

(1)前加式,即实义语素前加上词头。如:有周、有政、其凉、其方、言告、言归、于役、于归、阿爷、阿姊,等等。

(2)后加式,即实义语素后添加词尾。如:喟然、油然、焕然、率尔、荣如、沃若,等等。

古汉语合成双音词除了上述三种结构形式外,还有动宾式(祭酒、执事、司马、司徒、将军)、述补式(匡正、扑灭)、主谓式(人定),等等。

(三) 外来词不断吸收和融入。

古汉语在发展过程中,不断地吸收外民族的词语。早在汉代,汉语就吸收了许多西域词语,出现了许多译词;佛教传入中国后,随着佛经的翻译和传播,汉语中有关佛教的译词又大量涌现;南北朝时代,有五胡十六国,这一时期种族杂居,汉语和其他少数民族语言相互影响,汉语吸收了不少“胡语”(鲜卑语)的词语;后来元人和满人统治中国,汉语又受到了蒙语和满语的影响;到了清末,特别是1898年(戊戌)的资产阶级改良主义运动前后,一些进步、开明人士学习和引进西方文化,汉语中增加了大量外来的哲学、政治、经济、科学和文学词语。可见,整个汉语史就是一部不断吸收外来民族词汇以丰富自身表现力的历史。

## 复习思考题

1. 古汉语词汇在语音上有哪些特点?请举例说明。
2. 什么叫“联绵词”?什么叫“叠音词”?
3. 古汉语词汇在语义上有何特点?
4. 古汉语词汇为什么会由单音节向双音化发展?
5. 古汉语合成词的构成状况如何?请举例说明。
6. 古汉语中经历过哪几个吸收外来词的重要时期?
7. 标点并翻译短文,指出其中的单音词和双音词:

① 子曰富与贵是人之所欲也不以其道得之不处也贫与贱是人之所恶也

不以其道得之不去也君子去仁恶乎成名君子无终食之间违仁造次必于是颠沛必于是 （《论语·里仁》）

② 乐广尝有亲客久阔不复来广问其故答曰前在坐蒙赐酒方欲饮见杯中有蛇意甚恶之既饮而疾于时河南听事壁上有角漆画作蛇广意杯中蛇即角影也复置酒于前处谓客曰酒中复有所见不答曰所见如初广乃告其所以客豁然意解沉疴顿愈 （《晋书》）

[听事——厅堂。角——角弓。]

③ 齐宣王问曰汤放桀武王伐纣有诸孟子对曰于传有之曰臣弑其君可乎曰贼仁者谓之贼贼义者谓之残残贼之人谓之一夫闻诛一夫纣矣未闻弑君也 （《孟子·梁惠王下》）

## 第二节 词的本义、引申义和假借义

### 一、词的本义

在古汉语的词汇中，词可以分为单义词和多义词。单义词的义项只有一个，例如，“伞”，一种可以张合的挡雨或遮太阳的用具；“胡笳”，我国古代北方民族使用的一种管乐器。多义词的义项有若干个。例如“思”：

① 学而不思则罔，思而不学则殆。（《论语·为政》）

② 家贫则思良妻，国乱则思良相。（《史记·魏世家》）

③ 仰清风以叹息，寄余思于悲弦。（曹植《幽思赋》）

例①的“思”意为思考、想问题，例②的“思”意为思慕、想念，例③的“思”可释为悲感。这三个义项之间具有不同程度的联系，构成一个词义系统，其中义项①是本义，②③是引申义。

所谓本义，就是词的本来意义，即从记录这个词的汉字的字形结构上所反映出来的意义。多义词词义系统中其他意义都是由本义发展而来的。本义和引申义是一组相对的概念。没有本义，自然就没有引申义，本义是引申义产生的基础。

词的本义和原始义不是一个概念，二者不能画等号。原始义是指语言中的词产生之时的意义。汉语的历史悠久，而记录汉语的文字只有几千年的历史，在汉字产生以前，某个词的原始义究竟怎样，现在很难作出确切的考证。所以，我们所说的词的本义，通常是指有文献史料可以证明的词的最初意义。

汉字是表意文字，它的最初意义与其形体结构有密切的关系，特别是甲骨文、金文、小篆等古文字字体，字形的表意特征更为明显。我们现在推断本义，一般以东汉许慎讲解本义的《说文解字》为基础，参照甲骨文、金文，参证古代文献资料，予以综合考察。例如：

"策"，本义是马鞭。《说文》："策，马箠也。"贾谊《过秦论》："振长策而御宇内。"现在"鞭策"一词中的"策"还保留这个意义。

"纲"，本义是提网的总绳。从字形看，"糸(mì)"是形符，"冈"是声符。网绳是用丝麻做的，所以从糸。《尚书·盘庚上》："若网在纲，有条而不紊。"现在成语"纲举目张"(目，网眼)用的就是本义。

"更"，本义是改变、换。小篆作""，《说文》："更，改也。从攴(pū)，丙声。""攴"就是"扑"字，"又"即右手；以"攴"作形旁的字常常表示与手有关的行为和动作，如"收、攻、牧、救、改"等。现代汉语中"更改、更换、变更"等词中仍保留原来的本义。

"构"，本义是架屋。"构"的形体是从木从冓，"冓"小篆作。《说文》："交积材也，象对交之形。"朱骏声释为"以木相架也"。"构"由架屋引申为泛指结交会合之意。

"及"，本义是追赶上。甲骨文作，它是一个会意字，表示一个人，表示"手"，像一只手把人抓住。《左传·鞌之战》："故不能推车而及。""及"表示被追上抓住的意思。

"集"，本义是鸟群停在树上。"集"本作"雧"，《说文》："雧，群鸟在木上也，从雥(zá)木。""雥"是指鸟群，由三个隹(zhuī，短尾巴的鸟)组成。《岳阳楼记》"沙鸥翔集，锦鳞游泳"用的就是本义。

“引”,本义为开弓。《说文》:“引,开弓也,从弓丨。”“丨”就是箭。朱骏声说:“矢括檃弦,开之由渐而满曰引。”意思是,把箭搭上弦,慢慢把弓向后拉开叫做“引”。“引而不发”用的正是本义。

“旨”,本义是味美、好吃。《说文》:“旨,美也。”甲骨文和金文“旨”写作。上面“匕”像匙形,下面是口,用匙把食物放入口中,表示味美。

“兵”,本义兵器。《说文》:“兵,械也。从廾(gǒng)持斤。”甲骨文写作像双手持斤。《说文》:“斤,斫(zhuó,砍)木斧也。”《郑伯克段于鄢》:“缮甲兵,具卒乘,将袭郑。”用的便是本义。

## 二、词的引申义

古汉语词汇中存在着大量的多义词。多义词最初也是单义的,只有一个本义。后来,因交际的需要,逐渐由该本义产生、发展出与之相关的意义。这种由本义派生出来的,且与本义有语义关联的意义,叫做词的引申义。

### (一) 词义引申的类型

根据引申义和本义语义联系的远近程度,可以把词义引申分为两类:一类是直接引申,一类为间接引申。

1. 直接引申

直接引申是由本义直接派生出新义。这种引申产生出的意义与本义关联密切,所以又称之为近引申。如:

①绝:本义为断丝,《说文》:“绝,断丝也。从丝,从刀,从卩。”引申为其他事物的断绝。《荀子·修身》:“折骨绝筋,终身不可以相及。”

②朝:本义为早晨。如《烛之武退秦师》:“朝济而夕设版焉。”古代臣见君是在早晨,于是由早晨之义直接引申出朝见义。《左传·宣公二年》:“盛服将朝。”意思是(赵盾)穿戴整齐准备早晨朝见君主。

③向：本义是向北的窗户。《说文》："向，北出牖也。"《诗经·豳风·七月》："塞向墐户。"（塞好朝北的窗子，用泥涂好柴门）由朝北的窗户这一意义直接引申为"朝着、对着"。

直接引申义是从本义直接推演、派生、引申出来的，一般来说，这类义项出现的时间比较早。由于临近本义，未经曲折变化，比较容易辨识，从字面上就能直接得知其确切的含义。

2.间接引申

间接引申是指由引申义再引申出新义。一个多义词，除了它的本义和直接引申义外，其余的多为间接引申义。由于间接引申所产生的意义是源于直接引申义的，它与本义的关系相对较疏远，故这种引申又称之为远引申，也称辗转引申。如：

①朝，本义是 a"早晨"，直接引申义是 b"朝见"，朝见需要具体的场所，所以由"朝见"又引申出 c"朝廷"义。如《战国策·齐策》："于是入朝见威王。"由于在朝廷主持朝政的君主总是要更替的，于是由"朝廷"义又引申出 d"朝代"义。如杜甫《蜀相》："三顾频烦天下计，两朝开济老臣心。"（两朝，指蜀先主刘备，后主刘禅）引申流程如下：

a 本义→b 直接引申义→c 间接引申义→d 间接引申义

②阳，本义是 a"日光"，直接引申义是 b"明亮"，如：《诗经·豳风·七月》："载玄载黄，我朱孔阳，为公子裳。"由明亮义又引申为 c"明里、表面上"，如《战国策·魏策》："何不阳与齐而阴结于楚。"引申流程如下：

a 本义→b 直接引申义→c 间接引申义

（二）词义引申的方式

词义引申都是以本义作为基础的，本义是词义引申的原点，它规定了词义引申的基本方向。在本义基础上引申的词义常常不止一个，如上述"朝"、"阳"的间接引申义都有几个。如果把某个词的引申义放在一起，按照引申的顺序加以排列，就可以发现不同的引申脉络。根据词义引申的运动路线，我们可以把词义引申的方式分为三种：链条式引申、辐射式引申、复合式引申。

1.链条式引申

以本义为起点，产生若干引申义，每个引申义都是其前一个意义的直接引申，相邻的两个引申义构成直接引申关系，这种向着同一方向递相派生的引申脉络，前后意义像链条一样环环相扣，称之为链条式引申或传递式引申。如：

"浓"，本义为露多。《说文》："浓，露多也。从水，农声。"由露多引申为厚、密、多。南朝梁简文帝《奉答南平王康賚朱樱诗》："花茂蝶争飞，枝浓鸟相失。"再引申为感情深厚。如：南朝宋鲍照《代陈思王京洛篇》："古来共歇薄，君意岂独浓？"引申的脉络为：

浓　露多→厚、密、多→感情深

（本义）　（引申义）　（引申义）

"亡"，本义是逃跑。《说文》："亡，逃也。"引申为失去、遗失，《易·旅》："射雉一矢亡。"又引申为消亡、灭亡。《荀子·天论》："天行有常，不为尧存，不为桀亡。"引申脉络如下：

亡　逃跑→失去、遗失→消亡、死亡

（本义）　（引申义）　（引申义）

2.辐射式引申

从本义出发，同时向不同的方向伸展出新的引申义，像车轮上的辐条呈放射状，这种引申叫辐射式引申。如：

"目"，本义人眼，《说文》："目，人眼。象形。"由此义同时引申出下列义项：

①看、注视。《左传·宣公十二年》："目于智井而拯之。"②以目表示愤怒。《国语·周语上》："国人莫敢言，道路以目。"③以目示意，使眼色。《史记·高祖本纪》："酒阑，吕公因目固留高祖。"④看待。唐白居易《不出门》："不知天壤内，目我为何人。"⑤眼力、眼界。《孟子·告子上》："不知子都之娇者，无目者也。"唐王之涣《登

鹳雀楼》:“欲穷千里目,更上一层楼。”引申方式如下:

看、注视　　以目表示愤怒
↖　↗
看待←— 目,人眼 →以目示意,使眼色
↓
眼力、眼界

3.复合式引申

词义引申是一种十分复杂的现象,上述链条式引申和辐射式引申只是词义引申的两种最基本的方式。在语言的实际运用中,某个词多个义项的生成,往往交错使用这两种基本方式。如:

“府”,《说文》:“府,文书藏也。从广,付声。”金文“府”字作“”,或加贝,本义为库藏处所。《左传·僖公五年》:“藏之于盟府。”意思是将盟书收藏在府中。《孟子·有为神农之言者许行》:“今也,滕有仓廪府库,则是厉民而自养也,恶得贤?”“府”表收藏财物的地方。由本义引申为管理财货或文书的官,《周礼·天官·宰夫》:“五曰府,掌管契以治藏。”由“官”义又引申为官府,汉郑玄:“百官所居曰府。”《出师表》:“宫中府中,俱为一体。”是指丞相的官府。又引申为达官贵人的住宅,如相府、王府。《红楼梦》第二回:“街东是宁国府,街西是荣国府。”再引申为对别人住宅的敬称,如“尊府、府上”。由本义又引申为聚集之处,如乐府,学府。由官府一义又引申为行政区划的名称。《新唐书·地理志一》:“京兆府京兆郡,本雍州,开元元年为府。”引申路线图示如下:

(6)聚集之处　　(7)行政区划
↑　　↑
府:(1)本义库藏处所→(2)管理财货或文书的官→(3)官府→

(4)达官贵人的住宅→(5)对别人住宅的尊称

上面的七个义项中,从(1)至(5)为链条式辐射。由(1)引申出(2)、(6),由(3)引申出(4)、(7)为辐射式引申,七个义项综合运用了链条式和辐射式两种方式。

(三) 词义引申的根据和特点

词义不仅是指人们对于客观事物所作的概括反映和主观评价,而且也指词在特定的使用范围中所产生的意义。词的意义内容主要包括概念意义(理性意义或所指意义)和附加意义(色彩意义)。概念意义主要包括词义的特征、范围、性质,附加意义则包含感情色彩、语体色彩、形象色彩,以及社会文化意义。词义引申,实际上就是从词的意义内容的某一点或某几点上派生出新义的过程。

词义引申从本质上说就是指称对象间的转移,由原来的指称对象引申为另一种指称对象。要实现两种指称对象之间的语义转移,前提是这两种对象之间要有一定的关系,这种关系就是词义引申的根据,在引申过程中,这种关系的特点体现为相应的联想形式,即词义引申的方式,包括相似联想方式、相容联想方式、相对联想方式、相关代用方式和相因推演方式五种类型。

1. 相似联想

两种对象之间具有某种相似点,构成修辞上的比喻,从而实现词义的引申。相似比喻构成的词义引申,通常是由词义特征所产生的词义引申现象。其特点为:第一,词的本义所反映的客观事物(含动作行为、性状特点)的特征,一般具有形象性和可感知性。第二,本义和引申义所代表的事物之间,在某一点上有相似之处。第三,由本义派生出引申义,词义特征有所转移,而其属性未变,但引申前后词的义类发生了变化。也就是说,本义和引申义所代表的事物具有类似的属性,但他们并非同类事物。第四,词义引申变化,通常是由具体到抽象。例如:

斗,《说文》:“斗,十升也。象形,有柄。”其本义是酒器。引申为北斗七星(天枢星、天璇星、天玑星、天权星、玉衡星、开阳星、摇光星),这是由于北斗七星连起来的形状与斗的外形十分相似,所以就以“斗”喻“北斗”。《说文段注》:“上象斗形,下象其柄也。斗有柄者,盖象北斗。”《诗·小雅·大东》:“维北有斗,不可以挹酒浆。”这里的斗是指北斗星。这是形象的相似。

关,本义指门闩,《说文》:“以木横持门户也。”引申为关卡、要塞,如山海关、雁门关。《孟子·尽心下》:“古之为关也,将以御暴。”本义和引申义之间的相似点为控制出入,这是功能作用的相似。

2. 相容联想

词义的引申,常常是在一定的词义范围内进行的。引申义和本义所反映的客观事物虽然不同,但两者属于同一语义场,两者间具有包含和被包含的关系,能够相互容受。通过这种方式产生的词义联想称之为相容联想,这是由词义范围所产生的引申现象。这类引申现象的特点为:第一,词义的引申变化,大都是由个别到一般、由部分到整体,也有少数是由一般到个别、由整体到部分。第二,由本义派生出的引申义,内涵扩大或缩小,外延也随之缩小或扩大,属性虽有所增减,但引申前后词的义类未变,本义和引申义仍属于同一个语义场。例如:

柄,《说文》:“柄,柯也。”“柯,斧柄也。”《说文段注》:“柄之本义专谓斧柯,引申为凡柄之称。”可见,柄的本义是专指斧柄,具有特殊性,后引申为“凡柄之称”,泛指一切器物的柄,具有了普遍性。

朵,《说文》:“朵,树木垂朵朵也。”《说文段注》:“凡枝叶华实之垂者,皆曰朵朵。今人但谓一华为一朵。”徐锴《说文系传》:“今谓花为一朵,亦取其下垂也。”“朵”本义为“凡枝叶华实之垂者”,是泛指,后来专指“一华为一朵”,变成专指了。

牲,《说文》:“牲,牛完全也。”《字汇·牛部》:“牲,祭天地宗庙之牛完全曰牲。”本义是供祭祀用的全牛。引申为泛指供祭祀或作他用的家畜,包括马、牛、羊、豕、犬、鸡。牲,从本义引申为“凡畜之称”,词义范围扩大了。

3.相对联想

在客观世界中,两个事物之间常常构成对立,互相排斥,但是对立双方同时又是相统一的,共处于一个统一体中;而且矛盾着的双方又不是永远静止不变的,在一定条件下,矛盾的对立面会互相转化。利用这种矛盾的对立、统一以及转化,借助于人类心理的相对联想律,同样也能实现词义的引申。例如:

颠,《说文》:“颠,顶也。”本义是人的头顶,在人体的“最上”。引申义为“最下”。《说文段注》:“颠为最上,倒之则为最下,故《大雅》‘颠沛之揭’传曰:‘颠,仆也。’《论语》‘颠沛’,马注曰:‘僵仆也。’《离骚》注曰:‘自上下曰颠。’《广雅》曰:‘颠,末也。’”这是相反关系的引申。

赇,《说文》:“赇,以财物枉法相谢也。”这是本义,即行贿。《说文段注》:“枉法者,违法也。法当有罪,而以财求免,是曰赇。受之者亦曰赇。”这里的引申义是“受之者”,指受贿。这是施受关系的对立引申。

4.相关联想

所谓“相关联想”,就是指本义和引申义分别表示有关的两个事物(行为),以本义所表示的事物名称代指引申义所表示的事物,从而实现词义的引申。由于这种词义引申是缘于借代的修辞手法,两个事物之间具有相关性,所以又称“相关代用”。例如:

梳,本义是梳理头发用的工具,是名词。《说文》:“梳,所以理发也。”后来,用梳子梳理头发的行为,也叫“梳”,作动词用。汉扬雄《长杨赋》:“头蓬不暇梳,饥不及餐。”这里,名词“梳”为体,动词“梳”为用,“体用同称”,实际上就是用动作行为的工具代指动作行为本身。

孩,本义是小儿笑,《说文》:“小儿笑也。”《老子》:“如婴儿之未孩。”(未孩:还不会笑)《庄子·天运》:“民孕妇十月生子,子生五月而能言,不至乎孩而始谁,则人始有夭矣。”引申为指代小孩,杜甫《山寺》:“自哂同婴孩。”由小孩的笑引申为指代小孩,这是借人具有的某种性状特点来代替人的代用引申。

陵,本义是大土山。引申为坟墓,《国语·齐语》:“参其国而伍其鄙,定民之居,成民之事,陵为之终。”韦昭注:“以为葬地。”又特指封建时代帝王的坟墓,杜牧《将赴吴兴登乐游原》:“欲把一麾江海去,乐游原上望昭陵。”由大土山引申为坟墓,这是以处所之名指代其地所存在的事物。

5.相因推演

相因推演是指两种对象或两个概念之间具有某种逻辑关系(诸如因果、条件、目的等),通过推导实现引申。“相因”是指词的本义所表示的事物或概念,同词的引申义所表示的事物或概念之间,存在深层的、内在的逻辑关系;“推演”是指通过人们的抽象思维进行推导演绎,揭示本义和引申义所表示的事物或概念之间的这种深层的内在联系,从而实现词义的引申。例如:

故,《说文》:“故,使为之也。”《说文段注》:“凡为之必有使之者,使之而为之则成故事矣。引申之为故旧,故曰:古,故也。”“故”由本义“使为之”推演出“故旧”之义,是以因推果。

厌,本义为饱餐。《孟子·离娄下》:“其良人出,则必厌酒肉而后反。”人吃饱后心理就得到了满足,故由此引申为满足。《左传·僖公三十年》:“夫晋何厌之有,既东封郑,又欲肆其西封。”这也是由原因推导结果。

慎,《说文》:“慎,谨也。从心,真声。”慎被训释为“诚”,《说文段注》:“慎训诚者,其字从真。人必诚而后敬,不诚未有能敬者也。敬者慎之第二义,诚者慎之第一义。”可见,慎之本义就是“诚”,引申义为“敬”,“诚”与“敬”之间的关系即是条件与结果的关系。

### 三、词的假借义

所谓假借义就是依附于假借字而产生的意义。假借义是词义的一种。词的引申义(包括比喻义、借代义等)、假借义都是相对于本义而言的。

假借义与引申义虽然都有本义,但引申义与本义之间有语义的关联,而假借义与本义之间一般没有语义联系。假借义与所借之字的本义无关,只是借用一个同音的书写符号以寄义而已。所以黄侃述、黄焯编《文字声韵训诂笔记·文字学》中说:“于字之声音相当而形义皆无关者,谓之假借义。”

汉语的大多数虚词和代词都是实词的假借,其虚词义大多寄寓在实词上。如:连词“而”无本字,其义寄附于作“颊毛”或“胡须”解的“而”字上。再如:

虽,本义是虫名,形似蜥蜴,有花纹而身体大。《说文》:“虽,似蜥蜴而大。从虫,唯声。”假借为表示让步关系的连词,相当于现代汉语的尽管、纵使、即使等。《诗·召南·行露》:“虽速我讼,亦不女从。”

在古汉语中,假借是十分普遍的语言现象。有不少假借最初的本字和假借字是同一的,后来为了要区分本义和假借义两种不同的意义或用法,就另造新字以区别。如:

归,本义是女子出嫁,《诗·周南·桃夭》:“之子于归,宜其室家。”“归”被借用表示赠送的意思,《论语·阳货》:“归孔子豚。”后来新造“馈”字作“赠送”的本字,与“归”相区别。

曾,本义为乃,作副词用,如《论语·先进》:“曾由与求之问。”假借表“增加”,《孟子·告子下》:“曾益其所不能。”后造“增”字作“增加”的本字。

矢,本义为箭,《说文》:“矢,弓弩矢也。”假借为“发誓”,《诗·风·柏舟》:“之死矢靡它。”后造“誓”字。

在假借过程中，一般来说，新造字是相对于假借义而言的，即针对假借义而另造新字表示，如“曾→增”、“归→馈”。这是在假借义的基础上产生的古今字。但是也有相反的情形，假借义借用某字表示，而某字的本义却另造新字表示。如：

孰，本是食物等烧煮到可食的程度。假借为表示疑问的代词，①相当于“谁”、“哪个”，《论语·公冶长》：“女与回也孰愈？”②相当于“何”、“什么”。《论语·八佾》：“是可忍也，孰不可忍也。”后来，为表示食物烧熟的含义另外造了一个“熟”字。“孰”、“熟”成为在本义基础上形成的古今字。

## 复习思考题

1. 什么叫词的本义？请举例说明。

2. 利用工具书，查检下列词的本义：

承 捷 援 相 眷 题 颇 谅 抑 造 表

戒 执 艺 历 超 行 适 元 何 叔 考

3. 什么叫词的引申义？请举例说明。

4. 词义引申的类型有哪些？请举例说明。

5. 请查阅有关工具书，指出下列词的词义引申方式：

绝 向 粗 解 烈 精

6. 词义引申的根据是什么？

7. 词义引申的联想方式有哪些类型？举例说明。

8. 什么叫假借义？它与引申义有什么不同？

9. 指出下列句中加点的词的意义，并指出在句中用的是本义、引申义还是假借义。

① 节其流，开其源。（荀子《富国》）

② 今财亡民罢，莫不怨恨。（《国语·周语下》）

③ 姜氏欲之，焉辟害？（《左传·隐公元年》）

④ 唯我知女，女专利而不厌。（《左传·僖公七年》）

⑤ 后稷教民稼穑，树艺五谷。(《孟子·滕文公上》)

10. 标点并翻译短文：

① 孟子曰今有无名之指屈而不信非疾痛害事也如有能信之者则不远秦楚之路为指之不若人也指不若人则知恶之心不若人则不知恶此之谓失其本心 (《孟子·告子上》)

② 孔子过泰山侧有妇人哭于墓者而哀夫子式而听之使子贡问之曰子之哭也壹似重有忧者而曰然昔者吾舅死于虎吾夫又死焉今吾子又死焉夫子曰何为不去也曰无苛政夫子曰小子识之苛政猛于虎也 (《礼记·檀弓》)

③ 昔人有睹雁翔者将援弓射之曰获则烹其弟争曰舒雁烹宜翔雁燔宜竞斗而讼于社伯社伯请剖雁烹燔半焉已而索雁则凌空远矣 (《应谐录》)

[舒雁——家鹅。 社伯——二十五家为一社，一社之长为社伯。]

## 第三节 同源词

### 一、同源词的涵义

由同一个根词派生出来的、读音相同或相近、意义有密切联系的一组词，叫做同源词。例如："暗"(日无光)、"黯"(颜色暗)、"窨"(地窖暗)、"阴"(水南山北背阳处)、"荫"(草木覆盖见不着太阳处)，这些词都有光线不足、阴暗的意思。在语音方面，古音同是影母，又都属侵部。这一组词就是同源词。再如：

小犬为"狗"，小马为"驹"，小羊为"羔"，皆有相同的"稚畜"义。

怀抱为"任"，怀孕为"妊"。

水被打开缺口为"决"，器皿碰破，有了豁口叫"缺"，环形有缺口的玉佩叫"玦"。

工匠曰"工"，工作或工作成效叫"功"，进行某种工作叫"攻"。

以上四组词语音相同或相近，词义相近有关联，出于同一语源，属于同源词。

## 二、同源词构成的条件

同源词有三个构成条件：第一，语音相同或相近（以上古音为准）；第二，语义相近或相关；第三，有理论根据，有文献资料证明是同出一源。这三个条件是同源词的必要条件，缺一不可。在确定同源词时，必须注意以下几点：

1. 同源词不同于同音词，同音词只要求语音完全相同，不要求语义、语源上的关联。

2. 同源词不同于同义词，同义词只是语义相同或相近，不要求语音相同或相近，更不必要求有同一语源。如："肉"和"肌"，这是一对同义词，相同点为表示人或动物内接近皮的部分的柔韧物质；区别点在于"人曰肌，鸟兽曰肉"。这对同义词虽然在意义上相近，但语音完全不同，所以不能作为同源词看待。而像"皮"（皮肤）、"被"（覆盖物）、"披"（披肩）这一组词，不仅语义相近（表示覆盖），而且语音相近，有共同的声符，可以构成同源词。

3. 通假字与本字所表示的词，如"早"与"蚤"、"矢"与"誓"，虽然语音相同或相近，但意义上并没有什么关系，所以它们不是同源词。

4. 异体字写法虽然不同，但表示的是同一个词，不能算作同源词。

5. 同源词虽然不是由假借关系形成的，但假借义的构成有时可以借助于同源词词与词之间在语音和语义上的相通性。例如"决"（水缺）、"玦"（玉缺）、"缺"（器缺）、"阙"（门缺）、"蹶"（失足跌倒）、"掘"（掘开）是一组同源词，语音上相近，语义上都有"缺而不完"之义。利用其语音和语义上的相通性，可以构成互借关系：

①若阙地及泉，隧而相见，其谁曰不然。（《左传·隐公元年》）

②昔者女娲氏炼五色石以补其阙。《列子·汤问》

例①“阙”为“掘”之假借，例②“阙”为“缺”之假借。

6.同源词往往有共同的声旁，这个声旁不仅提示字的读音，同时还兼表意义。如“肖”、“消”、“梢”、“稍”是一组同源词，它们共同的声根是“小”。“小”不但提示它们的读音，还表示它们共有的“微小”之义。

但也有一些同源词没有共同的声旁，在字形上看不出相互间存在联系。如“吾”、“我”、“余”、“予”等。

7.同源词语音上的相同或相近，一般是以上古音为准。这是因为古汉语中的同源词，大多在上古时期就已经形成。由于语言的发展，上古的语音发展到今天，变化比较大。有些字上古同音，现在不同音了。例如同源词“土”与“社”，现代普通话的读音在声韵调方面相去甚远，但上古音都属鱼部，声母“土”为透母（舌音）、“社”为“禅”母（齿音），在音韵学上为邻纽。

现代普通话读音相同或相近的一些字，如果它们古音声韵相差甚远，也不可作为同源词。

**三、同源词的分类**

同源词可分为以下四类：

（一）同字形的同源词

在古汉语中，同一个汉字，有时表示几个不同的词，这几个词是同源词。它们之间的差异，有的体现在词汇意义上，有的体现在词的句法功能上。但这几个不同的词之间在意义上有关联，是词义引申分化的结果。例如：

①名词——动词

朝（zhāo）——朝（cháo）

早上——早上朝见

②主动——被动

见(jiàn)—见(xiàn)

看见——被看见,出现

③不及物动词——及物动词

折(shé)——折(zhé)

断——弄断

④形容词——动词

长(cháng)——长(zhǎng)

长的——生长,成长

⑤动词——名词

陈(chén)——陈(zhèn)

陈列,排成行列——作战队伍的行列

卷(juǎn)——卷(juàn)

卷起来——卷起来的简策

传(chuán)——传(zhuàn)

传说——传记

在古汉语中,词性不同字形相同的同源词,在读音上大多变化声母或变化声调以示区别。

(二)用区别字和累增字表示的同源词

1. 用区别字表示的同源词

区别字,也叫分别字,一般是指在初造字基础上增加有区别意义作用的偏旁而形成的新字。新字与原字既有联系又有区别,从字的角度看,它们是在引申义的基础上形成的古今字;从词的角度看,它们记录的是同源词。例如“竟”,本义为“乐曲尽”。《说文》:“竟,乐曲尽为竟。”《段注》:“引申为凡事之所止。土地之所止皆曰竟。”《左传·宣公二年》:“亡不越竟,反不讨贼。”这一“竟”解释为“土地之所止”。后代为了区别起见,对表示“土地之所止”的“竟”

增加偏旁“土”,变成了“境”。“竟”与“境”成了一组同源词。这样的同源词还有:

肩(jiān,名词)——掮(qián,动词)
肩膀——把东西放在肩上搬运
帚(zhǒu,名词)——掃(sǎo,动词)
笤帚,扫帚——扫地,打扫
召(zhào,动词)——诏(zhào,名词)
召唤,号召——皇帝颁发的命令
广(guǎng,形容词)——扩(kuò,动词)
宽阔,广大——扩大
家(jiā,名词)——嫁(jià,动词)
家庭——出嫁(有家)
奉(fèng,动词)——俸(fèng,名词)
奉献——古代给予官吏的俸禄
非(fēi,形容词)——诽(fěi,动词)
错的,不对的——指责错误,诽谤

2. 用累增字表示的同源词

累增字是指在初造字的基础上增加偏旁而意义不变的字。这是因为有的字本字被引申义或假借义所夺,另造新字表示本义,这个为本义而造的新字为累增字。累增字和本字从字的角度看,是在本义的基础上形成的古今字;从词的角度看,它们记录的也是同源词。如:“益”,本义是水漫出容器的意义。它的引申义是“增加、利益”。后来为了区别这两种意义,原来的本字增加了水旁,成为“溢”,引申义仍然使用原来的“益”字。“溢”与“益”为同源词。再如:

暴(pù,动词) → 暴(bào,形容词):引申为凶恶
本义:太阳晒 → 曝(pù,动词):太阳晒

臭(xiù,动词) → 臭(xiù,名词):引申泛指各种气味
本义:用鼻子辨别气味 → 臭(chòu,形容词):引申为不好闻的(气味)
另造新字 → 嗅(xiù,动词):用鼻子辨别气味

右(yòu,动词) → 右(yòu,动词):引申为右手
本义:以手助人 另造新字 → 佑(yòu,动词):以手助人

(三)用孳乳字表示的同源词

有许多同源词,除了具有共同的意义特点外,还有共同的提示声音的声符,这样的同源词是由同一个字孳生出来的。这类同源词分为两种情形:

第一种,声符既提示声音,又表示同源词共有的意义。例如:

“性”、“姓”,声符为“生”,“生”的语义是出生。“性”,生来就具有的品格和资质;“姓”,姓氏之“姓”,最初是按出生地规定的。可见,这两词都与出生有关。再如:

善(美好)、膳(美食)、缮(修治,使之美善)。
中(中间)、仲(中间的)、衷(内衣、内心)。
少(微小)、秒(禾芒)、眇(渺小)、妙(微妙)。

第二种,声符只提示声音,不表示同源词共有的意义。如:

颇(头偏)、跛(足偏废,行不正),声旁“皮”的原义与这组

同源词的共同义“偏”义不相干。

对汉语中声符表义、音义相通的现象,古人早就注意到了。王圣美的“右文说”就是专门从声符和孳乳字来说解字义的,宋代沈括的《梦溪笔谈》卷十四:“王圣美治字学,演其义以为右文。古之字书皆从左文。凡字,其类在左,其义在右。如木类,其左皆从木。所谓右文者,如戋,小也。水之小者曰浅,金之小者曰钱,歹而小者曰残,贝之小者曰贱。如此之类,皆以戋为义也。”“右文说”虽然确实可以反映一部分同源词的音义关系,但不具有普遍性,不能一概而论。如“笼”、“拢”、“茏”、“咙”、“泷”、“珑”、“栊”、“胧”、“砻”、“聋”、“垄”、“陇”等字虽以“龙”为声旁,但与“龙”义无关,它们也不是同源词。

(四)字形完全不同的同源词

有些同源词,由于词义的辗转引申,或字形的分化演变,在书写形式上变得既不相同,也不相近。这类同源词,在字形上无法找到相同的偏旁,只能从读音和意义的关联上进行分析,找出它们之间的语源联系。如:

刚、强、劲、竞、坚、健

这一组词语音上相近,“刚”、“劲”、“坚”是见母字,“强”、“竞”、“健”是群母字,见、群母都是舌根音。“刚”、“强”、“竞”属阳部,“劲”是耕部,“坚”是真部,“健”是元部,六个字韵尾均为鼻辅音。

在语义上,这几个字都有强劲有力的意思。

无、毋、亡、勿、罔、莫、靡

这一组词语在语义上都表示否定的意义;在语音上也相近,都是属于明母字,韵部多有旁转、对转关系。在古书的实际运用中,这组词常常互通。

## 四、探究同源词的意义

（一）研究同源词有助于揭示词汇和词义的系统性。

在语言三要素中，语法和语音这两个要素，具有很强的系统性，但对于词汇，人们总以为是一盘散沙，不成系统。这是由于对古代汉语词汇缺乏深入的研究而造成的错误认识。其实，古代汉语的词汇，和语法、语音一样，也有很强的系统性。我们通过同源词的研究，就可以发现，古代汉语的词与词之间，不是孤立的、彼此不相干的，而是密切联系、相互制约的。

（二）研究同源词有助于揭示词义引申和词汇发展的规律。

同源词研究，是词汇学研究的重要内容。科学研究最重要的任务，就是要揭示对象事物内部的客观规律。对同源词大量用例的征引考释和类比分析，目的就是要揭示出词义演变和语词派生的规律性。同源词的研究表明，古代汉语词义的引申演变，在一定范围内具有较强的规律性，比如上文提到的"音近义通"就有很强的规律性。

（三）研究同源词有助于对词的本义作更准确、更深刻的理解。

利用同源词的音近义通的原理，可以更清楚地了解弄懂词的本义。比如"谤"(谤讥于市朝)解释为"在众人所在的公开场合进行批评议论"，该义项通过同源词的分析就可以理解得更真切明白了。首先，"谤"字是"言"字旁，说明与言语有关；其次，"旁"与"溥(普)"同源，义为"普遍、广泛"。这样，两个偏旁的语义合起来，"谤"字的原义也就一目了然了。

（四）研究同源词有助于名物语俗的考证。

凡事凡物皆有名。自古及今，经历代递变，有些事物的名称以及某些方言俗语，我们只知其音，不解其源。利用同源词，可以帮助我们弄清楚事物命名的由来以及方言俗语的语源，为名物学、民俗学的研究提供可资借鉴的材料。例如，我们现在每天梳头用的“梳”、“篦”，原来是根据其形状特点而命名的。梳头的工具古代只有“栉”，后来分化为“梳”和“篦”。这两个词的来源却不一样，“梳”来源于“疏”，因为这种梳头工具的各齿之间距离比较疏松；“篦”来源于“密”、“比”，因为这种梳头工具的各齿之间排列紧密。从以上考证可以弄明白“梳子”和“篦子”这两个事物的命名由来。

## 复习思考题

1. 什么叫同源词？请举例说明。

2. 同源词构成的条件有哪些？

3. 确定同源词，必须注意哪几个方面的问题？

4. 同源词的类别有哪些？

5. 什么叫区别字？什么叫累增字？请举例说明。

6. 用孳乳字表示的同源词有哪两种情形？

7. 何谓“右文说”？请举一例试作分析(可从字典中查考声旁相同的形声字)。

8. 探究同源词的意义有哪些？

9. “同源词等于同音词”，这种说法对吗？为什么？

10. 请查考字典辞书，分析下列各词的语音状况，看看哪些词可以组成同源词：

句　笱　被　披　枸　拘　帔　痀　跔　佝　陂

11. 标点并翻译短文：

① 齐人有欲得金者清旦被衣冠往鬻金者之所见人操金攫而夺之吏搏而束缚之问曰人皆在焉子攫人之金何故对吏曰殊不见人徒见金耳（《吕氏春秋》）

② 客有为齐王画者齐王问曰画孰最难者曰犬马最难孰易者曰鬼魅最易夫犬马人所知者旦暮罄于前不可类之故难鬼神无形者不罄于前故易之也　（《韩非子·外储说左上》）

③ 知人者智自知者明胜人者有力自胜者强知足者富强行者有志不失其所者久死而不亡者寿　（《老子》三十二章）

## 第四节　同义词及其辨析

### 一、同义词及其形成

同义词是指意义相同或相近的一组词。同义词有两种:一种是意义完全相同的,叫等义词,这类词数量较少。另一种是意义相近,同中有异,异中有同的,叫做近义词。近义词在语言中是大量存在的,古汉语同义词的辨析主要是针对近义词的。

在古汉语的词汇系统中,同义词十分丰富。汉代两部重要的辞典《尔雅》和《说文解字》,记录了上古时期汉语中大量的同义词汇。《尔雅》是我国最早的一部同义词词典,共十九篇,分别为:释诂、释言、释训、释亲、释宫、释器、释乐、释天、释地、释丘、释山、释水、释草、释木、释虫、释鱼、释鸟、释兽、释畜。前三篇是古代文献词语训释的汇编,后十六篇是解释人事百科名称的。前三篇解释了许多同义词。比如:

《释诂》:初、哉、首、基、肇、祖、元、胎、俶、落、权舆,始也。
如、适、之、嫁、徂、逝,往也。
怀、惟、虑、愿、惄,思也。
朝、旦、夙、晨、晙,早也。
《释言》:还、复,返也。
贸、贾,市也。

《说文解字》是东汉许慎编纂的一部释义字典,其中有许多同义训释的字条,如:

干,犯也。　及,逮也。　嘘,吹也。　信,诚也。

把，握也。　　迅，疾也。　　产，生也。　　谤，毁也。

以上各组，在汉以前的古籍中，都属于同义词。

除了《尔雅》、《说文》外，西汉扬雄的《方言》、东汉刘熙的《释名》等以及它们的注本中，保留了丰富的古汉语同义词，为我们今人研究古代汉语同义词提供了极其宝贵的文献资料。

古汉语同义词的形成，主要有以下途径：

（一）由词义的分化、引申而形成同义词。

汉语词汇的发展，直接动因是社会的发展和交际的需要。词汇发展在语言内部的表现形式则是词义的分化和引申。在人类的语言交际中，词语的意义一方面要保持相对稳定，因为约定俗成的词汇意义是人们相互表达和理解的共同基础，词义变动频繁过速会造成言语理解的困难；另一方面词义又必须发展变化，以适应不断出现的言语交际的新需求，因为社会的发展，必然伴随新事物新现象的出现，加之人们的思想认识的逐步深化，人类情感的不断丰富和多样化，客观上也要求有相应的词义来表达。所以，从古到今，汉语词义在保持相对稳定的基础上，一直处于缓慢变化之中。引申和分化是词义变化的两种基本形式，许多同义词的形成就是由引申和分化而实现的。例如："栉、梳、篦"，最早出现的是"栉"，作为一般的理发用具。后来由于生活的需要，分化出"梳"、"篦"两种功能各异的理发工具，"栉之大而粗所以理发者谓之梳，言其齿稀疏也；小而细所以去虮虱者谓之比，言其齿比也；皆因体而立名"（《急就章》注）。这是由分化而形成的同义词。

再如，"年"和"岁"，"年"的本义是"谷熟"（《说文》），"岁"的本义是指木星（《说文》），两字的本义并不构成同义关系，但这两词经过引申，其引申义构成了同义。"年"由本义引申为五谷成熟一次的时间；"岁"则由于木星由西向东运行，每经历一个星次的时间为十二个月，故引申称这段时间为一岁。在引申表示记时的意义上两者同义。

（二）由不同的方言形成同义词。

汉语由于使用人口众多，使用范围广泛，形成了许许多多的方言。方言是民族共同语的地域分支。方言的存在可以追溯到上古以前，汉代扬雄的《方言》中就收录了北方方言、吴方言、湘方言、闽方言、粤方言等大量的汉语方言词汇。如："戏、惮，怒也。齐曰戏，楚曰惮。"（卷六）"崽者，子也。湘沅之会，凡言是子者谓之崽，若东齐言子矣。"（卷十）这里的"戏、惮、怒"和"崽、子"在当时是两组同义词。

（三）由特定的社会生活而形成的同义词。

词义来源于客观现实，是客观世界的对象在人的意识中的反映，客观事物和现象是词义形成的基础。所以，社会现象、社会的各种思想意识在词汇中有直接的反映。如在封建社会，统治阶级为了维护其封建统治，施行严格的等级制度，反映到词汇中，就出现了同一事物现象的不同说法。比如：在封建社会，表示人生命终结的"死"，不同阶层的人所使用的词是不一样的："天子曰崩，诸侯曰薨，大夫曰卒，士曰不禄。"这组同义词体现了人的尊卑贵贱的等级区分。

社会政治生活中，统治阶级的法律思想也直接影响着词义的分化与组合。"盗"和"贼"，这对同义词在上古并不同义。"盗"的本义是偷窃，《说文》："盗，私利物也。"《孟子·万章下》："夫谓非其有而取之者，盗也。""贼"的本义是败坏、伤害，《说文》："贼，败也。"《孟子·梁惠王下》："贼仁者谓之贼，贼义者谓之残。"可见，上古"盗"和"贼"是两类人，所谓"害良曰贼，窃货曰盗"（《荀子·修身》）。"盗"和"贼"后来经分化成为同义词，有着深刻的社会原因。在平时，因为对"贼"的处罚比"盗"严厉，所以"贼"宁愿承认是"盗"而不愿被认作是"贼"。历代皇朝末期，因对不满现实、进行暴力反抗的"贼"，剿不胜剿，只好采取怀柔招安的政策，只要能平息就不追究其犯上作乱的行为;而官府对虽不威胁其统治却“威胁”其私有财产的“盗”的处罚却越来越严厉。所以,后来小偷小摸的“盗”宁肯承认是“贼”也不承认是“盗”。在这种社会背景下,“贼”和“盗”才转化为同义词。

## 二、同义词的辨析

同义词的特点是同中有异,异中有同。“同”是同义词各词之间形成类聚的共同点,“异”是同义词各词之间相互区分的差别点。辨析同义词,不仅要找出其“同”,更要揭示其“异”,了解同义词之间的差别所在是辨析同义词的前提。

### (一) 同义词之间的差别

同义词的差别主要有词义差别、色彩差别和功能差别。

1. 词义的差别。

主要指词的概念意义或理性意义的差别。例如:

“恩”和“惠”,都有好处的意思,在这一意义共同点上构成同义。《说文》:“恩,惠也。”但这两个词所指称的对象不同,“惠”是指给人以好处,《孟子·滕文公上》:“分人以财谓之惠,教人以善谓之忠。”“恩”源于“因”,意思是凭借他人的好意、怜悯而得到的好处。《正字通》:“感人惠己曰恩。”“恩”特指从别人那里承受来的好处、利益。

“仁”和“义”,均为古代道德观念的核心,都是人们各种行为的约束和准则。“仁”来源于“人”,《孟子·告子上》:“仁也者,人也。”所以,“仁”是处理人与人之间关系的准则。“仁”的核心是关心人、爱护人,《论语·颜渊》:“樊迟问仁。子曰:‘爱人。’”《庄子·天地》:“爱人利物谓之仁。”“仁”在春秋以前是血缘凝成的统治集团内部维持秩序的手段,《孟子·告子下》:“亲亲,仁也。”就是要使居于统治地位的宗族内部具有亲属关系的人相亲相爱,团结一致。“义”,初文是“仪”,“仪”是法度、标准的意思,当道德标准跨出宗族范畴进入社会各阶层时，就有必要制定全社会共同遵守的行为准则，这个准则就是“义”。《荀子·大略》：“仁，爱也，故亲；义，理也，故行。”可见“义”是社会共循之“理”，是行为、行动的准则。“仁”与“义”的区别也属指称对象的差别。

“睿”和“哲”，都有知识丰富而聪明之义，但在程度上有差别。“睿”，《说文》：“深明也。”《玉篇》：“圣也。”“睿”在聪明程度上要高于“哲”，凡事看得深远、知得透彻、了解一切、洞察一切的人，才能称得上是“睿”。

“人”和“民”，都指社会的成员，但词义范围不同。“人”是人类社会所有成员的统称，《尚书·泰誓》：“惟人，万物之灵。”而“民”的范围要比“人”小得多，是“人”中被认为愚昧无知的部分，即被统治、被奴役者，《论语·泰伯》：“民可使由之，不可使知之。”

2.感情色彩上的差别。

有些同义词的基本意义大致相同，主要差别体现在附加的感情色彩上。例如：

“杀”、“诛”、“弑”，都是表示使某一对象失去生命。“杀”是中性词，纯客观表示原义。“诛”表示杀死有罪的人，含“罪有应得”之义，《淮南子·齐俗》：“周公族兄诛弟，非不仁也，以匡乱也。”显然带有主观上的肯定评价，属褒义词。“弑”用于下（臣、子）杀上（君、父），含有犯上作乱的意味，属于贬义词，如《孟子·滕文公下》：“世衰道微，邪说暴行有作，臣弑其君者有之，子弑其父者有之。”

3.功能上的差别。

有些同义词，其差别既不在概念意义上，也不在感情色彩上，而是在语法功能上。例如：

“往”、“之”、“适”。“往”是向所要去的地方走，是不及物动词，如《战国策·燕策》：“今往而不反者，竖子也。”“之、适”兼表行走的方向和去处，有特定的目的地，是及物动词，要带上宾语。如《孟子·滕文公上》：“滕文公为世子，将之楚。”《史记·孟子荀卿列传》：“齐人或谗荀卿,荀卿乃适楚。”“适”是“之”的方言词,《说文》:“适,之也,宋鲁语。”

（二）同义词的辨析

同义词的辨析,根本的目的在于找出同义词之间的区别点。准确地寻找和归纳区别点,是辨析的关键。下面介绍几种辨析方法。

1.引申派生关系分析

构成同义词的词多为多义词,有本义也有引申义,一般是在某个义项上构成同义关系。在分析时,如果能以该义项为基础,考察该义项与其他义项的引申派生关系,就有助于深入了解同义词之间的差别。如:

“杀”和“诛”。《广雅·释诂一》:“诛,杀也。”《说文》:“诛,讨也。”“讨,治也。”段注:“凡杀戮纠责皆是。”以正治乱、以正去邪都称为“诛”。要深入了解为什么“诛”有“杀戮纠责”之义,就要从该词的引申关系去分析。“诛”从言,本义是责备、责问。由于这种责备在古代是上对下的责备,可严厉到置人死地的地步,于是便产生了“杀戮纠责”这一义项。

2.反义词分析

同义词之间的差别,还可以通过其各自的反义词进行分析和辨识。例如:“贫”和“穷”,都指境况不理想。“贫”是指缺少衣食钱财而境况差,“穷”指境遇不好,无出路。如果从这两词的反义词去比较,它们的差别就十分明显了。“贫”的反义词是“富”,“穷”的反义词是“通”、“达”。“达”、“通”多指政治上得志,地位显赫,“穷”则常指政治上失意,不得仕进,如《孟子·尽心下》:“穷则独善其身,达则兼善天下。”

3.语境分析

分析同义词,了解词的意义和用法,必须置于一定的语言环境之中,联系词语所处的上下文以及其它与词语表达相关的因素进行分析；既可以从语义上进行分析，也可以从句法、语用、社会文化等层面上进行分析。如："言"和"语"，古代都是动词，"言"是自己陈述、自抒己见；"语"是与人谈论、告诉别人。《礼记·杂记下》："三年之丧，言而不语，对而不答。"从这句话中可以看出，"语"指的是与人说话，"言"是自言。由于这两个词所表达的行为特点不同，在句法上也显示出差别："言"是宣情达意，不涉及听话对象，所以它不能带指人的宾语，"语"是跟人说话，所以在句中对象经常作为宾语出现。如《郑伯克段于鄢》："颖考叔曰：'敢问何谓也？'公语之故，且告之悔。""语"跟了两个宾语，一个是直接宾语"故"，一个是间接宾语"之"（指代说话的对象）。

4.术语分析

古代研究词义的学科叫训诂学，词义训释的成果汇编主要是字典辞书。古代学者早已开始注意同义词及其辨析问题了。训诂学家创造了对文、散文、统言、析言等辨析同义词的专门术语。"对文"是指在某一特定的语言环境中，同时使用一对同义词，使这两个词分别处于可以互相比较的相应或相对的位置；"散文"是指在某一特定的语言环境中，只单独地使用一对同义词中的一个词。"统言"（又叫"浑言"、"统名"、"统辞"、"泛言"）是采用混同、笼统的训释方式解释词义；"析言"（又叫"分析言之"、"别言"、"专言"、"别词"）是采用分析、辨别的训释方式解说词义。"对文"、"析言"是重在说明同义词的"异"的一面，"散文"、"统言"是着眼于同义词的共性一面。在《说文》段注中，就有很丰富的同义词的说解，如《说文》十一上水部："渚，《尔雅》曰：'小洲曰渚。'""沚，小渚曰沚。"《段注》："《召南》传曰：'沚，渚也。'此浑言之。《秦风》传、《尔雅·释水》曰：'小渚曰沚。'此析言之也。"我们可以根据这些术语来分析辨别同义词。

## 复习思考题

1. 同义词在上古文献中早已存在，请列举十例说明之。

2. 古汉语同义词形成的途径主要有哪些？

3. 举例说明由词义分化和引申而形成的同义现象。

4. 查考《方言》等典籍，举例说明由方言形成的同义现象。

5. 古汉语同义词的差别主要表现在哪些方面？试举例说明。

6. 举例说明同义词辨析的引申派生关系分析法。

7. 举例说明同义词辨析的反义词分析法。

8. 举例说明同义词辨析的语境分析法。

9. 下列句中加点的部分在古汉语中是同义复词，由两个同义语素构成，单用时则是同义词。请查阅工具书及古代文献，对它们进行辨析：

① 不忘恭敬，民之主也。（《晋灵公不君》）

② 齐王闻之，君臣恐惧。（《冯谖客孟尝君》）

③ 一年来归，妻跪问其故，羊子曰："久行怀思，无它异也。"（《后汉书·乐羊子妻》）

④ 遂许先帝以驱驰。（《出师表》）

10. 通过查阅工具书和古代文献，辨析下列各组同义词：

①饥、饿 ②商、贾 ③门、户 ④书、籍 ⑤哭、泣、号、啼 ⑥观、察、看、望 ⑦征、伐、侵、袭 ⑧疾、病 ⑨知、识 ⑩官、吏 ⑪能、得 ⑫偷、窃 ⑬口、嘴 ⑭完、备 ⑮听、闻

11. 什么叫"对文、散文、统言、析言"？查阅《说文解字注》，举例说明它们在同义词辨析中的作用。

12. 标点并翻译短文：

① 孟子少时东家杀豚孟子问其母曰东家杀豚何为母曰欲啖汝其母悔而言曰吾怀妊是子席不正不坐割不正不食胎教之也今适有知而欺之是教之不信也乃买东家豚肉以食之明不欺也 （《韩诗外传》）

② 卫灵公之时蘧伯玉贤而不用弥子瑕不肖而任事卫大夫史鳅患之数以谏灵公而不听史鳅病且死谓其子曰我即死治丧于北堂吾不能进蘧伯

玉而退弥子瑕是不能正君也生不能正君者死不当成礼置尸北堂于我足矣史鳅死灵公往吊见丧在北堂问其故其子具以父言对灵公灵公蹴然易容寤然失位曰夫子生则欲进贤而退不肖死且不懈又以尸谏可谓忠而不衰矣于是乃召蘧伯玉而进之以为卿退弥子瑕徙丧正堂成礼而后返卫国以治　（《新序·杂事第一》）

③ 枭逢鸠鸠曰子将安之枭曰我将东徙鸠曰何故枭曰乡人皆恶我鸣以故东徙鸠曰子能更鸣可矣不能更鸣东徙犹恶子之声　（《说苑·谈丛》）

［枭(xiāo)—猫头鹰。　鸠(jiū)—斑鸠。］

# 第五节　词义的演变

## 一、古今词义的比较

古与今是相对的两个概念，段玉裁指出："古今者，不定之名也。三代为古，则汉为今，汉魏晋为古，则唐宋以下为今。"（《广雅疏证·叙》）我们这里讲的古今，其"古"是指古代汉语时期，"今"是指现代汉语时期。古词义是指古代汉语中的常用义，今词义是现代汉语中的常用义。凡是没有流传到今天的意义都是古义，而今天的常用义有许多也是历史上产生的。古今词义的比较就是比较某个词在古代和现代词义之间的异同，着重了解和掌握古今词义的差异，以帮助解决古书阅读在词汇上的困难。

古今词义的异同，主要表现在以下三个方面：

（一）古今意义基本未变。这类词大多为词汇中的基本词汇，和语法结构一样，从古到今变化不大，相对稳定。如："人"、"地"、"天"、"草"、"木"、"鱼"、"鸟"、"日"、"月"、"手"、"山"、"水"、"马"、"牛"、"羊"、"风"、"霜"、"东"、"南"、"西"、"北"、"中"、"大"、"小"等，古代的词义和现代的词义仍然一致，在阅读古书时，对这类词的理解不会产生什么困难。

（二）古今意义完全不同。这类词在现代汉语中的常用义和古代汉语中的常用义完全不一样。比如“该”，在现代汉语中，常用的意义是“应当”、“应该”；而在古代汉语中，该词的常用义却是“完备”、“具备”。《谷梁传·哀元年》：“夏四月，辛巳，郊。此该之变而道之也。”注：“该，备也。”

（三）古今意义之间，既有联系，又有发展；既有相同之处，又有不同之处，同中有异。例如，《左传·僖公三十二年》：“若潜师以来，国可得也。”其中“国”古义为国都、首都，不能理解为今天的“国家”。

古今词义不同示例：

爱　上古有两个含义，一是“亲爱、疼爱”；二是“爱惜、吝啬”。现代汉语中，“吝啬”一义已不用。

币　上古指“礼物”，现代指“货币”。

兵　上古指“兵器，武器”，现代指“士兵、战士”。

池　古代指“护城河”，现指“池塘”。

除　古代有两种含义：一是指“宫殿的台阶”，二是指“除去”。现代指“除去”。

党　古代汉语中“党”指居民单位，《释名·释州国》：“五百家为党。”后来表示由利害关系结成的集团（如“结党营私”），又表示“偏袒”的意思（如“党同伐异”）。现代汉语则表示“政党”的意思。

访　上古汉语表示“咨询”，现代汉语表示“探望”、“拜访”。

粪　古代指“扫除”，现代指“粪便”。

羹　上古指一种带汁的肉食，现代表示“糊状液体食物”。

购　古代指“悬赏征求”，现代表示“买”。

勤　古代指“辛劳、辛苦”，现代表示“努力工作、不偷懒”。

去　古代指“离开”，现代表示“前往”。

劝　古代指“劝勉、奖励”，现代表示“规劝”、“劝说”。

色　古代指“脸色”，现代指“颜色”。

售　古义是把东西卖出去，现义是“卖”。

树　上古为“种植、栽种”，现代是“树木”、“树立、建立”。

睡　古代指“坐着打盹儿”，现代指“睡觉”。

厌　古代指“满足”，现代表示“厌倦”。

金　古代指“金属”，现代表示“黄金”。

再　古代指“第二次”，现代为“又（重复）”义。

识　古代指“记住”，现代为“认识”。

## 二、词义的演变

### （一）词义演变的形式

1.词的义项的增加和减少。

词的义项的增加是指在原有义项的基础上增添新的义项。在本义基础上逐步引申出新义，都属于义项的增加。如：

模　本义为模型、规范。《说文》：“模，法也。”《段注》：“以木曰模，以金曰鎔，以土曰型，以竹为笵，皆法也。”后引申为模范、楷式，如左思《咏史诗》之八：“巢林栖一枝，可为达士模。”引申为模仿、效法，如汉班固《汉武帝内传》：“（刘）彻书之金简，以身模之焉。”

劝　本义是劝勉，《说文》：“劝，勉也。”《论语·为政》：“举善而教不能则劝。”后来引申为劝说、劝阻之义，如《后汉书·彭宠传》：“建武二年春，诏征宠。其妻素刚，不堪抑屈，因劝无受召。”

词的义项的减少是指原有的部分义项后来不用了，渐渐地消失、隐匿了。例如：

吞　古代有三个义项，一是表示咽下，《韩非子·说林上》：“上索我者，以我有美珠也，今我已亡之矣，我且曰：‘子取吞之。’”二是表示消灭、并吞，《管子·霸形》：“楚欲吞宋郑。”三是表示包含，司马相如《子虚赋》：“吞若云梦者八九。”后来常用的义项只有前两个，第三个义项就不用了。

爱　古代常用的义项有“喜欢”和“吝惜”，《礼记·礼运》：“何谓人情？喜、怒、哀、惧、爱、恶、欲。”这里的“爱”表示喜爱之情，与

"恶"相对。《老子》:"甚爱必大费,多藏必厚亡。"这里的"爱"当吝惜、吝啬解。后来"吝惜、舍不得"这一义项逐渐隐匿不用了。

2.词义范围的扩大和缩小

词义范围的扩大是指某个词义由个别到一般、由部分到全体、由狭窄到宽泛,在同一语义范畴内,原义包含于新义之中,成为新义的一部分的词义演变形式。如"河",原专指黄河,《尔雅·释水》:"河出昆仑虚,色白,所渠并千七百一川,色黄;百里一小曲,千里一曲一直。"后来词义扩大,成为所有河流的通称,原来专指"黄河"的意义成了新义"河流"的一部分。这类词还有:

| 词: | 未扩大的古义: | 扩大后的今义: |
|---|---|---|
| 嘴 | 鸟嘴 | 所有动物的嘴 |
| 江 | 长江 | 所有的江河 |
| 唱 | 领唱 | 歌唱 |
| 理 | 治玉 | 治理 |
| 睡 | 坐着打瞌睡 | 一切形式的睡眠 |
| 齿 | 排列于前的牙(门齿) | 泛指一切牙齿 |
| 洗 | 洗脚 | 清洗 |
| 脸 | 面颊 | 整个面部 |
| 醒 | 酒醒 | 一般睡眠状态结束 |
| 基 | 墙根、屋基 | 基础、根基 |
| 响 | 回声 | 响声 |
| 稀 | 苗稀 | 稀疏 |
| 匠 | 做木工的手艺人 | 手艺人 |
| 顶 | 头顶 | 泛指顶部 |
| 好 | 女子模样美好 | 各种事物美好 |
| 国 | 国都、首都 | 国家 |

词义范围的缩小是指某个词义所表示的概念从一般到个别、从全体到部分、从宽泛到狭窄,新义包含于原义中,成为原义的一

部分的词义演变形式。如，“弟”，上古表示同胞中年岁小的，包括男性和女性，《孟子·万章上》：“弥子之妻与子路之妻，兄弟也。”这里的“兄弟”指姊妹。后来专指男性年岁小者。这类词还有：

| 词： | 未缩小的古义： | 缩小后的今义： |
| --- | --- | --- |
| 肥 | 脂肪多、体态胖 | 禽兽的脂肪多、体态胖 |
| 宫 | 住所 | 皇帝的住所 |
| 臭 | 统指一切气味 | 秽恶之气 |
| 子 | 直系亲属的下一辈 | 直系亲属下一辈中的男性 |
| 瓦 | 土烧器物 | 盖屋用的土烧器物 |
| 恶 | 品貌不佳 | 品行不好 |
| 鼠 | 穴居动物 | 老鼠 |
| 虫 | 动物总名 | 昆虫 |
| 金 | 金属 | 黄金 |
| 祥 | 吉凶预兆 | 吉兆 |
| 妃 | 一般男子的配偶 | 专指皇帝、太子、王侯之妻 |

3. 词义的转移

词义的转移是指词的中心义发生改变，词义概念所指称的对象发生变化，由甲类事物转为乙类事物，由原来的甲范围转移到乙范围。新义产生后，旧义隐匿，新旧义之间仍有一定的联系。如“闻”，原义为听见，《礼记·大学》：“心不在焉，视而不见，听而不闻。”后来指嗅、嗅到，由听觉转移到嗅觉，《韩非子·十过》：“共王驾而自往，入其幄中，闻酒臭而还。”这类词还有：

| 词： | 未转移的古义： | 转移后的今义： |
| --- | --- | --- |
| 钱 | 一种农具的名称 | 货币的通称 |
| 寺 | 官署、官舍 | 僧众供佛、居住之所 |
| 涕 | 眼泪 | 鼻涕 |
| 羹 | 带汁的肉 | 汤 |
| 汤 | 热水 | 菜汤、米汤 |

| | | |
|---|---|---|
| 走 | 跑 | 行走 |
| 脚 | 小腿 | 足 |
| 骄 | 高大的马 | 骄傲 |
| 识 | 记住 | 认识 |
| 厌 | 满足 | 厌倦、厌烦 |
| 贼 | 杀人的恶人 | 偷东西的恶人 |
| 行李 | 出使他国的使臣 | 旅行衣物 |

4.词义轻重的变化

有些词古今意义的变化表现在词义的程度上,或由重变轻,或由轻变重。例如"怨",古义指怨恨、仇恨,《说文》:"怨,恚也。""恚"就是怨恨的意思,如《韩非子·难三》:"桓公能用管仲之功而忘射钩之怨。"后来词义变轻,表示埋怨、责备,今义仍为埋怨、不满意。再如"诛",古义先有责备的意思,《论语·公冶长》:"朽木不可雕也,粪土之墙不可杇也;于予与何诛?"这里是说:对于宰予,我责备他什么呢?实际意思是表示我不必要责备他。该词后来发展为惩罚、杀戮之义,词义由轻变重。《孟子·梁惠王下》:"闻诛一夫纣矣,未闻弑君也。"这里的"诛"义为杀戮。

5.词义色彩的变化

在古汉语词义演变中,有些词义变化表现为感情色彩的变化,有的由褒义变为贬义,有的由贬义变为褒义。例如:

爪牙　古代义为武将、猛士、得力的助手,是褒义词。《国语·越语上》:"夫虽无四方之忧,然谋臣与爪牙之士,不可不养而择也。"这里的"爪牙"与"谋臣"对举,谋臣为文士,爪牙为武士,均为国君得力的助手。"爪牙"一词后来演变为供驱使的人,最后变为坏人的帮凶,成了贬义词。

复辟　辟,指君主,复辟原指归还政权,为中性词。《尚书·咸有一德》:"伊尹既复政厥辟。"是指商太甲嗣位暴虐,伊尹放之桐宫,自己摄行政事。三年,太甲悔过,伊尹又将政权归还。后引申指失去君位的帝王恢复王位，重新掌握政权，《明史·英宗后纪》："乃复辟而后，犹追念不已，抑或其惑溺之深也。"今指被推翻的旧政治制度卷土重来，为贬义词。

## 复习思考题

1. 怎样理解"古"与"今"这两个概念？
2. 古今词义的异同，主要表现在哪三个方面？请举例说明。
3. 什么是词的义项的增加和减少？请举例说明。
4. 什么是词义范围的扩大和缩小？请举例说明。
5. 什么是词义的转移？请举例说明。
6. 举例说明词义轻重变化的演变现象。
7. 词义的色彩变化主要指什么？请举例说明。
8. 查检工具书，指出下列各词古今意义的变化情况：

病 贿 领 菜 暂 感激 朕 斃 愤 狱 淫 写 逐 塘 乳 去 快 伪 烈士 丈夫

9. 标点并翻译短文：

① 临江之人畋得麋麑畜之入门群犬垂涎扬尾皆来其人怒怛之自是日抱就犬习示之使勿动稍使与之戏积久犬皆如人意麋麑稍大忘己之麋也以为犬良我友抵触偃仆益狎犬畏主人与之俯仰甚善然时啖其舌三年麋出门外见外犬在道甚众走欲与为戏外犬见而喜且怒共杀食之狼藉道上麋至死不悟　（《柳河东集·三戒》）

[畋—打猎。麑—小鹿。怛—恐吓。狎—亲热。啖—这儿指舔。]

② 杨朱之弟杨布衣素衣而出天雨解素衣衣缁衣而反其狗不知而吠之杨布怒将击之杨朱曰子毋击也子亦犹是曩者使女狗白而往黑而来子岂能毋怪哉。　（《韩非子·说林下》）

③ 管宁华歆共园中锄菜见地有片金管挥锄与瓦石不异华捉而掷去之又尝同席读书有乘轩冕过门者宁读如故歆废书出看宁割席分坐曰子非我友也　（《世说新语·德行》）

# 第六节 词语的训释

## 一、训诂的涵义

古代有一门学问叫训诂学，是小学（即语言文字之学）中的一个分支，其他的两个分支为文字学和音韵学。训诂也称故训，是对古代文献语言进行解释的学问。黄侃先生对训诂一词作了甚为妥当的解说：

“诂者，故也，即本来之谓。训者，顺也，即引申之谓。训诂者，用语言解释语言之谓。若以此地之语释彼地之语，或以今时之语释昔时之语，虽属训诂之所有事，而非构成之原理。真正之训诂学，即以语言解释语言。初无时地之限域，且论其法式，明其义例，以求语言文字之系统与根源是也。”（《文字声韵训诂笔记》，上海古籍出版社，1983 年版，第 181 页）

训诂，通俗地说，就是用易懂的语言解释一般人不容易懂得的语言，用通俗的词语解释特殊的词语，用今语解释古语，用通语解释方言。

训诂的内容包括解释词义、分析句读、校勘讹误、阐述语法、说明修辞、串讲大义、析解篇章、辨证音读等。这些训诂内容大多散见于古代文献中以“说”、“解”、“诂”、“训”、“释”、“诠”、“传”、“笺”、“注”、“疏”、“正义”、“章句”、“集解”为名的训诂书籍以及《说文》、《尔雅》、《方言》、《释名》等词典中。

## 二、词语训释的常用术语

今天，我们阅读古书，必须借助于前人或今人的注释。要读懂原文，首先得读懂注释；要读懂注释，又有必要懂得一些常用的训诂术语。训诂中常用的术语有：

“曰” 相当于“称”、“叫做”。被解释的词在后，解释的话在前。如《尔雅·释亲》：“妇称夫之父曰舅。”《释名·释地》：“广平曰原，高平曰陆。”

“为” 含义和用法与“曰”相同。《尔雅·释亲》：“父之妾为庶母。”又《释天》：“谷不熟为饥，蔬不熟为馑。”《诗经·卫风·淇澳》：“如切如磋，如琢如磨。”毛传：“治骨曰切，象为磋，玉为琢，石曰磨。”

“谓之” 相当于“称它”。被释词在后，释语在前。《汉书·张良传》：“此所谓金城千里，天府之国。”颜师古注：“财物所聚谓之府。”《尔雅·释草》：“木谓之华，草谓之荣，不荣而实者谓之秀，荣而不实者谓之英。”

“谓”、“言” 相当于“指”、“说”、“说的是”，多用于以特殊或具体的事物解释一般的事物，格式为被释词句在前，释语在后。《诗经·鄘风·柏舟》：“母也天只。”毛传：“天谓父也。”《诗经·豳风·东山》：“我徂东山，滔滔不归。”毛传：“滔滔，言久也。”

“貌” 是专门用以解释形容词、副词的术语。格式是“被训释词+训释词语+貌”。如：《论语·阳货》“夫子莞尔而笑。”何晏注：“莞尔，小笑貌。”

“犹” 可以译作“相当于”，其被释词在前，训释词在后。一般用以说明训释词和被训释词之间有同义或近义关系。如：《诗经·大雅·下武》：“下武维周，世有哲王。”郑玄注：“下犹后也。”

“之言”、“之为言” 在多数情况下，这两个术语为声训术语，以音近义通的词去解释另一个词。格式是被释词在前，释词在后。如《尔雅·释训》：“鬼之为言归也。”《论语·季氏》：“吾恐季孙之忧不在颛臾，而在萧墙之内也。”郑玄注：“萧之言肃也。墙谓屏也。君臣相见之礼至屏而加肃敬焉，是以谓之萧墙。”

“读为”、“读曰”、“读若”、“读如” 《说文》段注：“凡言读若者，皆拟其音。凡言读为者，皆易其字也。读为亦言读曰，读若亦言读如。”古书中，“读为”、“读曰”一般用于注明通假字的本字。如《周礼·春官·小宗伯》：“小宗伯之职，掌建国之神位。”郑玄注：“故书‘位’作‘立’。郑司农云：‘立读为位’。古者立、位同字。”《汉书·西域传》：“罢弊所恃以事无用。”颜师古注：“罢，读曰疲。”“读若”、“读如”，一般用于注音。如《国语·晋语二》：“暇豫之吾吾，不如鸟乌。”韦昭注：“吾读如鱼。吾吾，不敢自亲之貌。”《说文》：“皇，从自。自读若鼻。”

“音”、“如字”、“读似”、“读近”　这组术语用于注音。“音”是用同音字注音；“如字”是指在特定的上下文中，说明某个多音字要按它的本音读，《礼记·大学》：“所谓诚其意者，毋自欺也，如恶恶臭，如好好色。”唐陆德明《经典释文》：“恶恶，上乌路反，下如字。好好，上呼报反，下如字。”即“恶恶”念 wù è，“好好”念 hào hǎo；“读似”、“读近”都是以近音字注音。

“当为”、“当作”、“或为”、“或作”、“又作”、“亦作”、“一本作”、“某本作”、“衍文”、“脱文”　这些术语都是用于校勘文字的正误或异同。如《周易·序卦》：“比必有所畜。”《经典释文》：“所畜，本亦作蓄。”“衍文”指古书传抄过程中多出来的文字，“脱文”又叫“夺文”，指古书传抄过程中脱漏了的文字。

“浑言”、“统言”、“散文”、“析言”、“对言”、“对文”　这组术语用于辨析同义词，“浑言”、“统言”、“散文”是笼统说，“析言”、“对言”、“对文”是分开说。如《说文》：“鸟，长尾禽总名也。”段玉裁注：“短尾名隹，长尾名鸟，析言则然，浑言则不别也。”《左传·昭公十六年》：“韩子买诸贾人，既成贾矣，商人曰：‘必告君大夫。’”孔颖达正义：“贾人即商人也。行曰商，坐曰贾。对文虽别，散则不殊。故商贾并言之。”

### 三、词语训释的方法

词语训释的方法有三种，即：

1. 声训。声训也叫“音训”，即用音同、音近或音转（或双声或叠韵）的字来解释词义，循声音线索推求词义联系及被释词的语源。如《周易·说卦》：“乾，健也。坤，顺也。”《论语·颜渊》：“政者，正也。”《孟子·滕文公上》：“庠者，养也；校者，教也；序者，射也。”刘熙《释名·释衣服》：“衣，依也。”《礼记·中庸》：“仁者，人也。义者，宜也。”

声训的作用有三：一是直接解释词义。如《说文》：“政，正也。”《广雅·释诂》：“跃，跳也。”《释名·释姿容》：“负，背也。”二是推求语源，刘熙的《释名》中有许多就是用声训来探求语词命名的由来。如《释地》：“地，底也，其体底下载万物也。”“川，穿也，穿地而流也。山夹水曰涧，涧，间也，言在两山之间也。”在《说文》中也有类似的例子，如：“韭，菜名，一种而久者，故谓之韭。”三是说明通假，如贾谊《治安策》：“天下无倍畔之心。”颜师古注：“倍读曰背。”

2. 形训。是从分析汉字的形体结构入手来训释词语的。形训又称“以形索义”、“依形立义”。利用汉字字形进行字义分析，在先秦的文献中已经出现，如《左传·宣公十二年》：“夫文，止戈为武。”《韩非子·五蠹》：“古者苍颉之作书也，自环者谓之厶，背厶谓之公。”第一部形训的专著是许慎的《说文解字》，这部书被称为“形书”，是后代形训的重要依据。例如：

自，鼻也，象鼻形。

品，众庶也，从三口。

烈，火猛也，从火列声。

缺，器破也，从缶决省声。

贫，财分少也，从贝从分，分亦声。

3. 义训。不借助于形和音，而是直陈词义，直接解释词义。常用“某，某也”句式和“谓之”、“曰”、“为”等术语。如《尔雅·释言》：

"替，废也。"《释亲》："妻之父为外舅。"义训可以分为五种：

(1)同义相训，即用被训词的同义词来解释该词。如：

乔、嵩、崇，高也(《尔雅·释诂》)
咽，嗌也。嗌，咽也。(《说文》口部)
煽，炽也；炽，盛也。(《尔雅·释言)

"咽"和"嗌"是用同义词互相训释，叫互训；"煽"、"炽"是以同义词辗转训释，为递训。

(2)反义相训。就是用反义词来训释。如：

落，始也。(《尔雅·释诂》)
乱，治也。(同上)

(3)以共名释别名。就是用词义范围大的词解释被释词。如：

鳜，鱼也。(《说文》)
葵，菜也。(同上)
琼，玉也。(同上)

(4)定义训释。就是用下定义的方法来解释词义。如：

水中可居者曰洲。(《尔雅·释水》)
妻之姊妹曰姨。(《左传》杜预注)

(5)描述训释。就是用描绘比拟事物的形象、说明事物的性质等方式训释词语。如：

簸，扬米去糠也。(《说文》)——说明特性

犀，似豕。(《尔雅·释兽》)——比拟事物

等等。

## 复习思考题

1. 什么叫训诂？训诂包括哪些内容？

2. 查阅《十三经注疏》中的《毛诗故训传》，阅读1－2首诗的原文及毛传、郑笺、孔疏，以及陆德明的《经典释文》，了解古代注疏的格式。

3. 古代词语训释的常用术语有哪些？各是什么意思？

4. “读若”和“读为”是一回事吗？

5. 什么叫“如字”？“之言”的作用是什么？

6. 什么是“声训”？请举例说明。

7. 什么是“形训”？请举例说明。

8. 什么是“义训”？义训分为哪几种？

9. 标点并翻译短文：

① 昔者曾子处费费人有与曾子同名族者而杀人人告曾子母曰曾参杀人曾子之母曰吾子不杀人织自若有顷焉人又曰曾参杀人其母尚织自若也顷之一人又告之曰曾参杀人其母惧投杼踰墙而走　(《战国策·秦策》)

② 夫物不产于秦可宝者多士不产于秦而愿忠者众今逐客以资敌国损民以益仇内自虚而外树怨于诸侯求国无危不可得也　(李斯《谏逐客书》)

③ 夫积贮者天下之大命也苟粟多而财有余何为而不成以攻则取以守则固以战则胜怀敌附远何招而不至今殴民而归之农皆著于本使天下各食其力末技游食之民转而缘南亩则畜积足而人乐其所矣　(贾谊《论积贮疏》)

# 第四章　语　　法

在语言诸要素中，语法的变化最为缓慢，语法也最稳定。然而，历经数千年的演化，古代汉语语法与现代汉语语法相比，已有许多显著的不同之处。这些语法上的显著差异，是我们学习古代汉语必须了解和掌握的。

本教材并不全面描述古代汉语语法结构体系的各个方面，仅侧重分析古代汉语语法中的特异点。所用术语或一些说法，兼顾习惯说法和中学文言文教学系统，以便于学习者掌握。

## 第一节　词类活用

词类是根据词的语法意义和语法功能所划分的类别。古代汉语的词类在先秦已基本形成，某词所属的词类比较固定，其语法特点也较稳定。

古代汉语的词类跟现代汉语大体相同，可以分为实词和虚词两大类。实词有名词、动词、形容词、数词、量词、象声词等，虚词有副词、代词、介词、连词、助词、语气词、叹词等。

### 一、词类活用与词的兼类

古代汉语的实词的基本语法特点与现代汉语实词大体相同，如名词经常充当主语、宾语、定语，动词经常担任谓语中心语，形容词经常担任定语、状语、谓语等。但古代汉语实词活用的现象比较多。在一定的语言环境中，某些实词会临时改变其原来的语法意义或语法功能，而具有了新的语法意义或语法功能。这就是人们常说的词类活用。它既和上古汉语词类的语法功能的稳定性相关，又和修辞相涉。

词类活用不是词的兼类，与词义引申无关，更不是同形词。词的兼类与词义引申有密切的联系，具有稳固性；词类活用则是临时的，离开了一定的语境便不复存在。

例如："水"本是名词，但《荀子·劝学》"假舟楫者，非能水也，而绝江河"中，"水"的前面用了能愿动词"能"，"水"成了分句的谓语，就有了动词的语法功能，表示"游水"的意思；而一旦脱离这种语境，"水"就没有动词的语法功能了。这是词类活用。而《吕氏春秋·察今》"澭水暴益"中的"益"为动词，意为"涨溢"；引申为动词"增加"，再引申为名词"利益、好处"，如《尚书·大禹谟》"满招损，谦受益"；再抽象引申为副词"更加"，如《孟子·梁惠王下》"如水益深"。"益"一身而兼三类词，名词与副词的用法都是其词义引申的结果，是它常规的用法。这是词的兼类。

下面，我们扼要地分析一下名词、动词、形容词、数词、代词活用的情况。

## 二、名词的活用

名词的活用，主要有以下四种情况：

### （一）名词的使动用法

使动用法是用动宾结构的形式，表达兼语结构的内容。名词、动词、形容词、数词等均可用作使动。

名词的使动用法，是使宾语所表示的人或事物成为活用为使动词的名词所表示的人或事物，或者使宾语发生与活用的名词相关的变化。例如：

(1)齐威王欲将孙膑。(《史记·孙子吴起列传》)

(2)纵江东父老怜而王我,我何面目见之?(《史记·项羽本纪》)

(3)文王以百里之壤而臣诸侯。(《史记·平原君列传》)

(4)吾见申叔,夫子所谓生死而肉骨也。(《左传·襄公二十二年》)

(5)处则充栋宇,出则汗牛马。(柳宗元《陆文通先生墓表》)

(6)齐桓公合诸侯而国异姓。(《史记·晋世家》)

例(1)中"将孙膑"指"使孙膑为将",例(2)"王我"指"使我为王",例(3)"臣诸侯"指"使诸侯臣服",例(4)"肉骨"指"使白骨长肉",例(5)"汗牛马"表示"使牛马出汗",例(6)的"国异姓"表示"使异姓立国"。

名词活用作使动词,有时其后面宾语省略,可根据上下文予以补足。例如:

(7)天子不得而臣也,诸侯不得而友也。(《新序·节文》)

例(7)中的"臣"、"友"后面省宾语"之",意为"使之为臣"、"使之为友"。

方位名词也可用作使动,表示主语使宾语按照这个名词所表示的方位行动。例如:

(8)臣为王引弓虚发而下鸟。(《战国策·楚策》)

(9)适燕者,北其辕;适楚者,南其辕。(《战国策·燕策》)

例(8)的"下鸟"义为"使鸟掉下来",例(9)"北其辕"、"南其辕"

是“使车辕朝北”、“使车辕朝南”的意思。

### （二）名词的意动用法

意动用法表示认为宾语是什么或认为宾语怎么样。意动用法主要见于名词、形容词。

名词的意动用法，是指主观上把宾语看成是活用为意动词的名词所表示的人或事物。例如：

(1)扁鹊过齐，齐桓侯客之。(《史记·扁鹊仓公列传》)

(2)天下乖戾，无君君之心。(柳宗元《封建论》)

(3)宝珠玉者，殃必及身。(《孟子·尽心下》)

(4)令我百岁后，皆鱼肉之矣。(《史记·魏其武安侯列传》)

例(1)“客之”是“把他当作客人”。例(2)“君君”即“把国君当作国君”。例(3)“宝珠玉”是“把珠玉当作珍宝”。例(4)“鱼肉之”是“把他当作鱼肉一样宰割”。

名词活用作意动词，其宾语偶尔也可省略，在翻译和理解时可补足。例如：

(5)贫穷则父母不子，富贵则亲戚畏惧。(《战国策·秦策》)

例(5)中“子”后省略宾语“之”，意为“把他当作儿子”。

### （三）名词用作一般动词

名词活用为动词，除了使动用法和意动用法外，还可活用为一般动词。

古代汉语中，名词活用作一般动词时，主语发出或产生的是与这个名词所表示的人或事物相关的动作、行为和发展变化。方位

名词活用为一般动词时,主语发出或产生与该方位词相关的动作或变化。例如:

(1)左右欲刃相如。(《史记·廉颇蔺相如列传》)

(2)范增数目项王。(《史记·项羽本记》)

(3)庄公升坛,曹子手剑而从之。(《公羊传·庄公十三年》)

(4)卫鞅曰:“法之不行,自上犯之。”将法太子。(《史记·商君列传》)

(5)晋灵公不君。(《左传·宣公二年》)

(6)齐军既已过而西矣。(《史记·孙子吴起列传》)

(7)汉王方食,曰:“子房前。”(《史记·留侯世家》)

例(1)“刃”指“用刀刃杀”,例(2)“目”指“以目示意”,例(3)“手”指“用手持着”,例(4)“法”指“依法惩处”,例(5)“君”指“行君道”,例(6)“西”指“向西进军”,例(7)“前”指“到前面来”。

(四) 名词用作状语

状语是谓语的修饰语,它从时间、处所、程度、方式、手段、肯定、否定、状态、数量、范围、情态、对象等方面对谓语进行修饰与限制。充当状语的大多为副词、形容词。古代汉语中,方位名词、时间名词和普通名词都可直接用作状语。

古代汉语中,普通名词用作状语时,与谓语的关系十分复杂,主要有以下几种情况:

1. 表示动作行为的处所。例如:

(1)夫山居而谷汲者,膢腊相遗以水。(《韩非子·五蠹》)

(2)舜勤于民事而野死。(《国语·鲁语上》)

(3)卒廷见相如,毕礼而归之。(《史记·廉颇蔺相如列

传》)

(4)蜀太守以下郊迎。(《史记·司马相如列传》)

(5)范雎至秦,秦王庭迎。(《战国策·秦策》)

(6)高祖以亭长为县送徒骊山,徒多道亡。(《汉书·高帝纪》)

例(1)"山居而谷汲"指"在山上居住,在深谷汲水",例(2)"野死"指"在野外死去",例(3)"廷见"指"在朝廷上接见",例(4)"郊迎"指"到郊外迎接",例(6)"道亡"指"在半路上逃跑"。

2.表示比喻。即以作状语的名词所表示的人或事物的特征来描绘谓语动词所表示的行为的方式状态。例如:

(1)天下云集而响应,赢粮而景从。(贾谊《过秦论》)

(2)少时,一狼径去,其一犬坐于前。(《聊斋志异·狼》)

(3)豕人立而啼。(《左传·庄公八年》)

(4)子产治郑二十六年而死,丁壮号哭,老人儿啼。(《史记·循吏列传》)

(5)其后,秦稍蚕食魏。(《史记·魏公子列传》)

(6)嫂蛇行匍伏。(《战国策·秦策》)

(7)(狼)猬缩蠖屈,蛇盘龟息,以听命先生。(马中锡《中山狼传》)

上述各句加点的名词都是表示比喻的状语,可以用"像……一样"的格式翻译。例(1)"云集"即"像云彩一样聚集","响应"即像回声一样应合,"景从"即"像影子一样跟随",等等。

3.表示对人或事物的态度。即以对待作状语的那个名词所表示的人或事物的态度,来对待宾语所代表的人或事物。含有"当作……"或"像对待……一样"的意思。例如:

(1)齐将田忌善而客待之。(《史记·孙子吴起列传》)

(2)今而后知君之犬马畜伋(孔伋,人名)。(《孟子·万章下》)

(3)陛下父事天,母事地,子养黎民。(《汉书·鲍宣传》)

(4)君为我呼入,吾得兄事之。(《史记·项羽本纪》)

(5)优孟曰:"请为大王六畜葬之。"(《史记·滑稽列传》)

(6)升死,其印为予群从所得,至今宝藏。(沈括《活版》)

以上各例,可译作"像对待客人一样","当作犬马","当作父亲(母亲、子女)",等等。

4.表示动作行为的工具或凭借。例如:

(1)箕畚运于渤海之尾。(《列子·汤问》)

(2)黔无驴,有好事者船载以入。(柳宗元《黔之驴》)

(3)群臣后应者,臣请剑斩之。(《汉书·霍光传》)

(4)太祖累书呼,又敕郡县发遣。(《三国志·魏书·华佗传》)

(5)秦王车裂商君以徇。(《史记·商君列传》)

以上各例加点的名词都表具体的事物,作状语表示行为的工具,可以译作"用……"。作状语的名词如表示抽象事物,则表示动作行为的"凭借"(抽象的依据、道理等)。例如:

(6)吾义固不杀人。(《墨子·公输》)

(7)将军……伐无道,诛暴秦,复立楚国之社稷,功宜为王。(《史记·陈涉世家》)

(8)失期,法皆斩。(《史记·陈涉世家》)

上述各加点词，可译作“按照……”，等等。

时间名词作状语，用法与现代汉语相同，但“岁、月、日”等名词作状语时，有特殊含义。

(1)“岁”、“月”、“日”在具有行动性的动词谓语前做状语，表示“岁岁”(每年)、“月月”(每月)、“天天”(每天)的意思。例如：

①良庖岁更刀，割也；族庖月更刀，折也。(《庄子·养生主》)

②其始，太医以王命聚之，岁赋其二。(柳宗元《捕蛇者说》)

③今有人日攘其邻之鸡者。(《孟子·滕文公下》)

④吾日三省吾身。(《论语·学而》)

(2)“日”用在动词或形容词前，表示情况发展的逐渐性或持续性，义为“一天天地”。如：

①其后楚日以削，数十年，竟为秦所灭。(《史记·屈原列传》)

②(田单)兵日益多，乘胜，燕日败亡。(《史记·田单列传》)

③贱妾守空房，相见常日稀。(《孔雀东南飞》)

④于是与亮情好日密。(《三国志·诸葛亮传》)

⑤又迫贱事，相见日浅。(司马迁《报任安书》)

(3)“日”用作句首状语，表示追溯往事，表“往日”、“从前”之义。例如：

①日寡人尝学断斯狱矣。(《礼记·檀弓》)

②日卫不睦，故取其地。(《左传·文公七年》)

## 三、动词的活用

动词的活用包括使动用法、为动用法和作状语。

(一)动词的使动用法

动词的使动用法，是使宾语发出用作使动的这个动词所表示的动作行为，具有"使宾语干什么"的意思。

1.不及物动词的使动用法

不及物动词是不带宾语的，而一旦带上宾语，多为使动用法。如：

(1)庄公寤生，惊姜氏，故名曰"寤生"。(《左传·隐公元年》)

(2)项伯杀人，臣活之。(《史记·项羽本纪》)

(3)故天下皆以扁鹊为能生死人。(《史记·扁鹊仓公列传》)

(4)秦兵围大梁，破魏华阳下军，走芒卯。(《史记·魏公子列传》)

(5)广故数言欲亡，忿恚尉。(《史记·陈涉世家》)

(6)故远人不服，则修文德以来之。(《论语·季氏》)

上述例句中加点的不及物动词，后面带上宾语，全部用作使动。"惊姜氏"即"使姜氏受惊"，"活之"即"使他活下来"，"生死人"即"使死人复生"，"走芒卯"即"使芒卯逃跑"，"忿恚尉"即"使尉恼怒"等等。

不及物动词用作使动，有时后面的宾语可以省略，但根据上下文可以补足省去的宾语。如：

(7)今由与求也相夫子，远人不服而不能来也。（《论语·季氏》）

(8)养备而动时，则天不能病。……养略而动罕，则天不能使之全。（《荀子·天论》）

(9)操军方连船舰，首尾相接，可烧而走也。（《资治通鉴·赤壁之战》）

上述例句中用作使动的不及物动词“来”、“病”、“走”后面都可以补上宾语“之”。

2. 及物动词的使动用法

及物动词用作使动，在结构形式上与其常规用法相同，都是动宾结构，但是表达的意思不一样。例如：

(1)臣食其肉寝其皮矣。（《左传·襄公二十一年》）

(2)杀一牛，取一豆肉，余以食士。（《韩非子·外储说右上》）

上述两例中都用了及物动词“食”，但例(1)中“食”是正常用法，例(2)中的“食”是使动用法，“食士”即“使士食”。所以说，及物动词是否用作使动，只有依据上下文意仔细分辨才能确定。下面再举一些例子以供辨析：

(3)卒廷见相如，毕礼而归之。（《史记·廉颇蔺相如列传》）

(4)世皆称孟尝君能得士，士以故归之。（王安石《读孟尝君传》）

(5)沛公旦日从百余骑来见项王。（《史记·项羽本纪》）

(6)士卒亦多乐从李广而苦程不识。(《史记·李将军列传》)

(7)武丁朝诸侯。(《孟子·公孙丑》)

(8)孟子将朝王。(《孟子·公孙丑》)

上面例(3)、(5)、(7)中加点的及物动词都用作使动,例(4)、(6)、(8)中加点的及物动词是正常用法。

下面再举几个及物动词用作使动的例子:

(9)单于愈益欲降武。(《汉书·苏武传》)

(10)将战,华元杀羊食士。(《左传·宣公二年》)

(11)秋九月,晋侯饮赵盾酒。(《左传·宣公二年》)

(12)止子路宿,杀鸡为黍而食之,见其二子焉。(《论语·微子》)

及物动词用作使动时,偶尔宾语也可省略。例如,《战国策·齐策》:“左右以君贱之也,食以草具。”“食以草具”即“食之以草具”,意为“用粗劣的饭食让他吃”。

**(二) 动词的为(wèi)动用法**

为动用法是指为了宾语而发生某动作行为,宾语是动词的目的。“为动”的“为”可译作“为”、“为了”、“给(替)”等。例如:

(1)等死,死国可乎?(《史记·陈涉世家》)

(2)夫人将启之。(《左传·隐公元年》)

(3)邴夏御齐侯。(《左传·成公二年》)

(4)禹劳天下。(《淮南子·汜论训》)

以上各例,“死国”即“为了国事而死”,“启之”即“为他打开城门”，“御齐侯”即“为齐侯驾车”，“劳天下”即“为了天下人而辛劳”。

古汉语中，名词、形容词也有用作“为动”的，例如：

(1)名余曰正则兮，字余曰灵均。(屈原《离骚》)

(2)父曰：“履我。”良业为取履，因长跪履之。(《史记·留侯世家》)

(3)武安侯新欲用事为相，卑下宾客。(《史记·魏其武安侯列传》)

上述各例，“名余”即“为我取名”，“字余”即“为我取字”，“履我”即“为我穿鞋”，“卑下宾客”即“对宾客谦恭低下”。

（三）动词用作状语

古汉语中，不及物动词和及物动词(一般以动宾形式出现)都可以作状语，对谓语动词进行修饰，表示动作行为的方式、情态、状貌等。例如：

(1)(李)广……杀其二人，生得一人，果匈奴射雕者也。”(《史记·李将军列传》)

(2)然往来视之，觉无异能者。(柳宗元《黔之驴》)

(3)夜缒而出。(《左传·僖公三十年》)

(4)保民而王，莫之能御也。(《孟子·梁惠王上》)

(5)太后曰：“老妇恃辇而行。”(《战国策·赵策》)

## 四、形容词的活用

形容词的活用，包括使动用法、意动用法和活用为一般动词。

（一）形容词的使动用法

形容词的使动用法，是使宾语具有活用为动词的形容词所表示的性质或状态。例如：

(1)欲富国者务广其地，欲强兵者务富其民。(《战国策·秦策》)

(2)今媪尊长安君之位，而封之以膏腴之地。(《战国策·赵策》)

(3)于是梁王虚上位，以故相为上将军。(《战国策·齐策》)

(4)高其闬闳，厚其墙垣，以无忧客使。(《左传·襄公三十一年》)

(5)赵孟之所贵，赵孟能贱之。(《孟子·告子上》)

(6)君子之学也，以美其身。(《荀子·劝学》)

(7)焚百家之言，以愚黔首。(贾谊《过秦论》)

(8)礼义以为纪，以正君臣，以笃父子，以睦兄弟，以和夫妇。(《礼记·礼运》)

上述各例中加点的词都是用作使动的形容词。如“虚上位”即“使上位空缺”，“愚黔首”即“使老百姓愚昧”，等等。

形容词用作使动时，其宾语也可以省略。例如：

(9)强本而节用，则天不能贫。……本荒而用侈，则天不能使之富。(《荀子·天论》)

(10)刻削之道，鼻莫如大，目莫如小。鼻大可小，小不可大也；目小可大，大不可小也。(《韩非子·说林下》)

上述例句中，加点的“贫”、“小”、“大”都是形容词用作使动省略宾语，在翻译时可补上宾语“之”。

### (二) 形容词的意动用法

形容词的意动用法，是认为宾语具有这个形容词所表示的性质或状态。例如：

(1)孔子登东山而小鲁，登泰山而小天下。(《孟子·尽心下》)

(2)吾妻之美我者，私我也。(《战国策·齐策》)

(3)滕公奇其言，壮其貌，释而不斩。(《史记·淮阴侯列传》)

(4)人主自智而愚人，自巧而拙人。(《吕氏春秋·知度》)

(5)斩敌者受赏而高慈惠之行。(《韩非子·五蠹》)

(6)且夫我尝闻少仲尼之闻而轻伯夷之义者，始吾弗信。(《庄子·秋水》)

(7)时充国年七十余，上老之。(《汉书·赵充国传》)

(8)星队木鸣，国人皆恐。……怪之可也，而畏之非也。(《荀子·天论》)

以上诸例中加点的词都是形容词的意动用法，可以用“认为宾语怎么样”的格式来翻译。“小鲁”即“认为鲁国小”，“美我”即“认为我美”，“奇其言”即“认为他的话奇特”，“少仲尼之闻”是“认为孔子的见闻少”，等等。

形容词用作意动，其宾语也可以省略。例如：

(9)盖度义而后动，是而不见可悔故也。(王安石《答司马谏议书》)

(10)齐将田忌善而客待之。(《史记·孙子吴起列传》)

例(9)中形容词“是”用作意动，省略了宾语“之”，意为“认为它正确”，例⑽中“善”用作意动，省略了宾语“之”，意为“认为他善(有才能)”。

形容词(以及名词)的使动用法和意动用法,在句法结构上相同,没有特殊的形式标志。但是二者在表示的意义上区别显著。凡是可以译作“使宾语怎么样”的就是使动,能译作“认为宾语怎么样”的则是意动。试看下列例句:

(1)甘其食,美其服,安其居,乐其俗。邻国相望,鸡犬之声相闻,民至老死不相往来。(《老子》)

(2)其达士,洁其居,美其服,饱其食,而摩厉之于义。(《国语·越语》)

(3)夫差智太宰嚭而愚子胥,故灭于越。(《韩非子·难三》)

(4)古之善为道者,非以明民,将以愚之。(《老子》)

(5)工师得大木,则王喜……匠人斫而小之,则王怒。(《孟子·梁惠王下》)

(6)然则吾大天地而小毫末,可乎?(《庄子·秋水》)

(7)仓廪虽实,以备灾害,无以富先生;大官无缺,小官卑贱,无以贵先生。(《说苑·善说》)

(8)是故明君贵五谷而贱金玉。(晁错《论贵粟疏》)

(9)是以君子远庖厨也。(《孟子·梁惠王上》)

(10)如有能信之者,则不远秦楚之路。(《孟子·告子上》)

上举各例,例(1)、(3)、(6)、(8)、(10)中加点的词都是活用为意动,例(2)、(4)、(5)、(7)、(9)中加点的词都是活用为使动。使动和意动是无法从语言形式上分辨的,只能根据上下文的意思去辨识。

### (三) 形容词活用为一般动词

形容词还可以活用为一般动词。例如:

(1)卒使上官大夫短屈原于顷襄王。(《史记·屈原列传》)

(2)老吾老以及人之老,幼吾幼以及人之幼,天下可运于

掌。(《孟子·梁惠王上》)

⑶众庶莫不多光。(《汉书·霍光传》)

以上各例中,加点的词都是形容词活用为一般动词。“短”即“诋毁”,“老”是“奉养”,“幼”即“爱护”,“多”是“称赞”。

**五、代词和数词的活用**

代词和数词也可活用为动词。

（一） 第二人称代词活用为一般动词

古代礼仪等级森严,在社交中尊人和自谦是同一礼仪规范的两个方面,这种规范比较典型地反映在第二人称代词的使用上。因此,代词的活用主要是第二人称代词的活用。

1.人称代词活用为一般动词

古汉语第二人称代词“尔”、“汝(女)”常活用为动词,且多连用。例如:

⑴尝众辱奇,或尔汝之,或指为小人。(《北史·儒林·陈奇传》)

⑵其市井小人昔与敬亭尔汝者。(黄宗羲《柳敬亭传》)

⑶忘形到尔汝。(杜甫《醉时歌》)

⑷昵昵儿女语,恩怨相尔汝。(韩愈《听颖师弹琴》)

⑸倡和之礼,或尔汝之。(《颜氏家训·治家》)

上述例句中“尔汝”活用为动词,意为“用尔汝称呼”。古汉语第二人称代词中“尔”、“汝”较其他词语气随便,表示不拘礼节。这种不拘礼节既可以是关系亲昵,又可能是轻贱对方。

2.尊称词活用为一般动词

古汉语中有许多尊称词,尊称词的词性虽然是名词,但词汇意

义相当于第二人称代词。由于第二人称代词可以用为动词,少数尊称词也就出现了活用。例如:

(1)妇人卿婿,于礼为不敬。(《世说新语·惑溺》)

(2)卿自君我,我自卿卿,我自用我法,卿用卿法。(《世说新语·方正》)

(3)贵人不可卿而贱者乃可卿。(《南史·陆慧晓传》)

上面例句中加点的尊称词"卿"、"君"都活用为动词,意为"用卿(君)称呼"。

(二) 数词活用为动词

1.数词活用为一般动词

古汉语中数词很少活用为动词,如果数词活用为动词,它的前面有能愿动词作状语,或者它的后面有名词或代词作宾语。例如:

(1)"孰能一之?"对曰:"不嗜杀人者能一之。"(《孟子·梁惠王上》)

(2)士也罔极,二三其德。(《诗·卫风·氓》)

(3)民参(三)其力,二入于公,而衣食其一。(《左传·昭公三年》)

(4)大都不过参(三)国之一,中五之一,小九之一。(《左传·隐公元年》)

上述例句中加点的数词都活用为动词。"一"意为"统一","二三"意为"反复"、"参"是"把……分成三份","五"即"分成五份","九"即"分成九份"。

2.数词活用为使动

数词也可用作使动。例如:

夫金鼓旌旗者，所以一人之耳目也。(《孙子·军争》)

例中的“一”是“使……统一”。

古汉语中，数词前的动词常省略，在文字形式上出现副词修饰限制数词的现象，这种情况一般不宜看成是数词活用为动词。例如：

(1)此三子者，皆布衣之士也，怀怒未发，休祲降于天，与臣而将四矣。(《战国策·魏策》)

(2)利不百，不变法；功不什，不易器。(《商君书·更法》)

(3)人之情性，未能相百，而其智有相万也。(《潜夫论·赞学》)

(4)今滕，绝长补短，将五十里也。(《孟子·滕文公上》)

上述各句中加点的数词前有副词作状语，而谓语动词则省略了。若将这些情况也算做数词活用为动词，就失之宽泛了。

**六、词类活用的判断方法**

所谓词类活用的判断方法，主要指名词、形容词、代词等活用为动词的判断方法。

判定一个词是否活用为动词，首先要根据特定的上下文看其所表示的具体意义。如果按照这个词原来的意义和用法去理解，原文就讲不通；若把它理解为相应的动词含义，句子就讲通了。这样就可判定它是否活用为动词了。

其次，要考察这个词在句子中的语法地位和语法功能，即看它在句中充当的句子成份以及和其他词语的组合关系。如果这个词在句中具备了动词的语法功能和语法地位，那么它就活用为动词了。

下面，我们分析一下名词、形容词、代词等活用为动词的主要语法条件。

1.如果名词、形容词、代词等前面有“能”、“可”、“欲”、“足”等能愿动词,那么它们就活用为动词。例如:

⑴寡人欲相甘茂,可乎?(《史记·甘茂列传》)
⑵子谓公冶长:“可妻也……”(《论语·公冶长》)
⑶厌其源,开其渎,江河可竭。(《荀子·修身》)
⑷夫子欲寡其过而未能也。(《论语·宪问》)
⑸贵人不可卿而贱者乃可卿。(《南史·陆慧晓传》)
⑹反古者不可非,而循礼者不足多。(《史记·商君列传》)

以上各例中加点的名、形、代词前都有能愿动词,它们都活用为动词。“欲相”是“想要让……为相”,“可妻”是“能把女儿嫁给(他)”,“可竭”是“能变干”,“欲寡其过”是“想要让自己的过失减少”,“可卿”是“能用卿称呼”。

2.名词、形容词、代词等前面有副词修饰,则常活用为动词。

⑴距关,毋内诸侯,秦地可尽王也。(《史记·项羽本纪》)
⑵贫生于不足,不足生于不农。(晁错《论贵粟疏》)
⑶从弟子女十人所,皆衣缯单衣。(《史记·滑稽列传》)
⑷世俗共短儒生,儒生之徒亦自相少。(《论衡·程材》)
⑸昵昵儿女语,恩怨相尔汝。(韩愈《听颖师弹琴》)

以上各例中加点的名、形、代词前都有副词,它们都活用为动词。“尽王”即“全部加以统治”,“不农”即“不从事农业生产”,“皆衣缯单衣”即“全部穿着绸单衣”,“共短儒生”即“一齐诋毁儒生”,“相少”即“互相轻视”,“相尔汝”即“互相用尔汝称呼”,等等。

3.名词、形容词等用连词“而”、“以”与动词性词语相连接,它们就活用为动词。

⑴项王虽霸天下而臣诸侯，不居关中而都彭城。（《史记·项羽本纪》）

⑵孟尝君怪其疾也，衣冠而见之。（《战国策·齐策》）

⑶汉败楚，楚以故不能过荥阳而西。（《史记·项羽本纪》）

⑷今乃弃黔首以资敌国，却宾客以业诸侯。（李斯《谏逐客书》）

⑸李生闻而善。（李贽《赞列谐》）

⑹虚囹圄而免刑戮。（贾谊《过秦论》）

⑺其家甚智其子而疑邻人之父。（《韩非子·说难》）

以上各句加点的名、形、代词的前或后，都有连词“而”或“以”与另一动词性词语连接，它们都活用为动词。“臣诸侯”是“使诸侯称臣”，“都彭城”意为“在彭城建都”，“衣冠”指“穿好衣服、戴上帽子”，“西”即“向西进军”，“业诸侯”指“使诸侯成就功业”，“善”指“认为好”，“虚囹圄”即“让监狱空出来”，“智其子”即“认为他的儿子聪明”，等等。

4.名词、形容词、代词等如果后面有代词或名词（名词性短语）等作宾语，则活用为动词。例如：

⑴庞涓果夜至斫木下，见白书，乃钻火烛之。（《史记·孙子吴起列传》）

⑵寡君帅越国之众，以从君之师徒，唯君左右之。（《国语·越语上》）

⑶张苍德王陵，……及苍贵，常父事王陵。（《史记·张丞相列传》）

⑷衣我以其衣，食我以其食。（《史记·淮阴侯列传》）

⑸士亦以此多之。（《史记·魏其武安侯列传》）

⑹楚左尹项伯者，项羽季父也，素善留侯张良。（《史记·

项羽本纪》)

(7)尝众辱奇,或尔汝之,或指为小人。(《北史·儒林·陈奇传》)

上述各例加点的名、形、代词后都带有代词或名词宾语,它们活用为动词。“烛之”是“照它”,“左右之”是“支配他们”,“德王陵”即“感激王陵”,“衣我”是“让我穿衣”,“多之”是“称颂他”,“善留侯张良”是“与留侯张良友好”,等等。

5.名词、形容词等前面有辅助性代词“所”字,则活用为动词。

(1)是以令吏人完客所馆。(《左传·襄公三十一年》)

(2)非博士官所职,天下敢有藏诗书百家语者,悉诣守卫杂烧之。(《史记·秦始皇本纪》)

(3)置人所罾鱼腹中。(《史记·陈涉世家》)

(4)世之所高,莫若黄帝。(《庄子·盗跖》)

(5)故俗之所贵,主之所贱也;吏之所卑,法之所尊也。(晁错《论贵粟疏》)

上面例句中名词“馆”活用为动词,意为“住宿”,“所馆”指“所住宿的地方”;名词“职”活用为动词意为“掌管”,“所职”指“所掌管的书籍”;名词“罾”活用为动词意为“用网捕”,“所罾”指“用网捕到的”;形容词“高”活用为动词意为“崇尚”,“所高”指“所崇尚的人”,等等。

6.名词的后面如果有辅助性代词“者”,构成“者”字短语,则该名词活用为动词。例如:

(1)文王之囿方七十里,刍荛者往焉,雉兔者往焉。(《孟子·梁惠王下》)

(2)赵王之子孙侯者,其继有在者乎?(《战国策·赵策》)

上面例句中,名词“刍荛”活用为动词,意为“割草砍柴”,“刍荛者”指“割草砍柴的人”;名词“侯”活用为动词,意为“封侯”,“侯者”指“被封侯的人”。

7.名词前面如果有介宾短语作状语,则该名词常常活用为动词。例如:

(1)魏地方不至千里,……南与楚境,西与韩境。(《战国策·魏策》)

(2)有背义帝之约,而以亲爱王,诸侯不平。(《史记·淮阴侯列传》)

例(1)名词“境”活用为动词,意为“接壤”,例(2)名词“王”活用为动词,意为“做王”。

8.名词后面如果有介宾短语作补语,则该名词活用为动词。例如:

(1)晋师军于庐柳。(《左传·僖公二十三年》)

(2)师还,馆于虞。(《左传·僖公五年》)

(3)后妃率九嫔蚕于郊,桑于公田。(《吕氏春秋·上农》)

(4)请勾践女女于王,大夫女女于大夫,士女女于士。(《国语·越语》)

(5)卫鞅复见孝公。公与语,不自知膝之前于席也。(《史记·商君列传》)

以上例句中加点的名词后都有介宾短语作补语,都活用为动词。“军”指“驻扎”,“馆”指“住宿”,“蚕”即“养蚕”,“桑”为“种桑”,

"女"指"当婢女","前"是"挪到……前面"的意思。

9.两个名词连用,如果它们之间既不是并列关系、同位关系,又不是偏正关系,也不表示判断,那么其中一个名词常常活用为动词。

其具体情况又可分为三种:

⑴连用的两个名词构成主谓关系,后一个名词活用为动词。例如:

①大楚兴,陈胜王。(《史记·陈涉世家》)

②汉王方食,曰:"子房前!"(《史记·留侯世家》)

③若士必怒,伏尸二人,流血五步,天下缟素,今日是也。(《战国策·魏策》)

上述例句中,加点的名词均活用为动词,"王"即"做王","前"即"往前来","缟素"即"穿上缟素"。

⑵两个名词连用构成动宾关系,则前一个名词活用为动词。例如:

①杨朱之弟曰布,衣素衣而出。(《列子·说符》)

②天下乖戾,无君君之心。(柳宗元《封建论》)

③擅爵人,赦死罪。(贾谊《治安策》)

④城朔方城。(《汉书·武帝纪》)

⑤魏桓子肘韩康子。(《战国策·秦策》)

⑥策蹇驴,囊图书,夙行失道,望尘惊悸。(马中锡《中山狼传》)

以上例句中加点的名词都活用为动词,"衣"即"穿","君"指"把……当作国君","爵"指"拿爵位给(人)","城"为"修建(城墙）”，“肘”指“用肘捣”，“策”为“用鞭子抽打”，“囊”是“用袋子装”，等等。

⑶两个名词连用形成动补关系，前一个名词活用为动词，后一名词多为地点名词。如：

①晋军函陵，秦军氾南。（《左传·僖公三十年》）

②沛公军霸上。（《史记·项羽本纪》）

上面例句中加点的“军”后都带地点补语，活用为动词，意为“驻扎”。

以上，我们从九个方面分析了名词、形容词、代词等活用为动词的语法条件。在实际语言中，有的词活用为动词可能同时具有几种语法条件，这就更便于确定了。例如：

①吾不能以春风风人，吾不能以夏雨雨人，吾穷必矣。（《说苑·贵德》）

②诸侯之客进兵法，公子皆名之。（《史记·魏公子列传》）

上述例句中，“风”的前面有介宾短语“以春风”作状语，“风”的后面有宾语“人”，“风”只能活用为动词作谓语。“雨”的分析相类。例②的“名”，前有副词“皆”修饰，后面带上代词“之”作宾语，“名”也只能活用为动词。所以，我们在分析和辨别词类活用时，要综合各方面条件来分析，才能准确无误。

## 复习思考题

1.举例说明什么叫词类活用。

2.古代汉语词类活用主要有哪些类型？

3.什么叫使动用法、意动用法、为动用法？请举例说明。

4.说明下列加点的词属于何种词类活用，并指出辨识的语法条件。

①驴不胜怒，蹄之。（《黔之驴》）

②距关，毋内诸侯，秦地可尽王也。（《史记·项羽本纪》）

③夫金鼓旌旗者，所以一人之耳目也。（《孙子·军争》）

④后妃率九嫔蚕于郊，桑于公田。（《吕氏春秋·上农》）

⑤自上观之，至于子胥比干，皆不足贵也。（《庄子·盗跖》）

⑥四方之士来者，必庙礼之。（《国语·越语》）

5.标点并翻译短文：

①陈亢问于伯鱼曰子亦有异闻乎对曰未也尝独立鲤趋而过庭曰学诗乎对曰未也不学诗无以言鲤退而学诗他日又独立鲤趋而过庭曰学礼乎对曰未也不学礼无以立鲤退而学礼闻斯二者陈亢退而喜曰问一得三闻诗闻礼又闻君子之远其子也 （《论语·季氏》）

[鲤——孔子之子，字伯鱼。]

②智术之士必远见而明察不明察不能烛私能法之士必强毅而劲直不劲直不能矫奸人臣循令而从事案法而治官非谓重人也重人也者无令而擅为亏法以利私耗国以便家力能得其君此所谓重人也智术之士明察听用且烛重人之阴情能法之士劲直听用且矫重人之奸行故智术能法之士用则贵重之臣必在绳之外矣是智法之士与当涂之人不可两存之仇也 （《韩非子·孤愤》）

[重人——指窃据要职而败坏法纪的奸臣。贵重之臣、当涂之人——义同“重人”。]

## 第二节　代　　词

古代汉语的代词可分为五类：人称代词、指示代词、疑问代词、无定代词、辅助性代词。其中无定代词和辅助性代词是古汉语所独有的。

### 一、人称代词

人称代词是称代人或事物的名称的代词。古汉语的人称代词可分为第一人称、第二人称、第三人称三类。古汉语中,人称代词没有性的区别,也没有单复数的区别,却有尊称和谦称的特有表达方式。

(一) 第一人称代词

说话人自称的代词叫第一人称代词。第一人称代词主要有:吾、余、予、我、朕、卬、台等。“余”、“予”古音相同,可以看作是一个词的两种写法。“吾、我”二字音近。在先秦,“吾”只在否定句中作宾语,一般不作宾语,其余第一人称代词在句中可作主语、定语、宾语。如:

①十年春,齐师伐我。(《左传·庄公十年》)

②必死是间,余收尔骨焉。(《左传·僖公三十二年》)

③居,予语汝!(《庄子·达生》)

④居则曰:“不吾知也。”(《论语·先进》)

⑤今者吾丧我,汝知之乎?(《庄子·齐物论》)

汉代以后,“吾”做宾语的情况渐多。如:

⑥吾度足下之智不如吾,勇又不如吾。(《史记·郦生陆贾列传》)

⑦听君向言,多与吾同,今当以所注与君。(《世说新语·文学》)

“卬”见于《诗经》,“台”见于《尚书》,“朕”见于《尚书》、《楚辞》、《孟子》等典籍。如:

⑧人涉卬否,卬须我友。(《诗·邶风·匏有苦叶》)

⑨非台小子敢行称乱,有夏多罪,天命殛之。(《尚书·

汤誓》)

⑩帝高阳之苗裔兮,朕皇考曰伯庸。(《离骚》)

⑪干戈朕,琴朕,弤朕,二嫂使治朕栖。(《孟子·万章上》)

(二) 第二人称代词

古汉语常用的第二人称代词有:女(汝)、尔、若、乃、而等。第二人称代词可以在句中作主语、宾语、定语,但"而"和"乃"一般只做定语,偶作主语,不作宾语。例如:

①余,而所嫁妇人之父也。(《左传·宣公十五年》)

②五侯九伯,女实征之,以夹辅周室。(《左传·僖公四年》)

③始吾从女饮,我不盗而璧,若笞我。若善守汝国,我顾且盗而城。(《史记·张仪列传》)

④尔其无忘乃父之志。(《新五代史·伶官传序》)

⑤夫差,而忘越王之杀而父乎?(《左传·定公十四年》)

⑥朕心朕德惟乃知。(《尚书·康诰》)

古汉语中"尔"、"汝"是一种不拘礼节的称呼,可表示随便亲昵,也可表示轻蔑。如:

⑦尔何曾比予于管仲。(《孟子·公孙丑上》)

⑧汝心之固,固不可彻。(《列子·汤问》)

⑨忘形到尔汝。(杜甫《醉时歌》)

(三) 第三人称代词

古汉语的第三人称代词主要有:之、其、彼。

1.之

在先秦,第三人称代词"之"一般只作宾语。如:

①晋侯饮赵盾酒，伏甲将攻之。（《左传·宣公二年》）

②爱共叔段，欲立之。（《左传·隐公元年》）

古汉语中第三人称代词“之”在一定的语境中，可以灵活运用为第一人称代词和第二人称代词。如：

③不入，则子继之。（《左传·宣公二年》）

④公子牟游于秦，且东，而辞应侯。应侯曰：“公子将行矣，独无以教之乎？”（《战国策·赵策》）

⑤谏而不入，则莫之继也。（《左传·宣公二年》）

例③、④中加点的“之”活用为第一人称代词，例⑤加点的“之”活用为第二人称代词。

2.其

古汉语中第三人称代词“其”一般只作定语，上古文献中“其”有时用“厥”。如：

①木直中绳，𫐓以为轮，其曲中规。（《荀子·劝学》）

②无念尔祖，聿脩厥德。（《诗·大雅·文王》）

古代汉语中“其”有时可灵活用为第一人称代词或第二人称代词。如：

③不患人之不己知，患其不能也。（《论语·宪问》）

④日与其徒上高山，入深林，穷回溪。（柳宗元《始得西山宴游记》）

⑤故以为其爱不若燕后。（《战国策·赵策》）

⑥此子材，吾受其赐；不材，吾怨子。（《史记·晋世家》）

例③、④中加点的“其”活用为第一人称代词，例⑤、⑥中加点的“其”活用为第二人称代词。

3.彼

“彼”可作主语、宾语和定语。如:

①彼竭我盈,故克之。(《左传·庄公十年》)

②知己知彼,百战不殆。(《孙子·谋攻》)

③今以君之下驷与彼上驷。(《史记·孙子吴起列传》)

古汉语中人称代词单、复数同形,同一个人称代词是单数还是复数,只有依上下文意确定。另外,古汉语中有时在第一人称代词和第二人称代词后加上“辈、属、曹、侪、等”之类的词表示复数,有“……这些(这类、这群)人”的意思。如:

①若属皆且为所虏。(《史记·项羽本纪》)

②公等遇雨,皆已失期。(《史记·陈涉世家》)

③文王犹用众,况吾侪乎?(《左传·成公二年》)

(四) 谦称、尊称

古人在交际中,为了表示尊敬对方,自称常用谦称,对称常用尊称。谦称和尊称的词都是名词,其词汇意义相当于人称代词。

1.谦称

谦称有两类,一是借用一种表示地位低贱的称呼来自称,常见的有“臣、仆、愚、妾”等;再就是自称己名,可译为“我”。如:

①夫仆与李陵,俱居门下。(司马迁《报任安书》)

②老妇恃辇而行。(《战国策·赵策》)

③昭王南征而不复,寡人是问。(《左传·僖公四年》)

④晏子避席对曰:“婴闻之……”(《晏子春秋·内篇杂下》)

2.尊称

尊称主要有两种，一种是用对方的官职或表示较高地位的称呼来对称，再就是称对方的字或号。常见的尊称有“君、公、先生、子、足下、卿、左右、阁下”等等。尊称词可译为“您”。例如：

①今少卿抱不测之罪。（司马迁《报任安书》）
②将军迎操，欲安所归乎？（《资治通鉴·汉纪》）
③大王尝闻布衣之怒乎？（《战国策·魏策》）

## 二、指示代词

古代汉语中指示代词有三类，即近指代词、远指代词、旁指代词。

### （一） 近指代词

古汉语近指代词主要有：此、是、斯、兹、之、然、尔等。近指代词可作主语、宾语、定语，“之”一般作定语，“然”、“尔”则多作谓语。例如：

①是女子不好。（《史记·滑稽列传》）
②吾祖死于是，吾父死于是。（柳宗元《捕蛇者说》）
③以此攻城，何城不克！（《左传·僖公四年》）
④天下皆知美之为美，斯恶已。（《老子·第二章》）
⑤之二虫又何知？（《庄子·逍遥游》）
⑥河东凶亦然。（《孟子·梁惠王上》）
⑦问君何能尔，心远地自偏。（陶渊明《饮酒》）

近指代词“是”值得注意，有时用在判断句中，似乎是判断词，其实仍是近指代词。如：

⑧曰："是何也？"曰："无何也。是天地之变，阴阳之化，物之罕至者也。"（《荀子·天论》）

（二） 远指代词

古汉语远指代词主要有：彼、夫(fú)、其。"彼"可作主语、宾语或定语；"夫"、"其"一般只作定语。例如：

①彼君子兮，不素餐兮。（《诗·魏风·伐檀》）

②今欲举大事，则非其人不可。（《史记·项羽本纪》）

③乃歌夫"长铗归来"者也。（《战国策·齐策》）

远指代词可据上下文译成"那个"、"那些"等。

（三） 旁指代词

古汉语旁指代词常见的是"他"。"他"在古汉语中一般不作第三人称代词，其意义相当于"别的"、"另外"、"其他的"。如：

①王顾左右而言他。（《孟子·梁惠王下》）

②所以遣将守关者，备他盗之出入与非常也。（《史记·项羽本纪》）

三、疑问代词

古汉语疑问代词主要有：谁、孰、何、恶、安、胡、曷、奚、焉等。根据其用法又可分为两类。疑问代词作宾语，一般要前置。

（一）指人的疑问代词

指人的疑问代词有"谁"、"孰"。"谁"在句中可作主语、宾语、定语、谓语。例如：

①谁习会计，能为文收责于薛者乎？（《战国策·齐策》）
②子为谁？（《论语·微子》）
③吾谁欺？欺天乎？（《论语·子罕》）
④孟尝君怪之，曰："此谁也？"（《战国策·齐策》）
⑤虎兕出于柙，龟玉毁于椟中，是谁之过与？（《论语·季氏》）

"孰"指人，经常作主语、宾语。如：

⑥孰知赋敛之毒，有甚是蛇者乎？（柳宗元《捕蛇者说》）
⑦圣王有百，吾孰法焉？（《荀子·非相》）

"孰"在句中经常表示比较选择。如：

⑧吾与徐公孰美？（《战国策·齐策》）
⑨我孰与皇帝贤？（《史记·郦生陆贾列传》）

（二）指物的疑问代词

指物的疑问代词主要有：孰、何、胡、曷、安、奚、焉，在句中经常作状语、宾语或定语。相当于"什么"、"为什么"、"怎么"等等。例如：

①侠客之义，又曷可少哉？（《史记·游侠列传》）
②大王来何操？（《史记·项羽本纪》）
③以此攻城，何城不克？（《左传·僖公四年》）
④胡不见我于王？（《墨子·公输》）
⑤子奚哭之悲也？（《韩非子·和氏》）
⑥臣死且不避，卮酒安足辞？（《史记·项羽本纪》）

⑦姜氏欲之，焉避害？（《左传·隐公元年》）

⑧从许子之道，相率而为伪者也，恶能治国家？（《孟子·滕文公上》）

（三）指处所的疑问代词

指处所的疑问代词主要有：安、恶、焉，在句中作状语或宾语。相当于"哪里"、"什么地方"。例如：

①沛公安在？（《史记·项羽本纪》）

②且焉置土石？（《列子·汤问》）

③君子去仁，恶乎成名？（《论语·里仁》）

## 四、无定代词

无定代词是指所代对象不确定的代词，又称为无定指代词、不定代词等。无定代词在句中只作主语（或主谓短语的主语）。古汉语无定代词分两类：肯定性无定代词和否定性无定代词。

（一）肯定性无定代词"或"

肯定性无定代词"或"表示某人、某事肯定或可能存在，但究竟是什么人、什么事却不确定，难以具体指明。"或"的意思相当于"有人"、"有的东西"等等。无定代词的翻译可根据先行词或上下文确定。例如：

①一夫不耕，或受之饥；一女不织，或受之寒。（贾谊《论积贮疏》）

②扶苏以数谏故，上使外将兵。今或闻无罪，二世杀之。（《史记·陈涉世家》）

③宋人或得玉。（《左传·襄公十五年》）

④蜘蛛结网,蜚虫过之,或脱或获。(《论衡·幸偶》)

⑤夫物之不齐,物之情也。或相倍蓰,或相什百,或相千万。(《孟子·滕文公上》)

⑥问左右,左右或默,或言马,以阿顺赵高。(《史记·秦始皇本纪》)

⑦子孙或在中国,或在夷狄。(《史记·秦始皇本纪》)

上述各例中加点的"或"都是无定代词,都作主语。其意思有的可直接由先行词确定,如例③、④、⑥、⑦;有的可以从上下文确定,如例①、②、⑤。

在古汉语中,有时"或"似乎是连词,其实还是无定代词。例如:

⑧或百步而后止,或五十步而后止,以五十步笑百步,则何如?(《孟子·梁惠王上》)

⑨钧是人也,或为大人,或为小人。(《孟子·告子上》)

"或"常作"有时"解,在句中作状语。例如:

⑩人固有一死,或重于泰山,或轻于鸿毛:用之所趋异也。(司马迁《报任安书》)

⑪马之千里者,一食或尽粟一石。(韩愈《马说》)

⑫为医或在齐,或在赵。(《史记·扁鹊苍公列传》)

⑬其神或岁不至,或岁数来。(《史记·封禅书》)

⑭又入水击蛟,蛟或浮或没。(《世说新语·自新》)

(二)否定性无定代词"莫、无、靡"

否定性无定代词"莫"、"无"、"靡"只作主语,可代人、事物或处所,其意义可根据先行词或上下文确定,相当于"没有人"、"没有东西”、“没有地方”等。例如：

①宫妇左右，莫不私王；朝廷之臣，莫不畏王；四境之内，莫不有求于王。(《战国策·齐策》)

②天下之水，莫大于海。(《庄子·秋水》)

③吾楯之坚，物莫能陷也。(《韩非子·难一》)

④孝公卒之日，举国而攻之，东西南北，莫可奔走。(《盐铁论·非鞅》)

⑤吾矛之利，于物无不陷也。(《韩非子·难一》)

⑥靡不有初，鲜克有终。(《诗·大雅·荡》)

⑦臣少好相人，相人多矣，无如季相。(《史记·高祖本纪》)

上举各例中加点的词都是否定性无定代词。例①“莫”指“没有人”，例②“莫”指“没有哪条河流”，例③“莫”指“没有东西”，例④“莫”指“没有地方”，例⑤“无”指“没有东西”，例⑥“靡”指“没有哪件事”，例⑦“无”指“没有人”。

否定性无定代词“莫”在古汉语中又可用作否定副词，要注意区别它的这两种用法。有不少句子中的“莫”看似否定副词，实际仍是无定代词。例如：

⑧国人莫敢言，道路以目。(《国语·周语上》)

⑨今楚强以威王此三人，秦民莫爱也。(《史记·淮阴侯列传》)

⑩群臣莫对。(《战国策·楚策》)

上述三例中加点的词都是无定代词，都作主语，意思都是“没有人”。试与下面“莫”用作否定副词的例子比较：

⑪君有急病见于面，莫多饮酒。(《三国志·魏书·华佗传》)

⑫诸将皆莫信。(《史记·淮阴侯列传》)

例⑪“莫”若看成无定代词则文意不通。例⑫“莫”前有副词“皆”，故亦为副词。

## 五、辅助性代词

辅助性代词也是古汉语所特有的一类代词。称它“辅助性”，是由于它不能单独充当句子成分，必须与其他词语结合才能使用；称它为“代词”，是它又有一定的称代作用和词汇意义。古汉语中有两个辅助性代词：者、所。

### （一） 者

“者”字一般用在动词（或动词性短语）、形容词（或形容词短语）和数词的后面构成名词性“者”字短语。“者”字短语的用法主要有两种。

1.“者”放在动词、形容词或词组的后面，构成“者”字短语（“者”字结构），一般称代动作行为或性质状态的主体，可译为“……的人（事物、情况）”。例如：

①逝者如斯夫，不舍昼夜。(《论语·子罕》)

②智者不惑，仁者不忧，勇者不惧。(《论语·子罕》)

③我未见力不足者，盖有之矣，我未之见也。(《论语·里仁》)

④子苟赦越国之罪，又有美于此者将进之。(《国语·越语上》)

2.“者”放在数词后，表示一定的范围或种类。如：

①必不得已而去，于斯三者何先？（《论语·颜渊》）
②此数者愈善，而离楚愈远耳。（《战国策·魏策》）
③此五者，邦之蠹也。（《韩非子·五蠹》）
④或异二者之为，何哉？（范仲淹《岳阳楼记》）

上述各例中，“三者”指“三项条件”，“数者”指“几样东西”，余类推。如果数词后有中心词，“者”就不是代词，而是语气词了。如：

⑤此四君者，皆以客之功。（李斯《谏逐客书》）
⑥此五子者，不产于秦，而缪公用之。（李斯《谏逐客书》）

也有学者认为，这种用法的“者”仍是辅助性代词，起复指主语“四君”、“五子”的作用。

（二） 所

“所”的本义是“伐木声也”，借作辅助性代词，主要有三种用法：

1.“所”放在及物动词前面（即“所＋动词”的形式），组成名词性词组“所”字结构，表示这个动词所代表的动作行为的对象，译作“……的人”、“……的东西”。有时，“所”放在不及物动词、名词、形容词前面，这时不及物动词、名词和形容词都活用为及物动词。由于“所”指代了动词的宾语，所以动词后面不能带宾语。例如：

①问女何所思，问女何所忆？女亦无所思，女亦无所忆。（《木兰辞》）

②沛公居山东时，贪于财货，好美姬；今入关，财物无所取，妇女无所幸，此其志不在小。（《史记·项羽本纪》）

③吏之所诛，上之所养也。（《韩非子·五蠹》）

④故俗之所贵，主之所贱；吏之所卑，法之所尊也。（晁错

《论贵粟疏》)("贵"、"贱"、"卑"、"尊"本是形容词,都活用为及物动词)

⑤乃丹书帛曰:'陈胜王。'置人所罾鱼腹中。"(《史记·陈涉世家》)("罾"本是名词,活用为及物动词)

对于"所+动词"这种形式,有七点值得注意:

第一、"所+动词"表示动作的对象,"所"指代行为的客体,即动词的宾语,如"所食"指"吃的东西";而"动词+者"则表示动作的发出者,"者"指代行为的主体,如"食者"指"吃东西的人"。因此,决不能混淆了"所食"和"食者"之间的界限。试比较下列二例:

①始臣之解牛之时,所见无非牛者。(《庄子·养生主》)("所见"指"看见的东西",即"牛",表示动作行为的对象)

②见者惊犹鬼神。?(《庄子·达生》)("见者"指"看见东西的人",表示动作行为的发出者)

第二,"所+动词"是一个名词性的词组,它的语法功能与名词相同,可以做句子的主语、宾语、定语和判断句的谓语。如"吏之所诛,上之所养也"中的"所诛"是主语,"所养"是判断句的谓语;"财物无所取"中的"所取"是宾语,"置人所罾鱼腹中"中的"所罾"是定语,等等。

第三,"所+动词"所表示的内容(即其所指代的行为对象)比较宽泛,不能具体表示是什么人、什么东西,如"所食"指"吃的东西",但究竟是什么,却并不清楚。因此,为了明确指出具体对象,就以"所字结构"作定语,而以具体对象的名称作中心语,形成"所+动词(+之)+名词"的格式。如"所食"可扩展成"所食之鹅","所罾"可扩展成"所罾之鱼"或"所罾鱼",等等。《史记·项羽本纪》:"独(项)籍所杀汉军数百人。""所杀汉军"即"所杀之汉军"。

在“所+动词(+之)+名词”的结构中,名词表示动作的具体对象,“所”的作用弱化,不再起指代作用,而只起指示作用,相当于“那个”、“那些”。如“所杀汉军”即“杀死的那些汉军”。

第四,古汉语中还有“所+动词+者”的形式(如“所食者”),它的作用和“所+动词”(如“所食”)相同。也就是说,“所食者”等于“所食”,而不等于“食者”。例如,《战国策·齐策》:“孟尝君曰:‘视吾家所寡有者。’”“所寡有者”即“少有的东西”,与“所寡有”含义相同,而不同于“寡有者”(少有东西的人)。在“所+动词+者”的形式中,行为的对象由“者”称代,“所+动词”可以理解为“者”的定语;“所”不再起指代行为对象的作用,只起指示作用。《史记·酷吏列传》:“所爱者,挠法活之;所憎者,曲法诛灭之。”“所爱者”与“所爱之人”义近,译成“喜爱的那些犯人”;“所憎者”与“所憎之人”义近,译成“憎恶的那些犯人”。

第五,“所+动词”、“所+动词(+之)+名词”、“所+动词+者”这三种结构形式,都可以作中心语,在它们的前面可以用表示行为发出者的名词作定语来修饰,定语和中心语之间往往有“之”字。例如:

①一悟万乘之主而从(zòng)车百乘者,商之所长也。(《庄子·列御寇》)

②仲子所居之室,伯夷之所筑与?抑亦盗跖之所筑与?(《孟子·滕文公上》)

③臣之所好者,道也。(《庄子·养生主》)

④其所善者,吾则行之;其所恶者,吾则改之。(《左传·襄公三十一年》)(“其”的语法作用相当于“名词+之”)

第六,“所谓”是凝固结构,意即“所说的”,指代的行为对象不具体。“所谓”通常作定语用,在“所谓”后面要加上中心语。例如:

①所谓故国者，非谓(为)有乔木之谓也，有世臣之谓也。(《孟子·梁惠王下》)(人们所说的"故国"，不是指的有乔木，而是指的有世臣。)

②此所谓战胜于朝廷。(《战国策·齐策》)(这就是人们所说的在朝廷上取胜)

③及以(已)至是，言不辱者，所谓强颜耳，曷足贵乎？(司马迁《报任安书》)(强颜，指厚脸皮。)

第七，"有所……"、"无所……"、"何所……"是常见用法，其中"所……"是"所字结构"。"有所……"和"无所……"是动宾词组，"有"、"无"是动词，"所……"作宾语；"何所……"是倒装的主谓词组，"何"作前置谓语，"所……"作主语。例如：

①故人不独亲其亲，不独子其子，使老有所终，壮有所用，幼有所长，矜寡孤独废疾者皆有所养，男有分，女有归。(《礼记·礼运》)

②所贵于天下之士者，为人排患、释难、解纷乱而无所取也。即有所取者，是商贾之人也，仲连不忍为也。(《战国策·赵策》)

③我之大贤与，于人何所不容？(《论语·子张》)

2."所"放在"以"、"从"、"为"、"与"、"由"等介词前面，指代介词的对象(即介词的宾语)，表示行为的处所、原因、方式、手段、工具及有关的人物，等等；"所"和它后面的介词，一起放在动词或动宾词组前面，即以"所+介词+动词(+宾语)"的形式，组成名词性的词组"所字结构"。这种"所字结构"从其所表达的意义内容看，与动词的状语义相当，而与"所+动词"所表示的动词的宾语义不同。下面分别加以说明：

"所以……"——这是常见的凝固结构，主要表示动作行为所凭借的工具、方式、手段和动作行为发生的原因。例如：

①彼兵者，所以禁暴除害也，非争夺也。(《荀子·议兵》)(表工具)

②此殆天所以资将军。(《三国志·蜀书·诸葛亮传》)(表手段)

③公输盘诎，而曰："吾知所以距子矣，吾不言。"子墨子亦曰："吾知子之所以距我，吾不言。"(《墨子·公输》)(表方式)

④其竭力致死，无有二心，以尽臣礼，所以报也。(《左传·成公三年》)(表方式)

⑤亲小人，远贤臣，此后汉所以倾颓也。(诸葛亮《出师表》)(表原因)

⑥此商人之所以兼并农人，农人所以流亡者也。(晁错《论贵粟疏》)(表原因)

⑦吾所以为此者，以先国家之急而后私仇也。(《史记·廉颇蔺相如列传》)(表原因)

"所从……"——一般表示动作行为发生的处所或时间。例如：

①楚人有涉江者，其剑自舟中坠于水，遽契其舟曰：是吾剑之所从坠。(《吕氏春秋·察今》)(表处所)

②刑余之人，无所比数，非一世也，所从来远矣。(司马迁《报任安书》)(表时间)

"所为……"——一般表示行为发生的原因、目的。例如：

①(项)梁乃召故所知豪吏,谕以所为起大事。(《史记·项羽本纪》)(表原因)

②所为见将军者,欲以助赵也。(《战国策·赵策》)(表目的)

"所与……"——表示与动作行为有关联的人物。例如:

①其妻问所与饮食者,则尽富贵也。(《孟子·离娄下》)(表示与之饮食的人)

②能以众击寡者,则吾之所与战者约矣。(《孙子兵法·虚实》)(表示我军与之作战的敌人)

"所由……"——一般表示动作行为发生的原因。例如:

①是乱之所由作也。(《荀子·正论》)

②夫风雨霜露寒暑之变,此疾之所由生也。(苏轼《教战守策》)

"所+介词+动词(+宾语)"这种形式,是名词性词组,可以作句子的主语、宾语、定语和判断句的谓语,它的前面可以加表示动作主体的名词作定语,后面也可加"者",等等。

3. 用"所+动词"的结构形式,表示"所+介词+动词(+宾语)"的含义内容。也就是说,有些"所+动词"的结构不表示动作的对象,而表示动作的工具、方式、处所、原因等等。这种情况,要根据特定的上下文仔细分析其含义。这是"所字结构"中的难点,必须特别注意。例如:

①邪秽在身,怨之所构。(《荀子·劝学》)("所构"是"所以构"的意思,表原因)

②所爱其母者，非爱其形也。(《庄子·德充符》)("所爱其母者"是"所以爱其母"的意思，表原因)

③衣食所安，弗敢专也，必以分人。(《左传·庄公十年》)(孔颖达疏："(庄)公意衣食二者虽所以安身，然亦不敢专，已有之，必以之分人。"由孔颖达疏可知，"所安"即"所以安身"，指"衣食"，表工具)

④诺，恣君之所使之！(《战国策·赵策》)("所使之"是"所以使之"之意，表方式)

⑤兰槐之根是为芷，其渐之滫，君子不近，小人不服。其质非不美也，所渐者然也。(《荀子·劝学》)("所渐者"指"滫"，是"所以渐者"之意，表工具)

⑥"大官大邑，所以庇身也。"又："大官大邑，身之所庇也。"(《左传·襄公三十一年》)("身之所庇"和"所以庇身"在同一篇文章中出现，含义相同，均指"大官大邑"，表依凭)

⑦他日，子夏、子张、子游以有若似圣人，欲以所事孔子事之，强曾子。(《孟子·滕文公上》)("所事孔子"是"所以事孔子"之意，表方式)

⑧彼曾史杨墨师旷工倕离朱，皆外立其德，而以爚乱天下者也，法之所无用也。(《庄子·胠箧》)("所无用"是"所以无用"之意，表原因)

⑨冀之北土，马之所生。(《左传·昭公四年》)("所生"是"所从(由)生"之意，表处所)

⑩夙兴夜寐，毋忝尔所生。(《诗经·小雅·小宛》)("所生"是"所从(由)生"之意，这儿指父母宗族)

⑪南方有鸟焉，名曰蒙鸠，以羽为巢，而编之以发，系之苇苕。风至苕折，卵破子死。巢非不完也，所系者然也。(《荀子·劝学》)("系"的对象是"巢"，系巢的地方是"苇苕"，"所系者"指苇苕，是"所于系者"之意，表处所)

⑫后数日，陵败书闻，主上为之食不甘味，听朝不怡。大臣忧惧，不知所出。（司马迁《报任安书》）（“不知所出”是“不知计之所从出”之意，表处所）

## 复习思考题

1.古汉语代词共分哪几类？与现代汉语代词有何不同？

2.古汉语常用的第一人称代词有哪几个？

3.古汉语常用的第二人称代词有哪几个？“尔”、“汝”有何特点？

4.代词“之”、“其”的用法有何差别？

5.古汉语中常用的谦称词和尊称词有哪些？人称代词复数如何表示？

6.古汉语中常用的指示代词有哪些？“是”、“他”的用法与现代有何不同？

7.古汉语中常用的疑问代词有哪些？

8.无定代词“或”和“莫”有何不同？

9.为什么说“者”和“所”是“辅助性代词”？它们的主要用法有哪些？认真读懂教材所列例句。

10.“所＋动词”的形式可以表示哪些内容？这种形式与“所＋介词＋动词”的形式有何异同？

11.指出下列各句中的代词，并说明其类别、用法和意义。

①今或闻无罪，二世杀之。（《史记·陈涉世家》）

②而翁归，自与汝复算耳。（《聊斋志异·促织》）

③杀臣，宋莫能守，乃可攻也。（《墨子·公输》）

④缚者曷为者也？（《晏子春秋·内篇杂下》）

⑤吾祖死于是，吾父死于是。（《捕蛇者说》）

⑥既其出，则或咎其欲出者，而予亦悔其随之，而不得极夫游之乐也。（王安石《游褒禅山记》）

12.古代汉语的“所以”和现代汉语的“所以”有何不同？

13.标点并翻译下列短文：

①宋有澄子者亡其缁衣顺涂以求之见妇人衣缁衣焉援之而弗舍曰而以

是偿我矣妇人曰公虽亡缁衣此吾自为者也澄子曰而弗如速以偿我矣我昔所亡者纺缁也今子之所衣者禅缁也以禅缁而当我之纺缁也而岂有所不得哉(《子华子》)

[缁衣——黑布衣。 纺缁——黑色夹衣。 禅缁——黑色单层衣服。]

②玉不琢不成器人不学不知道是故古之王者建国君民教学为先说命曰念终始典于学其此之谓乎虽有嘉肴弗食不知其旨也虽有至道弗学不知其善也是故学然后知不足教然后知困知不足然后能自反也知困然后能自强也故曰教学相长也说命曰学学半其此之谓乎 (《礼记·学记》)

[说命——《尚书》中篇名,"说"音 yuē。 学学半——上"学"音 xiào,意为"教"。]

③学者有四失教者必知之人之学也或失则多或失则寡或失则易或失则止此四者心之莫同也知其心然后能救其失也教也者长善而救其失者也善歌者使人继其声善教者使人继其志其言也约而达微而臧罕譬而喻可谓继志矣 (《礼记·学记》)

[则——此处用法同"于"。 约而达——简要而明白。 微而臧——精微而善美。]

## 第三节 副 词

古汉语副词主要表示动作行为和性质状态的程度、范围、时间、情态、肯定否定等,有一定的词汇意义,能独立充当句子的状语,用来修饰动词、形容词和其他副词。由于古汉语的一些词和一些句式的语法功能、语法形式处于发展变化的过程中,加之词类活用和动词省略等原因,所以古汉语的副词又可修饰名词和数词。这是古今汉语不一致的地方。例如:

①左右大臣皆山东人。(《史记·留侯世家》)

②籍弟令毋斩,而戍死者固十六七。(《史记·陈涉世家》)

古汉语副词应用广泛，数量很多。按副词的意义和用法，可分为程度、范围、时间、情态、否定、谦敬和指代七类。

## 一、程度副词

程度副词是表示动作行为和性质状态的程度的。根据所表示的程度的轻重、深浅，程度副词大致可分为三种：最高程度、加深程度、较低程度。

### （一） 最高程度副词

常见的表示程度最高的副词有：至、绝、殊、良、雅、颇、孔、尤、甚、极、太、最等。表示“很”、“非常”、“特别”、“极其”、“十分”的意思。

值得注意的副词是：至、绝、殊、良、雅、颇、孔。

1.至

“至”的本义是“到达”，虚化为副词，表示程度最高，相当于“最”、“极”。例如：

①罪至重而刑至轻。（《荀子·正论》）

②古之治天下，至纤至悉也，故其畜积足恃。（贾谊《论积贮疏》）

2.绝

“绝”的本义是“断丝”，引申为副词表示最高程度，相当于“极”、“非常”。如：

①罴之状，被发人立，绝有力而甚害人焉。（柳宗元《罴说》）

②秦女绝美，王可自取。（《史记·伍子胥列传》）

③嫪毐遂得侍太后，太后私与通，绝爱之。（《史记·吕不

韦列传》)

3.殊

“殊”的本义是“死”,虚化为副词,表示程度高、深,相当于“极”、“非常”。如:

①老臣今者殊不欲食。(《战国策·赵策》)

②今君与廉颇同列,廉君宣恶言而君畏匿之,恐惧殊甚。(《史记·廉颇蔺相如列传》)

4.良

“良”的本义是“善也”,虚化为副词后有两种用法:表程度和表情态。例如:

①始皇默然良久。(《史记·秦始皇本纪》)

②西门豹簪笔磬折,向河立待良久。(《史记·滑稽列传》)

③诸将以为赵氏孤儿良已死,皆喜。(《史记·赵世家》)

④清荣峻茂,良多趣味。(《水经注·江水》)

例①、②中加点的“良”表最高程度,相当于“很”、“非常”。例③、④中加点的“良”是表情态的副词,意为“确实”、“的确”。

5.雅

“雅”的本义指乌鸦,是“鸦”的古字。假借为副词表最高程度,相当于“很”、“极”。例如:

①家本秦也,能为秦声;妇赵女也,雅善鼓瑟。(杨恽《报孙会宗书》)

②观其时文,雅好慷慨。(《文心雕龙·时序》)

6.颇

“颇”的本义是“头偏也”，虚化为程度副词，表示最高程度和较低程度。例如：

①廷尉乃言贾生年少，颇通诸子百家书。(《史记·屈原贾生列传》)

②宗室诸公莫敢为言，唯袁盎明绛侯无罪。绛侯得释，盎颇有力。(《史记·袁盎晁错列传》)

③然而每见文士，颇读兵书，微有经略。(《颜氏家训·诫兵篇》)

④涉浅水者见虾，其颇深者察鱼鳖，其尤深者观蛟龙。(《论衡·别通篇》)

⑤(小篆)皆取《史籀》大篆，或颇省改，所谓小篆者也。(《说文解字·叙》)

例①、②中加点的“颇”表最高程度，相当于“很”、“甚”。例③、④、⑤中加点的“颇”表较低程度，相当于“略微”、“稍微”。“颇”在什么情况下表最高程度，什么情况下表较低程度，没有形式标志，只能依上下文意确定。

7.孔

“孔”的本义是“通达”，虚化为副词，相当于“很”、“非常”。如：

①其新孔嘉，其旧如之何？(《诗·豳风·东山》)

②我朱孔阳，为公子裳。(《诗·豳风·七月》)

(二)　加深程度副词

常见的表示程度加深的副词有：愈、益、弥、兹(滋)、加等，意思是"更加"、"愈加"、"越来越"等。例如：

①苟亏人愈多，其不仁兹甚，罪益厚。(《墨子·非攻上》)

②虽累百世，垢弥甚耳。(《汉书·司马迁传》)

③若是，则弟子之惑滋甚。(《孟子·公孙丑上》)

④孔子至舍，哀公馆之，闻此言也，言加信，行加义。(《礼记·儒行》)

值得注意的是"益"。

"益"是"溢"的古字，本义是水漫出器皿，虚化为副词表示程度的加深和情况的渐变。例如：

⑤如水益深，如火益烈。(《孟子·梁惠王下》)

⑥是故圣益圣，愚益愚。(韩愈《师说》)

⑦武益愈，单于使使晓武。(《汉书·苏武传》)

⑧使民富不足以骄，贫不致于约，贵不慊于上，故乱益亡。(《礼记·坊记》)

例⑤、⑥中加点的"益"表程度加深，意为"更加"；例⑦、⑧中的"益"是时间副词，表情况逐渐变化，相当于"渐渐"。

（三） 较低程度副词

古汉语中表较低程度的副词主要有：略、少、稍、微、颇等。意思是"稍微"、"略微"。其中需要注意的副词是：少、略、稍。

1.少

"少"的本义是"不多"，虚化为副词表程度很小。如：

①太后之色少解。(《战国策·赵策》)

②辅之以晋，可以少安。(《左传·僖公五年》)

2.略

“略”的本义是“经略土地”，假借为副词表示程度浅和范围全。例如：

①籍大喜，略知其意，又不肯竟学。(《史记·项羽本纪》)

②至乎孝武，元功宿将略尽。(《汉书·外戚恩泽侯表》)

③两岸连山，略无阙处。(《水经注·江水》)

④至于序《尚书》则略无年月；或颇有，然多阙。(《史记·三代世表序》)

例①中的“略”表程度浅，意为“略微”；例②、③、④中的“略”表范围全，相当于“全”、“都”。

3.稍

“稍”的本义是禾末，虚化为副词有两种用法，一表程度浅，一表时间。例如：

①药稍熔，则以一平板按其面，则字平如砥。(《梦溪笔谈·技艺》)

②稍不如意，相顾笑议。(《唐语林》)

③其船背稍夷，则题名其上。(《虞初新记·核舟记》)

④项王乃疑范增与汉有私，稍夺之权。(《史记·项羽本纪》)

⑤其后，秦稍蚕食魏。(《史记·魏公子列传》)

⑥子尾多受邑而稍致诸君。(《左传·昭公十年》)

例①、②、③中的“稍”表示程度低，相当于“稍微”。例④、⑤、⑥中的“稍”表时间，相当于“渐渐”、“逐渐”。

## 二、范围副词

古汉语范围副词按照所涉范围的情况可分为：总括范围、限定范围、共涉范围三种。

### （一） 总括范围副词

古汉语常见的总括范围副词有：悉、尽、咸、举、毕、胜、皆、偕、具、俱、略等。相当于“全”、“都”。例如：

①其中往来种作，男女衣著，悉如外人。（陶渊明《桃花源记》）

②村中闻有此人，咸来问讯。（陶渊明《桃花源记》）

③王如用予，则岂徒齐民安，天下之民举安。（《孟子·公孙丑下》）

④群贤毕至，少长咸集。（王羲之《兰亭集序》）

⑤汉之赂遗王财物，不可胜言。（《史记·大宛列传》）

⑥小人有母，皆尝小人之食也。（《左传·隐公元年》）

⑦政通人和，百废具兴。（范仲淹《岳阳楼记》）

⑧父母俱存，兄弟无故，一乐也。（《孟子·尽心上》）

⑨宜言饮酒，与子偕老。（《诗·郑风·女曰鸡鸣》）

上述各句中加点的词都是表总括范围的副词，相当于“全”、“都”。

另外，需要注意“尽”。“尽”的本义是“器中空也”，虚化为副词表示范围全，还可表示程度高。例如：

⑩士卒不尽饮，广不近水；士卒不尽食，广不尝食。（《史记·李将军列传》）

⑪陈相见许行而大悦，尽弃其学而学焉。（《孟子·滕文

公上》)

⑫子谓韶尽美矣,又尽善也。(《论语·八佾》)

⑬尽美固可扬,片善亦不遇。(孟郊《投所知》)

例⑩、⑪中加点的“尽”表范围全,相当于“全”、“都”。例⑫、⑬中加点的“尽”表最高程度,相当于“最”。

(二) 限定范围副词

古汉语常用的限定范围副词有:独、专、特、直、但、徒、弟、仅、止、适等,相当于“仅仅”、“只”。

值得注意的副词是:独、特、但、徒、仅。

1.独

“独”用作副词,既可作范围副词表示“独自”、“仅仅”的意思,又可作情态副词表示“难道”、“竟然”的意思。如:

①至其夜月明,独与迈乘小舟至绝壁下。(苏轼《石钟山记》)

②故人不独亲其亲,不独子其子。(《礼记·礼运》)

③然则治天下,独可耕且为与?(《孟子·滕文公上》)

④丘虽不吾誉,独吾不自知邪?(《庄子·盗跖》)

2.特

“特”用作范围副词,表示“仅仅”、“只不过”;用作情态副词,表示“白白地”或“特意”。例如:

①相如度秦王特以诈佯为予赵城,实不可得。(《史记·廉颇蔺相如列传》)

②而世又不与能死节者比,特以为智穷罪极,不能自免,卒就死耳。(司马迁《报任安书》)

③夜驰见张良,具告其实,欲与俱去,毋特俱死。(《汉书·高帝纪》)

④河东,吾股肱郡,故特召君耳。(《史记·季布栾布列传》)

例①、②中的“特”表范围,译作“仅仅”、“只不过”;例③中“特”表情态,译作“白白地”;例④中“特”表情态,译作“特意”。

3.但

“但”在古汉语中主要用作副词,相当于“只”、“只是”。如:

①翁曰:“无他,但手熟尔。”(《卖油翁》)

②光武不取财物,但会兵计策。(《后汉书·光武纪》)

③不闻爷娘唤女声,但闻黄河流水鸣溅溅。(《木兰诗》)

4.徒

副词“徒”表范围,相当于“只”、“仅仅”;表情态,相当于“白白地”、“徒然”。如:

①强秦之所以不敢加兵于赵者,徒以吾两人在也。(《史记·廉颇蔺相如列传》)

②徒善不足为政,徒法不能以自行。(《孟子·离娄上》)

③欲与秦,秦城恐不可得,徒见欺。(《史记·廉颇蔺相如列传》)

例①、②的“徒”表范围,例③的“徒”表情态。

5.仅

副词“仅”既可表示范围小,往少里说,相当于“只”、“仅仅”;又可表示范围大,往多里说,相当于“将近”、“几乎”。如:

①狡兔有三窟，仅得免其死耳。(《战国策·齐策》)

②齐王遁而走莒，仅以身免。(《史记·乐毅列传》)

③自兴兵六十余日，战所杀害仅十万人。(《晋书·赵王伦传》)

④初守睢阳时，士卒仅万人。(韩愈《张中丞传后叙》)

例①、②中"仅"表范围小，译作"仅仅"；例③、④中"仅"表范围大，译作"将近"。

(三) 共涉范围副词

古汉语常用的共涉范围副词有：共、俱、凡、同、并等，相当于"总共"、"一起"。例如：

①陈胜王，凡六月。(《史记·陈涉世家》)

②陈胜佐之，并杀两尉。(《史记·陈涉世家》)

③齐军万弩俱发。(《史记·孙子吴起列传》)

**三、时间副词**

古汉语中时间副词大致可分为七种：过去、现在、将来、短暂、缓急、终结、频仍。

(一) 过去时间副词

过去时间副词表示动作行为曾经发生，常用的副词有：向、曩、适、尝、曾、业、既、已、素、既已等，相当于"曾经"、"已经"、"刚才"、"一向"等。如：

①既克，公问其故。(《左传·庄公十年》)

②良业为取履，因长跪履之。(《史记·留侯世家》)

③楚左尹项伯者，项羽季父也，素善留侯张良。（《史记·项羽本纪》）

④陈涉少时，尝与人佣耕。（《史记·陈涉世家》）

这类副词中值得注意的是“适”和“曾”。

1.适

副词“适”主要有四种用法：表示动作发生不久，相当于“刚才”、“刚刚”；表示正巧碰上同时发生的事情，相当于“恰好”、“正巧”；表示情态，意为“正”、“恰恰”；表示范围，相当于“只”、“仅仅”。例如：

①适为虞人逐，其来甚速，幸先生生我。（马中锡《中山狼传》）

②此时鲁仲连适游赵，会秦围赵。（《战国策·赵策》）

③若仆大质已亏缺矣，虽才怀随和，行若由夷，终不可以为荣，适足以见笑而自点耳。（司马迁《报任安书》）

④《世说新语·言语》：“子适知邪径之速，不虑失道之迷。”

例①中“适”表“刚刚”；例②中“适”意为“恰好”；例③中“适”为“正”、“恰恰”；例④中“适”为“仅仅”、“只”。

2.曾

副词“曾”主要有两种用法：表时间，义为“曾经”；表情态，义为“竟然”、“居然”。如：

①孟尝君曾待客夜饭。（《史记·孟尝君列传》）

②老臣病足，曾不能疾走。（《战国策·赵策》）

③汝心之固，固不可彻，曾不若孀妻弱子。（《列子·汤问》）

### （二） 现在时间副词

现在时间副词表示动作行为正在进行或正巧发生等，常用的副词有：方、会、适、正等。

这里主要分析一下“会”（“适”前文已及，“方”后文将及，故此略），“会”相当于“正逢”、“正巧碰到”。如：

①会天大雨，道不通，度已失期。（《史记·陈涉世家》）

②草创未就，会遭此祸。（司马迁《报任安书》）

③适会魏公子无忌夺晋鄙军以救赵击秦，秦军引而去。（《战国策·赵策》）

### （三） 将来时间副词

古汉语将来时间副词常见的有：行、行将、将、方、且、垂、殆等，相当于“将要”、“即将”。例如：

①行略定秦地。（《史记·项羽本纪》）

②北山愚公者，年且九十。（《列子·汤问》）

③四郊未宁静，垂老不得安。（杜甫《垂老别》）

④行将蒙祸。（马中锡《中山狼传》）

⑤十八岁当一小发，服此散，病行复差。（《三国志·魏书·华佗传》）

其中，值得注意的是“方”和“且”。

1.方

副词“方”有两种意义：表示动作行为正在发生和表示动作行为将要发生。如：

①晏婴，齐之习辞者也；今方来，吾欲辱之，何以也？（《晏子春秋·内篇杂下》）

②如今人方为刀俎，我为鱼肉，何辞为？（《史记·项羽本纪》）

③今治水军八十万众，方与将军会猎于吴。（《资治通鉴·赤壁之战》）

④周公方且膺之，子是之学，亦为不善变矣。（《孟子·滕文公上》）

例①、②中"方"译为"正"，例③、④中"方"译为"将要"。

2.且

副词"且"表示将来时间，译作"将要"；表示情态，译作"姑且"、"尚且"。如：

①汉兵死者过半，汉矢且尽。（《史记·李将军列传》）

②三人还射，伤中贵人，杀其骑且尽。（《史记·李将军列传》）

③先生且休矣，我将念之。（《史记·淮阴侯列传》）

④臣死且不避，卮酒安足辞！（《史记·项羽本纪》）

"且"在例①、②中表"将"义，例③中表"姑且"，例④中表"尚且"。

（四）　表短暂时间副词

古汉语表示短暂时间的副词主要有：俄、俄而、俄顷、顷、顷之、旋、寻、斯须、未几、无何、既而、已而等，相当于"一会儿"、"不久"。"旋"、"寻"值得注意，例如：

①卓既杀琼、珌，旋亦悔之。（《后汉书·董卓传》）

②刺足阳明脉，左右各三所，病旋已。（《史记·扁鹊仓公列传》）

③未果，寻病终。（陶渊明《桃花源记》）

④寻蒙国恩，除臣洗马。（李密《陈情表》）

（五） 表缓急时间副词

表缓慢的时间副词主要有：徐、渐、稍，译作“慢慢地”、“渐渐地”；表急促的时间副词主要有：暴、猝（卒）、亟、遽、忽、骤等。表急促的时间副词值得注意。例如：

①屠暴起，以刀劈狼首，又数刀毙之。（《聊斋志异·狼》）

②卒然边境有急，数千百万之众，国胡以馈之？（贾谊《论积贮疏》）

③五万兵难卒合，已选三万人，船粮战具俱办。（《资治通鉴·赤壁之战》）

④见有虫伏棘根，遽扑之，入石穴中。（《聊斋志异·促织》）

上述加点词，“暴”和“卒”是“突然”、“一下子”的意思，“遽”是“赶紧”的意思。

下面着重讨论副词“亟”和“骤”的用法。

1.亟

副词“亟”表示动作急促，译为“赶紧”、“迅速”；表示动作多次发生，是频仍副词，译为“屡次”、“多次”。如：

①亟其乘屋，其始播百谷。（《诗·豳风·七月》）

②秦世之所以亟绝者，其辙迹可见也。（《汉书·贾谊传》）

③亟请于武公，公弗许。（《左传·隐公元年》）

④好从事而亟失时，可谓知乎？（《论语·阳货》）

例①、②中"亟"译为"迅速"，例③、④中"亟"译作"屡次"。

2.骤

副词"骤"表示行动迅速，译作"突然"；表示动作多次发生，是频仍副词，译作"屡次"。例如：

①宋桓魋之宠害于公，公使夫人骤请享焉，而将讨之。（《左传·哀公十四年》）

②时不可兮骤得，聊逍遥兮容与。（《楚辞·九歌·湘夫人》）

例①中"骤"为"突然"，例②"骤"是"屡次"。

（六） 终结副词

古汉语表终结的副词主要有：卒、终、竟、遂等。相当于"终于"、"最终"。例如：

①卒廷见相如，毕礼而归之。（《史记·廉颇蔺相如列传》）

②灾异数见，群下莫敢正言，福复上书……上遂不纳。（《汉书·梅福传》）

③腾蛇乘雾，终为土灰。（曹操《龟虽寿》）

"竟"有两种用法：表时间终结，译为"终于"、"终究"；表情态，译作"居然"、"竟然"。如：

④其后楚日以削，数十年竟为秦所灭。（《史记·屈原列传》）

⑤白起为秦将，南征鄢郢，北坑马服，攻城略地，不可胜

计，而竟赐死。（《史记·项羽本纪》）

例④“竟”译为“终于”，例⑤“竟”译作“竟然”。

（七） 频仍副词

古汉语频仍副词表示动作的重复出现和多次发生，相当于“再”、“多次”、“屡次”、“常常”等。常见者有：数、亟、骤、累、屡、每、复、恒、辄、仍等。例如：

①有复言令长安君为质者，老妇必唾其面。（《战国策·赵策》）

②广故数言欲亡，忿恚尉。（《史记·陈涉世家》）

③每自比于管仲、乐毅，时人莫之许也。（《三国志·蜀书·诸葛亮传》）

④衡不慕当世，所居之官辄积年不徙。（《后汉书·张衡传》）

⑤吾仍见上，上甚聪明。（《后汉书·盖勋传》）

例①“复”即“再”，例②“数”是“多次”，例③“每”是“常常”，例④“辄”为“常常”，例⑤“仍”为“多次”。

**四、情态副词**

情态副词是表示一定的情态或语气的副词。按所表语气和情态，古汉语中情态副词可分六种：确认语气，测度语气，反问语气，转折语气，让步情态，故意情态。

（一） 确认语气副词

古汉语确认语气副词主要有：信、诚、实、果、必、良、即、固、乃等，相当于“确实”、“必定”、“本来”、“就是”等。例如：

①臣诚知不如徐公美。(《战国策·齐策》)

②若妻信病,赐小豆四十斛,宽假限日。(《三国志·魏书·华佗传》)

③古人秉烛夜游,良有以也。(李白《春夜宴桃李园序》)

④此必是豫让也。(《史记·刺客列传》)

⑤嬴乃夷门抱关者也。(《史记·魏公子列传》)

⑥梁父即楚将项燕。(《史记·项羽本纪》)

其中值得注意的副词是:固、乃。

1.固

副词“固”表示态度坚决,可译为“坚决”;表示肯定,译为“本来”。例如:

①管仲固谏,不听。(《史记·齐太公世家》)

②百工之事,固不可耕且为也。(《孟子·滕文公上》)

2.乃

副词“乃”表示肯定,多用在判断句中,译作“就是”、“是”;表示出乎意料,译作“竟然”。例如:

①吕公女乃吕后也。(《史记·高祖本记》)

②问今是何世,乃不知有汉,无论魏晋。(陶渊明《桃花源记》)

③先生不羞,乃有意欲为收责于薛乎?(《战国策·齐策》)

(二) 测度语气副词

古汉语表测度估量语气的副词主要有:殆、盖、得无、其等,相当于“大概”、“恐怕”等。

1.殆

副词“殆”表推测，译作“大概”、“或许”；表将来时间，译作“将”。如：

①郦元之所见闻，殆与余同，而言之不详。（苏轼《石钟山记》）

②愿上所居宫毋令人知，然后不死之药殆可得也。（《史记·秦始皇本纪》）

③且燕、赵处秦革灭殆尽之际，可谓智力孤危，战败而亡。（苏洵《六国论》）

2.盖

副词“盖”表示推测，用于句首或句中，可译作“大概”；位于句首，表示引出下文，不必译。例如：

①盖一岁之犯死者二焉。（柳宗元《捕蛇者说》）

②其意盖将死我于囊，而独窃其利也。（马中锡《中山狼传》）

③盖文章经国之大业，不朽之盛事。（曹丕《典论·论文》）

④屈平之作《离骚》，盖自怨生也。（《史记·屈原贾生列传》）

3.其

副词“其”表推测，译作“大概”、“恐怕”；表反问，译作“难道”；表祈使，译作“还是”。如：

①子其怨我乎？（《左传·成公三年》）

②语曰：“唇亡则齿寒。”其斯之谓与？（《谷梁传·僖公

二年》）

③一之谓甚，其可再乎？（《左传·僖公五年》）

④虽如是，其敢自谓几于成乎？（韩愈《答李翊书》）

⑤昭王之不复，君其问诸水滨。（《左传·僖公四年》）

⑥吾其还也。（《左传·僖公三十年》）

（三） 反问语气副词

古汉语常用的反问语气副词有：岂、宁、庸、讵（巨）、独、顾、其等，相当于“难道”。例如：

①赵王岂以一璧之故欺秦耶？（《史记·廉颇蔺相如列传》）

②沛公不先破关中兵，公巨能入乎？（《汉书·高帝记》）

③士有偏短，庸可废乎？（《三国志·魏书·武帝记》）

④且鄙人虽愚，独不知夫狼乎？（马中锡《中山狼传》）

副词“宁”表示反问，译作“难道”；表示情愿，译作“宁可”、“宁肯”。如：

①王侯将相，宁有种乎？（《史记·陈涉世家》）

②居马上得之，宁可以马上治之乎？（《史记·郦生陆贾列传》）

③均之二策，宁许以负秦曲。（《史记·廉颇蔺相如列传》）

④汉王笑谢曰：“吾宁斗智，不能斗力。”（《史记·项羽本记》）

（四） 转折语气副词

古汉语中表转折语气的副词主要有：反、顾，相当于“反而”、

"却"。

副词"顾"表示转折,译作"反而"、"却";表反问,译作"难道"。如:

①足反居上,首顾居下。(贾谊《治安策》)

②今萧何未尝有汗马之劳,徒持文墨议论,不战,顾反居臣等之上,何也?(《史记·萧相国世家》)

③且仆与足下俱楚人,使仆游扬足下名于天下,顾不美乎?(《汉书·季布传》)

(五) 让步情态副词

让步情态副词表暂时让步的语气或情态,常用的有:姑、且、聊等,相当于"姑且"、"暂且"。例如:

①余姑翦灭此而朝食。(《左传·成公二年》)

②多行不义必自毙,子姑待之。(《左传·隐公元年》)

③存者且偷生,死者长已矣。(杜甫《石壕吏》)

副词"聊"表暂时,译为"姑且"、"暂且";表轻微程度,译作"略微"、"略",如:

④登大坟以远望兮,聊以舒吾忧心。(《楚辞·九章·哀郢》)

⑤虽无挥金事,浊酒聊可恃。(陶渊明《饮酒》)

⑥聊举数人以训汝。(司马光《训俭示康》)

(六)、故意情态副词

古汉语表故意特指语气的情态副词主要有:特、故。相当于"特意"、"故意"。如:

①广故数言欲亡,忿恚尉。(《史记·陈涉世家》)

②嬴欲就公子之名,故久立公子车骑市中。(《史记·魏公子列传》)

③安帝雅闻衡善术学,公车特征拜郎中。(《后汉书·张衡传》)

**五、否定副词**

古汉语常用的否定副词有以下几个:

(一) 不、弗

"不"、"弗"表示一般的否定。"不"的用法古今类同。"弗"一般只否定及物动词,且动词后一般不带宾语。如:

①自古皆有死,民无信不立。(《论语·颜渊》)

②虽有嘉肴,弗食,不知其旨也。(《礼记·学记》)

(二) 毋(无)、勿

"毋(无)"、"勿"一般用于祈使句,表示禁止性的否定,相当于"别要"、"别"。"毋(无)"的语法作用和"不"相当,"勿"和"弗"相似,"勿"后动词一般不带宾语。如:

①距关,毋内诸侯。(《史记·项羽本纪》)

②苟富贵,无相忘。(《史记·陈涉世家》)

③祭祀必祝之,祝曰:"必勿使反。"(《战国策·赵策》)

(三) 未

否定副词"未"表示"没有"。"未"常和时间副词"尝"结合使用，表示"不曾"、"从来没有"。例如：

①虽少，愿及未填沟壑而託之。(《战国策·赵策》)

②孟尝君笑曰："客果有能也，吾负之，未尝见也。"(《战国策·齐策》)

（四） 非

否定副词"非(匪)"既可表示一般性否定，相当于"不"；又常用于判断句中，译为"不是"；还可以表示假设，译为"如果不是"、"如果没有"。如：

①当是时，臣唯独知韩信，非知陛下也。(《史记·淮阴侯列传》)

②我心匪石，不可转也。(《诗·邶风·柏舟》)

③五十非帛不暖，七十非肉不饱。(《孟子·尽心上》)

（五） 否

"否"用于单词句，表应答，译作"不是的"；单用表假设否定，译作"如果不这样"；用在肯定否定句中，表否定的一面。如：

①"许子必织布而后衣乎？"曰："否。许子衣褐。"(《孟子·滕文公上》)

②愿君留意臣之计。否，必为二子所禽矣。(《史记·淮阴侯列传》)

③宦三年矣，未知母之存否。(《左传·宣公二年》)

（六） 微、靡

"微"用在名词前，表假设，译作"如果不是"，"要是没有"；"微"

与“独”结合使用，译作“不是”、“不只是”。如：

①微斯人，吾谁与归！（范仲淹《岳阳楼记》）
②微夫人之力不及此。（《左传·僖公三十年》）
③微独赵，诸侯有在者乎？（《战国策·赵策》）

“靡”作否定副词，译作“没有”或“不”。如：

④靡计不施，迄无济。（《聊斋志异·促织》）
⑤方内安宁，靡有兵革。（《史记·孝文本纪》）

**六、谦敬副词**

谦敬副词根据“谦”与“敬”的界限，大致可分为以下几类：

（一） 表敬副词

表敬的副词常见有：请、敬、谨、幸、惠、辱、蒙等。“请”一般可译作“请允许我”，“敬”、“谨”可不译；“幸”表示对方这样做使自己幸运；“惠”表示对方这样做是对自己施惠；“辱”表示对方这样做是受了屈辱；“蒙”表示对方这样做给自己带来好处。如：

①战则请从。（《左传·庄公十年》）
②敬诺。年几何矣？（《战国策·赵策》）
③曰：“谨奉教。”（《史记·淮阴侯列传》）
④愿大王幸听臣计。（《汉书·文帝纪》）
⑤君惠徼福于敝邑之社稷，辱收寡君，寡君之愿也。（《左传·僖公四年》）

（二） 自谦副词

自谦副词常用的有：敢、窃、伏、伏惟等。“敢”表“岂敢”、“冒

味”;“窃”表“私自”、“私下”;“伏”指趴在地上;“伏惟”指趴在地上想。如:

①敢问何谓也?(《左传·隐公元年》)

②臣闻吏议逐客,窃以为过矣。(李斯《谏逐客书》)

③府吏长跪告,伏惟启阿母。(《孔雀东南飞》)

（三） 表示谦、敬

有的副词既可表示自谦、又可表示敬人,如:忝、猥。“忝”是“有愧于”;“猥”是“苟且”、“枉屈”之义。如:

①臣受恩偏特,忝任师傅,不敢自同凡臣,括囊避咎。(《后汉书·杨赐传》)

②先帝不以臣卑鄙,猥自枉屈,三顾臣于草庐之中。(诸葛亮《出师表》)

## 七、指代性副词

指代性副词用在及物动词前作状语,但在含义上指代及物动词的省略了的宾语。指代性副词只有两个:相、见。

（一） 相

“相”的用法有四种:互相、共相、递相、单相。例如:

①昔者三晋之交于秦,相善也。(《战国策·赵策》)

②哀王者,帝之少子,与太子游学相长大。(《汉书·史丹传》)

③天下者,高祖天下。父子相传,此汉之约也。(《史记·魏其武安侯列传》)

例①表“互相”,②表“共相”,③表“递相”。

“相”表示单相时,可指代自己、对方和他方。如:

①始吾与公为刎颈交,今王与耳旦暮且死,而今拥兵数万,不肯相救。(《史记·张耳陈馀列传》)

②子敬,孤持鞍下马相迎,足以显卿未?(《资治通鉴·赤壁之战》)

③杂然相许。(《列子·汤问》)

例①“相”指代自己,译为“我”;例②“相”指代对方,译为“你”;例③“相”指他方,译为“他”。这种表示“单相”的“相”,虽然可以译为人称代词,但它们仍是副词。

(二) 见

“见”作为指代性副词,可指代第一、第二、第三人称。例如:

①生孩六月,慈父见背。(李密《陈情表》)

②彼有,自当见还;彼无,吾何言哉!(《南齐书·崔慰祖传》)

③凡举事无为亲厚者所痛,而为见仇者所快。(《后汉书·朱浮传》)

④凡论事者违实,不引效验,则虽甘义繁说,众不见信。(《论衡·知实》)

例①②表“我”,③表“你”,④表“他”。

## 复习思考题

1.古汉语副词可以分为哪几类?

2.查阅工具书，说明常用的程度副词的本义是什么？

3.副词“颇”既可以表示最高程度，又可以表示较低程度。对于这种现象，你有何看法？

4.副词“悉、尽、咸、举、毕、胜”都表示范围之全，请通过查考工具书或阅读课外材料，对它们的词义和用法进行辨析。

5.查阅工具书，说明副词“特、但、徒”的词义来源。

6.归纳虚词“且”的主要用法。

7.什么是情态副词？

8.从课外寻找材料，辨析“弗”、“不”的不同用法，并写一篇小论文。

9.说明下列各句中副词的类别和意义。

①盈缩之期，不但在天。(《龟虽寿》)

②广身以大黄射其裨将，杀数人，胡虏益解。(《史记·李将军列传》)

③直不百步耳，是亦走也。(《孟子·梁惠王上》)

④至于序《尚书》则略无年月，或颇有，然多阙。(《史记·三代世表序》)

⑤今臣亡国贱俘，至微至陋。(《陈情表》)

⑥诸侯之地有限，暴秦之欲无厌，奉之弥繁，侵之愈急。(《六国论》)

⑦君亟定变法之虑，殆无顾天下之议之也。(《商君书·更法》)

⑧诏书特下，拜臣郎中，寻蒙国恩，除臣洗马。(《陈情表》)

10.标点并翻译短文：

①又北二百里曰发鸠之山其上多柘木有鸟焉其状如乌文首白喙赤足名曰精卫其鸣自詨是炎帝之少女名曰女娃女娃游于东海溺而不返故为精卫常衔西山之木石以堙于东海漳水出焉东流注于河(《山海经·北山经》)

②陶公性检厉勤于事作荆州时敕船官悉录锯木屑不限多少咸不解此意后正会值积雪始晴听事前除雪后犹湿于是悉用木屑覆之都无所妨官用竹悉令录厚头积之如山后桓宣武伐蜀装船悉以作钉又云尝发所在竹篙有一官长连根取之仍当足乃超两阶用之 (《世说新语·政事》)

[陶公——东晋贤臣陶侃。 作荆州——担任荆州刺史。 正会——正月初一。 听事——官府厅堂。 厚头——竹子根部较厚

的部分，一般截掉不用。　仍——乃，才。]

③楚人伐宋以救郑宋公将战大司马固谏曰天之弃商久矣君将兴之弗可赦也已弗听冬十一月己巳朔宋公及楚人战于泓宋人既已列楚人未既济司马曰彼众我寡及其未既济也请击之公曰不可既济而未成列又以告公曰未可既陈而后击之宋师败绩公伤股门官歼焉国人皆咎公公曰君子不重伤不禽二毛古之为军也不以阻隘也寡人虽亡国之余不鼓不成列子鱼曰君未知战勍敌之人隘而不列天赞我也阻而鼓之不亦可乎犹有惧焉且今之勍者皆吾敌也虽及胡耇获则取之何有于二毛明耻教战求杀敌也伤未及死如何勿重若爱重伤则如勿伤爱其二毛则如服焉三军以利用也金鼓以声气也利而用之阻隘可也声盛致志鼓儳可也　(《左传·僖公二十二年》)

[大司马固——大司马即司马，武官名；固是人名，即公孙固。　商——宋国是商的后裔，这儿指宋国。　门官——宫门守卫，战时在国君身边护卫。　重伤——杀伤已受伤的敌人。　二毛——头发斑白之人，指老年士兵。　胡耇——年老的人。　获则取之——抓住了就割了他们的左耳去报功。　儳——不整齐。]

## 第四节　介词、连词、助词、语气词、叹词

### 一、介　词

介词主要用在名词、代词或名词性短语前，构成介词短语担当状语或补语，表示时间、处所、方式、条件、对象等。古汉语中介词大多由动词虚化而成，且一个介词有多种用法，词的兼类情况也常见，这是学习中要注意的。

（一）　于(乎)

介词“于”和“乎”上古音近，可看作是同一个词的不同文字形式。其用法主要有以下五种：

1.介绍动作行为的处所和时间，可译作“在”、“到”、“从”等。如：

①子路宿于石门。(《论语·宪问》)

②生乎吾前。(韩愈《师说》)

③是干戚用于古,不用于今也。(《韩非子·五蠹》)

④颜成、子游侍乎前。(《庄子·齐物论》)

⑤河内凶,则移其民于河东。(《孟子·梁惠王上》)

⑥小人之学也,入乎耳,出乎口。(《荀子·劝学》)

⑦衡善机巧,尤致思于天文阴阳历算。(《后汉书·张衡传》)

例①、②、③、④介词"于"、"乎"译作"在";例⑤"于"译作"到";例⑥"乎"译作"从";例⑦译作"在……方面"。

2.介绍动作涉及的对象,意义较灵活,大致相当于"对"、"向"、"给"、"跟"等。如:

①吾于天下贤士,可谓亡负矣。(《汉书·高帝纪》)

②亟请于武公。(《左传·隐公元年》)

③利泽施乎万物。(《庄子·大宗师》)

④同乎流俗,合乎污世。(《孟子·尽心下》)

例①"于"译为"对于",例②"于"译作"向",例③"乎"译为"给",例④"乎"译作"与"、"跟"。

3.介绍比较的对象。"于"组成的介词短语用在动词或形容词后。表示平比,译为"同""跟";表示差比,译为"比"。如:

①曹操比于袁绍,则名微而众寡。(《三国志·蜀书·诸葛亮传》)

②季氏富于周公。(《论语·先进》)

③小子识之,苛政猛于虎也。(《礼记·檀弓下》)

④其闻道也，固先乎吾。（韩愈《师说》）

例①表示平比，例②、③、④表示差比。

4. 介绍动作行为状态的原因，可译为“由于”。如：

①贫生于不足，不足生于不农。（晁错《论贵粟疏》）
②业精于勤荒于嬉，行成于思毁于随。（韩愈《进学解》）
③治生乎君子，乱生乎小人。（《荀子·王制》）

5. 在被动句中引进动作的主动者，译为“被”。如：

①郤克伤于矢，流血及屦。（《左传·成公二年》）
②先发制人，后发制于人。（《汉书·项羽传》）

（二） 以

介词“以”的主要用法如下：

1. 表示动作的工具或涉及的对象，可译为“用”、“拿”，如：

①许子以釜甑爨，以铁耕乎？（《孟子·滕文公上》）
②醒，以戈逐子犯。（《左传·僖公二十四年》）
③五亩之宅，树之以桑，五十者可以衣帛矣。（《孟子·梁惠王上》）

2. 表示凭借或依据。“以”常常介绍出动作行为凭借的身份、地位或抽象的事理，可译为“凭”、“以……名义（身份）”、“按照”等。如：

①以人民往观者三二千人。（《史记·滑稽列传》）
②魏其、武安由此以侯家居。（《史记·魏其武安侯列传》）

③(廉颇)以勇气闻于诸侯。(《史记·廉颇蔺相如列传》)
④君若以德绥诸侯,谁敢不服。(《左传·僖公四年》)
⑤馀船以次俱进。(《资治通鉴·赤壁之战》)
⑥今以实校之,彼所将中国人不过十五六万,且已久疲。(《资治通鉴·赤壁之战》)

3.表示率领,译为“率领”、“带领”。如:

①宫之奇以其族行。(《左传·僖公五年》)
②齐侯以诸侯之师侵蔡。(《左传·僖公四年》)

4.表示原因,译为“由于”、“因为”。如:

①不以物喜,不以己悲。(《范仲淹《岳阳楼记》)
②而吾以捕蛇独存。(柳宗元《捕蛇者说》)
③赵王岂以一璧之故欺秦耶?(《史记·廉颇蔺相如列传》)

5.表时间和处所,可译为“在”。如:

文以五月五日生。(《史记·孟尝君列传》)

(三) 为

介词“为”主要有三种用法:

1.表示对象,译作“给”、“替”、“对”、“向”。例如:

①君为我呼入,吾得兄事之。(《史记·项羽本纪》)
②谁为大王为此计者?(《史记·项羽本纪》)

③持其踵为之泣。(《战国策·赵策》)

④不足为外人道也。(陶渊明《桃花源记》)

例①、②"为"介绍出服务的对象,译作"给"、"替"。例③、④介绍出动作的对象,译为"对"、"向"。

2.表示原因或目的,译为"因为"或"为了"。如:

①天行有常,不为尧存,不为桀亡。(《荀子·天论》)

②天不为人之恶寒也辍冬,地不为人之恶辽远也辍广。(《荀子·天论》)

③天下熙熙,皆为利来;天下攘攘,皆为利往。(《史记·货殖列传》)

④始知文章合为时而著,歌诗合为事而作。(白居易《与元九书》)

3.表示被动,用在动词前,"为"可引出主动者。详见第六节被动句。

(四) 因

介词"因"主要有四种用法:

1.表示原因,译为"因为"、"由于"。如:

①始皇二十六年,蒙恬因家世得为秦将。(《史记·蒙恬列传》)

2.表示依凭,译作"依照"、"凭借"。如:

②因其富厚,交通王侯。(晁错《论贵粟疏》)

③善战者因其势而利导之。(《史记·孙子吴起列传》)

3.表示中介，译作“通过”。如：

④伍子胥乃因公子光以求见吴王。（《史记·伍子胥列传》）

⑤廉颇闻之，肉袒负荆，因宾客至蔺相如门谢罪。（《史记·廉颇蔺相如列传》）

4.表示时间，译作“乘”、“趁着”。如：

⑥此天亡楚之时也，不如因其机而遂取之。（《史记·项羽本纪》）

⑦而魏往年大破于齐，诸侯畔之，可因此时伐魏。（《史记·商君列传》）

## 二、连　词

连接词、短语或分句以表示它们之间的各种逻辑关系的虚词叫连词。

古代汉语中连词较多，用法也较复杂。下面介绍几个常用连词的用法。

### （一）　而

“而”在古汉语中主要连接形容词（形容词短语）、动词（动词短语），有时连接分句，一般不连接名词。从“而”连接的前后两部分的意义关系看，可表示顺接、逆接，具体有以下几种用法：

1.表示并列关系

指连接的前后部分的意思不分轻重主次，可互换位置而意思不变。相当于“和”、“并”、“又……又……”等。如：

①剑阁峥嵘而崔嵬。（李白《蜀道难》）

②美而艳。（《左传·桓公元年》）

③今世主皆忧其国之危而兵之弱也。(《商君书·农战》)

2.表承接关系

指一件事紧接着一件事发生,可译为"就"、"便"、"才"、"再"等。如:

①灭滑而还。(《左传·僖公三十三年》)

②余姑翦灭此而朝食。(《左传·成公二年》)

③尉剑挺,广起,夺而杀尉。(《史记·陈涉世家》)

④虎不知兽畏己而走也,以为畏狐也。(《战国策·楚策》)

3.表示修饰关系

"而"连接的状语和谓语,表示修饰和被修饰的关系,有的可译为"地",有的可不译。如:

①吾恂恂而起。(柳宗元《捕蛇者说》)

②子路率尔而对。(《论语·先进》)

③老妇恃辇而行。(《战国策·赵策》)

4.表示转折关系

指连接的前后两项在意思上是相对或相反的,可译为"但是"、"却"、"反而"等。如:

①位尊而无功,奉厚而无劳。(《战国策·赵策》)

②十人而从一人者,宁力不胜、智不若耶?畏之也。(《战国策·赵策》)

③匹夫而为百世师,一言而为天下法。(苏轼《潮州韩文公庙碑》)

④危而不持，颠而不扶，则将焉用彼相矣？（《论语·季氏》）

5. 表示假设关系

这种用法多用在主谓结构中。可译为“如果”、“假如”。如：

①子产而死，谁其嗣之。（《左传·襄公三十年》）

②人而无仪，不死何为？（《诗·鄘风·相鼠》）

③人而无知，与木何异。（范缜《神灭论》）

④诸君而有意，瞻予马首可也。（《清稗类钞·冯婉贞》）

（二） 以

“以”和连词“而”的功能基本相同，主要有以下几种用法：

1. 表示并列关系，可译为“而”、“又”等。如：

①狐偃其舅也，而惠以有谋。（《国语·晋语》）

②治世之音安以乐，其政和。（《史记·乐记》）

③夫夷以近，则游者众；险以远，则至者少。（王安石《游褒禅山记》）

④古之君子，其责己也重以周，其待人也轻以约。（韩愈《原毁》）

2. 表示承接关系，可译为“以后”、“来”，或不译。如：

①齐因乘胜尽破其军，虏魏太子申以归。（《史记·孙子吴起列传》）

②自始合，而矢贯余手及肘，余折以御，左轮朱殷。（《左传·成公二年》）

③乃引其匕首以擿秦王。(《史记·刺客列传》)

3.表示因果关系,可译为“因为”。如:

①以其境过清,不可久居,乃记之而去。(柳宗元《小石潭记》)

②晋侯秦伯围郑,以其无礼于晋,且贰于楚也。(《左传·僖公三十年》)

③吾所以为此者,以先国家之急而后私仇也。(《史记·廉颇蔺相如列传》)

4.表示修饰关系,连接状语和谓语。如:

①樊哙侧其盾以撞。(《史记·项羽本纪》)

②黔无驴,有好事者船载以入。(柳宗元《黔之驴》)

③木欣欣以向荣,泉涓涓而始流。(陶渊明《归去来兮辞》)

5.表示目的或结果,可译为“来”、“去”、“以至”。如:

①构木为巢,以避群害。(《韩非子·五蠹》)

②愿寝兵,休士卒,养马,除前事,复故约,以安边民,以应始古。(《史记·匈奴列传》)

③故为之说,以俟夫观人风者得焉。(柳宗元《捕蛇者说》)

④今逐客以资敌国。(李斯《谏逐客书》)

⑤发愤忘食,乐以忘忧。(《论语·述而》)

学习中要注意介词“以”与连词“以”的辨识。

（三） 则

连词“则”主要有以下几种用法：

1.表示承接关系。既可表时间或事理的承接，也可表事实的连贯。可译为“就”、“便”等。如：

①战则请从。(《左传·庄公十年》)

②药稍熔，则以一平板按其面。(《梦溪笔谈·活版》)

③项王今日亡，则次取足下。(《史记·淮阴侯列传》)

④仓廪实则知礼节，衣食足则知荣辱。(《管子·牧民》)

2.表示转折或让步，可译为“虽然”或“可是”、“却”。如：

①爱其子，择师而教之；于其身也，则耻师焉，惑矣。(韩愈《师说》)

②至则无可用，放之山下。(柳宗元《黔之驴》)

③治则治矣，非书意也。(《韩非子·外储说左上》)

④善则善矣，未可以战也。(《国语·吴语》)

3.表示假设关系。“则”如用在假设分句中，译作“如果”；“则”如用在结果分句中，译为“那么”、“那么就”。如：

①公子则往，群臣之子敢不皆负羁絏以从。(《左传·定公八年》)

②时则不至，而控于地而已矣。(《庄子·逍遥游》)

③谨守成皋，则汉欲挑战，慎勿与战。(《史记·项羽本纪》)

④若弗与，则请除之。(《左传·隐公元年》)

4.表示“发现”,译作“原来已经”。如:

①使子路反见之,至则行矣。(《论语·微子》)

②公使阳处父追之,及诸河,则在舟中矣。(《左传·僖公三十三年》)

③其子趋而视之,苗则槁矣。(《孟子·公孙丑上》)

(四)虽、然

连词“虽”有两种用法:

1.表示转折,译为“虽然”如:

①十五岁矣。虽少,愿及未填沟壑而讬之。(《战国策·赵策》)

②谚曰:“桃李不言,下自成蹊。”此言虽小,可以喻大也。(《史记·李将军列传》)

2.表示假设,译为“即使”,“纵然”。如:

③虽有槁暴,不复挺者,輮使之然也。(《荀子·劝学》)

④虽我之死,有子存焉。(《列子·汤问》)

“然”本义“燃烧”,又借作指示代词和连词,“然”作连词,主要用于复句中,表示转折,译作“然而”、“但是”。如:

⑤周勃厚重少文,然安刘氏者必勃也。(《史记·高祖本纪》)

古代汉语中,“虽然”是连词“虽”和代词“然”的组合,是“虽然如此"的意思。同理,古汉语中"然则"、"然后"、"然而"等结构中的"然"都是代词,分别译成:"既然这样,那么"、"这样以后"、"虽然如此,但是"。例如:

⑥是进亦忧,退亦忧,然则何时而乐耶?(范仲淹《岳阳楼记》)

⑦寒,然后为之衣;饥,然后为之食。(韩愈《原道》)

⑧七十者衣帛食肉,黎民不饥不寒,然而不王者,未之有也。(《孟子·梁惠王上》)

⑨滕君,则诚贤君也,虽然,未闻道也。(《孟子·滕文公上》)

## 三、助词

古汉语中的助词很少,主要是"之"和"所"。

### (一) 之

"之"作助词,主要有以下几种用法:

1.用在定语和中心语之间,表示领属、修饰关系,译作"的";表示同一关系,插入在专有名词(如人名或地名)中,则不译。如:

①夫子之文章,可得而闻也。(《论语·公冶长》)

②是炎帝之少女,名曰女娃。(《山海经·北山经》)

③交戟之卫士欲止不内,樊哙侧其盾以撞。(《史记·项羽本纪》)

④小大之狱,虽不能察,必以情。(《左传·庄公十年》)

⑤曾不能损魁父之丘,如太行、王屋何?(《列子·汤问》)

⑥又北二百里,曰发鸠之山。(《山海经·北山经》)

例①②中“之”表领属关系，③④中表修饰关系，⑤⑥中表同一关系。

2. 用在中心语和补语之间，表示补充关系，可译成“得”。如：

⑦天下之刖者多矣，子奚哭之悲也？(《韩非子·和氏》)

⑧吾闻之周生曰：“舜目盖重瞳子。”又闻项羽亦重瞳子，岂其苗裔邪？何兴之暴也？(《史记·项羽本纪》)

3. 用在主语和作状语的介宾短语间，强调突出介宾短语，可不译。如：

⑨寡人之于国也，尽心焉耳矣。(《孟子·梁惠王上》)

⑩此犹文轩之与敝舆也。(《墨子·公输》)

4. 用在主谓短语中，使其成为句子的一个成分或复句中的一个分句，即所谓“取消主谓结构独立性”。如：

⑪臣之壮也，犹不如人。(《左传·僖公三十年》)

⑫孤之有孔明，犹鱼之有水也。(《三国志·蜀书·诸葛亮传》)

⑬虽我之死，有子存焉。(《列子·汤问》)

⑭舜之救败也，则是尧有失也。(《韩非子·难一》)

⑮鹏之徙于南冥也，水击三千里。(《庄子·逍遥游》)

5. 用在前置宾语和动词(或介词)间，作为宾语前置的标志，详见第五节。

(二) 所

助词“所”主要用在被动句中，与介词“为”构成“为……

所……”式和“为所……”式。助词“所”在被动句中的作用主要是加强被动意味,可不译。如:

①卫太子为江充所败。(《汉书·霍光传》)
②范雎为须贾所谗。(《论衡·变动》)
③不者,若属皆且为所虏。(《史记·项羽本纪》)

## 四、语气词和叹词

语气词是表达陈述、祈使、疑问、感叹等语气的词,它不作句子成分,也不表示句子的逻辑关系。从语气词在句中的位置来看,可分句首、句中、句尾三类。这里选讲几个常用的古汉语的语气词。

(一) 也

“也”既可用于句尾,也可用于句中。

1.“也”用在判断句、叙述句末,表示确认和肯定语气。如:

①董狐,古之良史也。(《左传·宣公二年》)
②楚虽大,非吾族也。(《左传·成公四年》)
③赏罚不信,故士民不死也。(《韩非子·初见秦》)
④若潜师以来,国可得也。(《左传·僖公三十二年》)

2.“也”用在祈使句末,表命令、禁止、祈使语气。如:

①不及黄泉,无相见也。(《左传·隐公元年》)
②毋从俱死也!(《史记·项羽本纪》)
③不足为外人道也。(陶渊明《桃花源记》)

3.“也”用在疑问句末表疑问语气。如:

①责毕收乎？来何疾也？（《战国策·齐策》）

②子张问："十世可知也？"（《论语·为政》）

③公以为吴兴兵，是邪？非也？（《史记·淮南衡山列传》）

4."也"用在句中，作用主要是表示停顿，并引起下文。如：

①回也闻一以知十，赐也闻一以知二。（《论语·公冶长》）

②鸟之将死，其鸣也哀。（《论语·泰伯》）

③野马也，尘埃也，生物之以息相吹也。（《庄子·逍遥游》）

④媪之送燕后也，持其踵为之泣。（《战国策·赵策》）

（二）　者

语气词"者"主要用于复句中，表示停顿。如：

①然而不王者，是天时不如地利也。（《资治通鉴·赤壁之战》）

②使武安侯在者，族矣！（《史记·魏其武安侯列传》）

③伍奢有二子，不杀者，为楚国患。（《史记·楚世家》）

（三）　矣

"矣"用在句末，强调事物发展变化的过程，把事物发展变化中的状况当作新情况告诉别人。"矣"与"也"不同，"也"不表示变化过程，只把对事物的判断告诉别人，表示肯定确认。"矣"表示动态，"也"表示静态。

1."矣"用在陈述句末，表示已然、方然、将然。如：

①不可，吾既已言之王矣。（《墨子·公输》）

②吾知所过矣。(《左传·宣公二年》)
③余病矣。(《左传·成公二年》)
④齐人三鼓,刿曰:“可矣”。(《左传·庄公十年》)
⑤孔子曰:“诺! 吾将仕矣。”(《论语·阳货》)
⑥祸且及身矣!(《史记·郦生陆贾列传》)

2.“矣”用在感叹句里表示感叹语气。如:

①甚矣,汝之不惠!(《列子·汤问》)
②观止矣!(《左传·襄公二十九年》)

3.“矣”用在祈使句末表示劝勉、禁止等语气。如:

①若皆罢去归矣。(《史记·滑稽列传》)
②先生休矣。(《战国策·齐策》)

4.“矣”用在疑问句末表疑问语气。如:

①年几何矣?(《战国策·赵策》)
②事将奈何矣?(《战国策·赵策》)

(四) 乎、与、邪

“乎”的用法主要有两种:

1.用在疑问句末表疑问语气。如:

①丈夫亦爱怜其少子乎?(《战国策·赵策》)
②事齐乎? 事楚乎?(《孟子·梁惠王下》)
③日食饮得无衰乎?(《战国策·赵策》)

④日夜望将军至，岂敢反乎？（《史记·项羽本纪》）
⑤其何伤于日月乎？（《论语·子张》）

2. 用在感叹句里表感叹语气。如：

①天乎！吾无罪！（《史记·秦始皇本纪》）
②善哉，技盍至此乎！（《庄子·养生主》）

语气词“与”、“邪”的用法相同，在句末表疑问语气，与疑问语气词“乎”用法近似。

（五） 哉

“哉”的基本作用是表感叹语气，也可用于疑问句。

1. 用于感叹句，语气强烈。如：

①大哉，尧之为君！（《孟子·滕文公下》）
②得其所哉！得其所哉！（《孟子·万章上》）

2. 用在疑问句末表疑问或反问语气。如：

①客何负于秦哉！（李斯《谏逐客书》）
②岂人主之子孙则必不善哉？（《战国策·赵策》）

3. 用在祈使句末表祈使语气。如：

①董生勉之哉！（韩愈《送董邵南序》）

（六） 耳

语气词“耳”主要有两种用法。

1. 表示限止语气，常与表限止范围的副词“直”、“特”、“但”等相应。如：

①直不百步耳，是亦走也。（《孟子·梁惠王上》）

②特与婴儿戏耳。（《韩非子·外储说左上》）

2. 表肯定语气。如：

①诸将易得耳。至于信者，国士无双。（《史记·淮阴侯列传》）

②君子小人之所以相县（悬）者在此耳。（《荀子·天论》）

（七） 为

“为”作语气词主要有两种用法。

1. 与“何”、“何以”构成“何……为”、“何以……为”格式，表反问，译成“为什么……呢”或“……干什么呢”。如：

①是社稷之臣也，何以伐为？（《论语·季氏》）

②如今人方为刀俎，我为鱼肉，何辞为？（《史记·项羽本纪》）

2. 用于一般疑问句或感叹句。如：

①何故深思高举，自令放为？（《楚辞·渔父》）

②归休乎君，予无所用天下为！（《庄子·逍遥游》）

（八） 焉、诸

“焉”的基本用法是兼词（兼有代词和语气词的作用），有“于

此"、"于是"的意思,多半用于句尾。如:

①称土成山,风雨兴焉。(《荀子·劝学》)
②制,岩邑也,虢叔死焉。(《左传·隐公元年》)

"焉"由于经常用在句末,虚化为纯语气词。如:

③退而击之,必获胜焉。(《左传·成公十六年》)
④寒暑易节,始一反焉。(《列子·汤问》)

有指代作用的"焉"和单纯语气词"焉"区别较难,这是要注意的。

"诸"习惯称之为合音词,是"之于"或"之乎"的合音。如:

①投诸渤海之尾。(《列子·汤问》)
②宋人或得玉,献诸子罕。(《左传·襄公十五年》)
③文王之囿,方七十里,有诸?(《孟子·梁惠王下》)
④人孰敢不听而化诸?(《庄子·应帝王》)

(九) 夫

"夫"常作句首语气词,表示有议论要发,是所谓"发语词"。例如:

①夫得言不可以不察,数传而白为黑,黑为白。(《吕氏春秋·察传》)
②夫斯乃上蔡布衣,闾巷之黔首。(《史记·李斯列传》)

(十) 其

语气词"其"常用于句首,表示推测估拟的语气和反问诘难语气。例如:

①势之来，其生人之初乎？（柳宗元《封建论》）

②一之谓甚，其可再乎？（《左传·僖公五年》）

“其”也用于句中，表推测或祈使语气。例如：

③王送知罃曰：“子其怨我乎？”（《左传·成公三年》）

④吾子其无废先王之功！（《左传·隐公三年》）

等等。

古汉语中还有表示惊异、感慨、悲叹、惋惜、惊喜等语气的叹词。叹词永远单独使用，不同其他词类搭配，不同于语气词。常用的叹词有“呜呼”、“嗟乎”、“嗟夫”、“噫”、“嘻”、“噫吁戏”等。例如：

①陈涉太息曰：“嗟乎！燕雀安知鸿鹄之志哉！”（《史记·陈涉世家》）

②噫！微斯人，吾谁与归！（《岳阳楼记》）

③噫吁戏！危乎高哉！蜀道之难难于上青天！（李白《蜀道难》）

等等。

## 复习思考题

1. 古汉语中的介词，大多是由动词虚化而来。请查阅参考书，说明介词“以”、“为”的来源。

2. 连词“而”、“以”的主要用法有哪些？

3. 从课外参考书中寻找用例，说明古汉语凝固结构“然则”、“然后”、“然而”、“虽然”的构成和含义。

4. 助词“之”的主要用法有哪些？从课外材料中各举一例说明。

5. 语气词“也”、“矣”各有哪些主要用法？两者有何差异？

6. 试述“焉”、“诸”的主要用法。

7. 叹词和语气词有何不同？常用叹词有哪些？

8. 说明下列加点词的词性、意义和用法。

①异时豺狼无厌之求，安知不加我以无礼如刘豫也哉！（胡铨《戊午上高宗封事》）

②上官大夫与之同列，争宠。（《史记·屈原列传》）

③用善骑射，杀首虏多，为汉中郎将。（《史记·李将军列传》）

④公子即合符，而晋鄙不授公子兵，而复请之，事必危矣。（《史记·魏公子列传》）

⑤郑穆公使视客馆，则束载、厉兵、秣马矣。（《左传·僖公三十三年》）

⑥晋灵公不君，厚敛以雕墙。（《左传·宣公二年》）

⑦千乘之国，摄乎大国之间，加之以师旅，因之以饥馑，由也为之，比及三年，可使有勇，且知方也。（《论语·子路》）

⑧“我之怀矣，自诒伊戚”，其我之谓矣！（《左传·宣公二年》）

⑨臣之所好者道也，进乎技矣。（《庄子·养生主》）

⑩青，取之于蓝，而青于蓝。（《荀子·劝学》）

9. 标点并翻译短文：

①晋平公与群臣饮饮酣乃喟然叹曰莫乐为人君惟其言而莫之违师旷侍坐于前援琴撞之公披衽而避琴坏于壁公曰太师谁撞旷曰今者有小人言于侧者故撞之公曰寡人也师旷曰哑是非君人者之言也左右请除之公曰释之以为寡人戒(《韩非子·难一》)

②项羽已杀卿子冠军威震楚国名闻诸侯乃遣当阳君蒲将军将卒二万渡河救钜鹿战少利陈余复请兵项羽乃悉引兵渡河皆沉船破釜甑烧庐舍持三日粮以示士卒必死无一还心于是至则围王离与秦军遇九战绝其甬道大破之杀苏角虏王离涉间不降楚自烧杀当是时楚兵冠诸侯诸侯军救钜鹿下者十余壁莫敢纵兵及楚击秦诸将皆从壁上观楚战士无不一以当十楚兵呼声动天诸侯军无不人人惴恐于是已破秦军项羽召见诸侯将入辕门无不膝行而前莫敢仰视项羽由是始为诸侯上将军诸侯皆属焉　（《史记·项羽本纪》）

# 第五节 古汉语的特殊语序

语序又叫词序，是句子成分前后的次序。语序是汉语的重要语法手段，不同的语序表达的意思不同。

汉语句子的各种成分有较固定的次序，这方面古今基本一致，一般是“主语＋状语＋谓语＋宾语＋补语”的顺序（定语在中心语前）。但是汉语的这种语序并非凝固不变，古汉语中也有一些特殊的语序。

## 一、谓语前置

谓语前置是指为了突出强调谓语或由于某种表达习惯，而将谓语放在主语之前。这既是一种修辞手段，也是一种语法现象。古汉语的谓语前置主要出现在感叹句、疑问句和祈使句中。

### （一）感叹句中谓语前置

为了突出感叹的中心，将谓语前置。如：

①甚矣，汝之不惠！（《列子·汤问》）
②美哉，禹功！（《左传·昭公元年》）
③惜乎，子不遇时！（《史记·李将军列传》）
④大哉，尧之为君！（《孟子·滕文公上》）

### （二）疑问句中谓语前置

为了突出疑问对象，而将谓语前置。如：

①子邪，言伐莒者？（《吕氏春秋·重言》）
②夫子闻之，曰：“谁与，哭者？”（《礼记·檀弓》）
③何哉，尔所谓达者？（《论语·颜渊》）
④何哉，君所谓踰者？（《孟子·梁惠王上》）

（三）祈使句中谓语前置

为了突出祈使内容而将谓语前置。如：

①帝曰："格（来），汝，舜！"（《尚书·尧典》）
②勖哉，夫子！（《史记·周本纪》）

## 二、宾语前置

宾语前置是指将宾语放到动词或介词之前。宾语前置是古汉语中一种比较常见的语法现象。古汉语的宾语前置主要有四种。

（一）疑问句中的疑问代词宾语前置

古汉语中疑问代词"谁"、"何"、"胡"、"奚"、"安"、"恶"、"孰"、"焉"等作动词或介词的宾语时，必须前置。

1. 疑问代词作动词宾语前置。如：

①彼且奚适也？（《庄子·逍遥游》）
②吾谁欺？欺天乎？（《论语·子罕》）
③直道事人，焉往而不黜？（《论语·微子》）
④皮之不存，毛将安傅？（《左传·僖公十四年》）
⑤沛公安在？（《史记·项羽本纪》）
⑥王者孰谓？谓文王也。（《公羊传·隐公元年》）
⑦大王来何操？（《史记·项羽本纪》）
⑧缚者曷为者也？（《晏子春秋·晏子使楚》）

上面例句中作动词宾语的疑问代词都前置，例②中两句都是疑问句，"谁"是疑问代词作宾语，就前置；而"天"是名词，作宾语就不前置。

如果谓语动词前有助动词，那么疑问代词作宾语常常置于助动词之前，偶或也置于助动词之后、动词之前。如：

①公谁欲相？（《吕氏春秋·贵公》）
②臣实不才，又谁敢怨？（《左传·成公三年》）
③吾敢谁怨乎？（《史记·吴太伯世家》）

疑问代词在双宾语句中当间接宾语，也前置。如：

①仲父之病矣，渍甚。国人弗讳，寡人将谁属国？（《吕氏春秋·贵公》）

②今尚书恣卒为暴，暴且乱，乱天子边，欲谁归罪？（柳宗元《段太尉逸事状》）

2. 疑问代词作介词宾语前置。如：

①学恶乎始？恶乎终？（《荀子·劝学》）
②胡为至今不朝也？（《战国策·齐策》）
③王谁与为善？（《孟子·滕文公下》）
④一旦山陵崩，长安君何以自托于赵？（《战国策·赵策》）

3. 常见的有疑问代词的凝固结构。

(1)何如，如何。

“如”是动词，“何”是宾语。“何如”又说成“如何”，意为“怎样”、“怎么”、“怎么样”、“怎么办”。例如：

①乡人皆好之，何如？（《论语·子路》）
②以五十步笑百步，则何如？（《孟子·梁惠王上》）
③伤未及死，如何勿重？（《左传·僖公二十二年》）

(2)何若,若何,奈何。

意同“何如”。例如:

①美之与恶,相去何若?(《老子》)

②先生助之奈何?(《战国策·赵策》)

(3)如……何,若……何,奈……何。

是“如何”、“若何”、“奈何”的扩展,可将代词、名词等插入其间,表示“对……怎么样”、“拿……怎么办”之意。例如:

①年饥,用不足,如之何?(《论语·颜渊》)

②寇深矣,若之何?(《左传·僖公十五年》)

③虞兮!虞兮!奈若何?(《史记·项羽本纪》)

(4)如之何,若之何。

这两个凝固结构含义相同,用在动词前表反问,意为“怎么”;用在疑问句末尾,译成“怎么样”。例如:

①若之何其以病败君之大事也?(《左传·成公二年》)

②蓺麻如之何?衡从其亩。(《诗经·齐风·南山》)

(5)何……之……。

这种格式是加强感叹的,意为“怎么……这么……”、“怎么这样……”。例如:

①何许子之不惮烦!(《孟子·滕文公上》)

②嚄!大姊,何藏之深也!(《史记·外戚世家》)

(6)何其……。

这也是感叹句式，意为“怎么那么……”、“为什么那么……”。例如：

①汝来何其晚也！(《史记·孔子世家》)

②夫子之门何其杂也！(《荀子·法行》)

(二)否定句中的代词宾语前置

在用了否定副词“不”、“毋”(无)、“未”、“莫”或否定性无定代词“莫”的否定句中，代词作宾语时，常常前置。如：

①岂不尔思？子不我即。(《诗·郑风·东门之墠》)

②我无尔诈，尔无我虞。(《左传·宣公十五年》)

③仲尼之徒，无道桓文之事者，是以后世无传焉，臣未之闻也。(《孟子·梁惠王上》)

④以吾一日长乎尔，毋吾以也。(《论语·先进》)

⑤三岁贯女，莫我肯顾。(《诗经·魏风·硕鼠》)

⑥吾有老父，身死莫之养也。(《韩非子·五蠹》)

⑦世溷浊而莫余知兮。(《楚辞·涉江》)

谓语动词前如有助动词或副词，则代词宾语多置于助词或副词之前，亦有放在助动词或副词之后、动词之前的。如：

⑧保民而王，莫之能御也。(《孟子·梁惠王上》)

⑨民不足而可治者，自古及今，未之尝闻。(贾谊《论积贮疏》)

⑩莫肯之为。(《吕氏春秋·不苟》)

⑪然民虽有圣知，弗敢我谋；勇力，弗敢我杀。(《商君书·

画策》)

（三）以助词为语法标志的宾语前置

古汉语中，宾语前置常常使用结构助词“之”、“是”以及“焉”、“斯”、“为”等为标志（有些学者把上述结构助词看成代词，认为这些代词的语法作用是复指前置宾语）。

1. 以助词“之”、“是”为语法标志的动词宾语前置。如：

①吾以子为异之问，曾由与求之问！（《论语·先进》）

②宋何罪之有？（《墨子·公输》）

③君亡之不恤，而群臣是忧，惠之至也。（《左传·僖公十五年》）

④语曰：“唇亡则齿寒。”其斯之谓与？（《谷梁传·僖公二年》）

⑤今吴是惧而城于郢。（《左传·昭公二十三年》）

⑥将虢是灭，何爱于虞？（《左传·僖公五年》）

⑦岂不谷是为？先君之好是继。（《左传·僖公四年》）

⑧去我三十里，唯命是听。（《左传·宣公十五年》）

例②“何……之有”可看成用宾语前置构成反问的固定格式。例⑧“唯……是（之）……”亦可看成有强调意义的固定格式。

2. 以“焉”、“斯”、“为”、“之为”等为标志的动词宾语前置。如：

①我周之东迁，晋郑焉依。（《左传·隐公六年》）

②其一人专心致志，唯弈秋之为听。（《孟子·告子上》）

③朋酒斯飨，曰杀羔羊。（《诗·豳风·七月》）

④汝为人臣子……为降虏于蛮夷，何以女为见？（《汉书·苏武传》）

3. 介词宾语多用助词“之”作前置标志。例如：

①我楚国之为，岂为一人行也！（《左传·襄公二十八年》）

②晋居深山，戎狄之与邻，而远于王室。（《左传·昭公十五年》）

③康公，我之自出。（《左传·成公十三年》）

④非夫(fú)人之为恸而谁为？（《论语·先进》）

（四）宾语直接前置

古汉语中，还有一些宾语前置没有任何语法形式标志，也没有什么语法条件限制，仅凭语序手段表现。这种宾语前置必须结合上下文的意思来确定。

1. 动词宾语直接前置。如：

①昭王南征而不复，寡人是问。（《左传·僖公四年》）

②老夫其国家不能恤，敢及王室？（《左传·昭公二十四年》）

③维叶莫莫，是刈是濩。（《诗·周南·葛覃》）

④惟土物爱，厥心臧。（《尚书·酒诰》）

2. 介词宾语直接前置。如：

①楚国方城以为城，汉水以为池。（《左传·僖公四年》）

②《诗》三百，一言以蔽之，曰：“思无邪”。（《论语·为政》）

③楚战士无不一以当十。（《史记·项羽本纪》）

④若晋君朝以入，则婢子夕以死。（《左传·僖公十五年》）

⑤启乃淫溢康乐，野于饮食。（《墨子·非乐上》）

⑥谚所谓："室于怒而市于色"者，楚之谓也。(《左传·昭公十九年》)

③河上乎翱翔。(《诗·郑风·倩人》)

④不谷恶其无成德，是用宣之。(《左传·成公十三年》)

## 三、表示动作行为的数量的语序

在现代汉语中，动作行为的数量的表示法，通常是把数词和动量词放在动词后面作补语，如"来了三次"、"看了五遍"、"跑了两趟"等。古汉语则以下述两种方法表示动作行为的数量：

(一)用数词直接作状语

古汉语中一般不用动量词，直接把数词放到动词前面。例如：

①寒暑易节，始一反焉。(《列子·汤问》)

②三进及溜，而后视之。(《左传·宣公二年》)

③五就汤、五就桀者，伊尹也。(《孟子·告子下》)

(二)用数词作谓语

为了强调动作行为的数量，可以把作状语的数词移到句末当谓语，而使原句中的剩余部分(通常是一个主谓词组)作主语，在主语和数词之间用一个"者"字。例如：

①范增数目项王，举所佩玉玦以示之者三。(《史记·项羽本纪》)

②于是平原君欲封鲁仲连，鲁仲连辞让者三，终不肯受。(《战国策·赵策》)

用数词直接作状语和用数词作谓语这两种表示动作行为数量

的方式，可以互相转换，如“五就汤”可转换为“就汤者五”，“鲁仲连辞让者三”可转换为“鲁仲连三辞让”，等等。

## 复习思考题

1. 古汉语中的谓语前置，主要有哪几种情况？

2. 古汉语中的宾语前置，主要有哪几种情况？从课外材料中各举1—2例说明。

3. 记住常见的有疑问代词的凝固结构的含义和用法。

4. 古汉语中用哪两种方法表示动作行为的数量？两者如何转换？

5. 指出下列各句语序与现代汉语不同的地方：

①富而不骄者鲜，吾唯子之见；骄而不亡者，未之有也。(《左传·定公十三年》)

②谁为为之？孰令听之？(《报任安书》)

③君亡之不恤，而群臣是忧，惠之至也。(《左传·僖公十五年》)

④将子无怒，秋以为期。(《诗·卫风·氓》)

⑤汝颍以为险，江汉以为池。(《荀子·议兵》)

6. 说出下列各句宾语属于何种类型的宾语前置。

①父母唯其疾之忧。(《论语·为政》)

②国胡以相恤？(《论积贮疏》)

③若晋君朝以入，则婢子夕以死。(《左传·僖公十五年》)

④每自比于管仲乐毅，时人莫之许也。(《隆中对》)

7. 标点并翻译短文：

①管仲有病桓公往问之曰仲父之病矣渍甚国人弗讳寡人将谁属国管仲对曰昔者臣尽力竭智犹未足以知之也今病在于朝夕之中臣奚能言桓公曰此大事也愿仲父之教寡人也管仲敬诺曰公谁欲相公曰鲍叔牙可乎管仲对曰不可夷吾善鲍叔牙鲍叔牙之为人也清廉洁直视不己若者不比于人一闻人之过终身不忘勿已则隰朋其可乎隰朋之为人也上志而下求丑不若黄帝而哀不己若者其于国也有不闻也其于物也有不知也其于人也有不见也勿已乎则隰朋可也夫相大官也处大官者不欲小察不欲小智故曰大匠不斲大庖不豆大勇不

斗大兵不寇　(《吕氏春秋·贵公》)

[弗讳——不能为你避讳,婉言死。　夷吾——管仲名。　上志而下求——志上世贤人而模之为"上志","下求"谓不耻下问。　丑——耻,用作意动。　豆——享神所用之礼器,用作动词。　寇——害,危害。]

②张良入谢曰沛公不胜杯杓不能辞谨使臣良奉白璧一双再拜献大王足下玉斗一双再拜奉大将军足下项王曰沛公安在良曰闻大王有意督过之脱身独去已至军矣项王则受璧置之坐上亚父受玉斗置之地拔剑撞而破之曰唉竖子不足与谋夺项王天下者必沛公也吾属今为之虏矣　(《史记·项羽本纪》)

[亚父——意为"仅次于父",是对范增的尊称。　竖子——小子,对人的蔑称。]

③佗行道见一人病咽塞嗜食而不得下家人车载欲往就医佗闻其呻吟驻车往视语之曰向来道边有卖饼家蒜齑大酢从取三升饮之病自当去即如佗言立吐蛇一枚县车边欲造佗佗尚未还小儿戏门前逆见自相谓曰似逢我公车边病是也疾者前入坐见佗北壁县此蛇辈约以十数　(《三国志·魏书·方技传(华佗传)》)

[向——刚才,先前。　蒜齑——蒜泥。　酢——即"醋"。　逆见——迎面看见。我公——这儿指"我父亲"。]

## 第六节　古汉语的特殊句式

句式指句子结构的形式。古汉语句式与现代汉语有不少差异,例如被动句的形式、判断句的表示法等。

### 一、判断句的表示法

判断句是以名词或名词性短语作谓语,对主语作出判断,表示主语是什么或不是什么的句子。现代汉语的判断句,必须用判断词"是"。古汉语判断句多数不用判断词,少数用判断词,它的表达形式复杂多样。

(一)不用判断词的判断句

古汉语中不用判断词，而直接由主语和谓语组成的判断句，有以下几种表达形式：

1.“……，……”式

这种判断句只有主语和名词性谓语，判断语气较弱。如：

①夫鲁，齐晋之唇。（《左传·哀公八年》）

②高祖，沛丰邑中阳里人。（《史记·高祖本纪》）

③刘备，天下枭雄。（《资治通鉴·赤壁之战》）

④贾生，洛阳之少年。（苏轼《贾谊论》）

2.“……者，……”式

这种格式在主语后用辅助性代词“者”复指主语。如：

①虎者，戾虫。（《战国策·秦策》）

②天下者，高祖天下。（《史记·魏其武安侯列传》）

③陈婴者，故东阳令史。（《史记·项羽本纪》）

④粟者，民之所种。（晁错《论贵粟疏》）

3.“……，……也”式

这种格式在句末用判断语气词“也”表示确认，帮助判断。如：

①周公，弟也；管叔，兄也。（《孟子·公孙丑下》）

②和氏璧，天下所共传宝也。（《史记·廉颇蔺相如列传》）

③余，而所嫁妇人之父也。（《左传·宣公十五年》）

④芸，除草也。（《汉书·食货志上》）

4.“……者，……也”式

这种格式是在主语后用辅助性代词“者”复指，句末用语气词

"也"表示确认。这种格式判断的意味较强。如：

①虞卿者,游说之士也。(《史记·平原君虞卿列传》)
②夫积贮者,天下之大命也。(贾谊《论积贮疏》)
③楚左尹项伯者,项羽季父也。(《史记·项羽本纪》)
④南冥者,天池也。(《庄子·逍遥游》)

5. 在谓语前用副词"乃"、"即"、"皆"、"必"、"诚"、"亦"、"则"等表示肯定判断,用副词"非"表示否定判断。例如：

①此非君子之言。(《孟子·万章上》)
②民死亡者,非其父兄即其子弟。(《左传·襄公八年》)
③当立者,乃公子扶苏。(《史记·陈涉世家》)
④夺项王天下者,必沛公也。(《史记·项羽本纪》)
⑤孙膑亦孙武之后世子孙也。(《史记·孙子吴起列传》)
⑥子诚齐人也。(《孟子·公孙丑上》)
⑦此则岳阳楼之大观也。(《范仲淹《岳阳楼记》》)

(二)用判断词的判断句

古汉语中"为"、"是"可用作判断词。

1. 用判断词"为"表示判断

动词"为"在先秦很少用作判断词,由于"为"的含义广泛,用法灵活,有时它在句中的作用很像判断词,似乎也可以译成"是",其实不然。例如：

①晋为盟主,诸侯或相侵也,则讨之。(《左传·襄公二十六年》)

②四体不勤,五谷不分,孰为夫子?(《论语·子张》)

③如今人方为刀俎，我为鱼肉，何辞为？（《史记·项羽本纪》）

上面例句中的"为"看似判断词，实质是动词。例①"为"是"作为"，例②"为"是"算作"，例③"为"是"成了"。它们虽然都能帮助判断，但其词义重心是表示动作。

先秦"为"很少用作判断词，汉代以后用作判断词的情况才渐渐多起来。如：

④余为伯儵，余而祖也。（《左传·宣公三年》）

⑤长沮曰："夫执舆者为谁？"子路曰："为孔丘。"（《论语·微子》）

⑥桀溺曰："子为谁？"曰："为仲由。"（《论语·微子》）

⑦公子姊为赵惠文王弟平原君夫人。（《史记·魏公子列传》）

2. 用判断词"是"表示判断

在先秦"是"一般不作判断词，而是指示代词。"是"经常在判断句中充当主语或谓语，很容易被误解成判断词。例如：

①富与贵，是人之所欲也。（《论语·里仁》）

②今子食我，是逆天帝之命也。（《战国策·楚策》）

③日月星辰瑞历，是禹桀之所同也。（《荀子·天论》）

④是吾宝也。（《左传·僖公二年》）

⑤终而复始，日月是也。（《孙子兵法·势》）

⑥汤之问棘也是已。（《庄子·逍遥游》）

⑦以智说愚必不听，文王说纣是也。（《韩非子·难言》）

⑧若士必怒，伏尸二人，流血五步，天下缟素，今日是也。

(《战国策·魏策》)

上述例句中,“是”都是指示代词。前四个例句中“是”作主语,译作“这(是)”;后四个例句中“是”作谓语,译作“(是)这样的”。

由于指示代词“是”经常用作判断句主语并复指前文(如前面例①、例②、例③中的“是”),它的复指功能逐渐减弱,表示判断的作用则逐渐加强,最终发展成判断词。如:

①此必是豫让也。(《史记·刺客列传》)

②余是所嫁妇人之父也。(《论衡·死伪》)

③问人曰:“此是何种也?”对曰:“此车轭也。”(《韩非子·外储说左上》)

④问今是何世,乃不知有汉,无论魏晋。(陶渊明《桃花源记》)

上述四个例句中加点的“是”都是判断词。

(三)判断句的活用

古汉语判断句除了表达主语和宾语在逻辑上的类属关系和同一关系外,还可以灵活地表达其他的语义关系。

1.表示譬况

即用判断句的形式表示比喻,在修辞上称为隐喻(暗喻)。如:

①君子之德,风;小人之德,草。(《论语·颜渊》)

②鼻者,面之山;目者,面之渊。(《世说新语·排调》)

③君者,舟也;庶人者,水也。(《荀子·王制》)

④夫鲁,齐晋之唇。(《左传·哀公八年》)

2.表示因果关系

用判断句的形式，说明造成某种结果的原因。例如：

①良庖岁更刀，割也；族庖月更刀，折也。（《庄子·养生主》）

②轻辞天子，非高也，势薄也；重争士橐，非下也，权重也。（《韩非子·五蠹》）

3. 表示压缩的内容。

例如：

①百乘，显使也。（《战国策·齐策》）

②夫战，勇气也。（《左传·庄公十年》）

③朱绂皆大夫，紫绶悉将军。（白居易《轻肥》）

例①"百乘"指"百辆马车"，与"显使"（显要的使臣）不是一类事物，本来不能构成判断；这儿实际上压缩了主语的内容，"百乘"应理解为"率领百辆马车出访的使臣"。例②③情况类似。

## 二、被动句的表示法

古汉语被动句有两种：意念上的被动句和有形式标志的被动句。

### （一） 意念上的被动句

意念上的被动句在结构形式上与主动句完全一样，它的"被动"意义只能靠主语和谓语之间的语义关系来确定。例如：

①蔓草犹不可除，况君之宠弟乎？（《左传·隐公元年》）

②屈原放逐，乃赋《离骚》。（司马迁《报任安书》）

③故不能推车而及。（《左传·成公二年》）

上面例句中，“蔓草”不能发出“除”的动作，只能“被除”；“屈原”只能“被放逐”；“及”指“被赶上”。

（二） 有形式标志的被动句

1.“于(乎)”字句

动词后加上介词“于(乎)”引进动作行为的主动者，构成被动句。“于”译作“被”。如：

①吾闻用夏变夷者，未闻变于夷者也。(《孟子·滕文公上》)

②劳心者治人，劳力者治于人。(《孟子·滕文公上》)

③故内惑于郑袖，外欺于张仪。(《史记·屈原贾生列传》)

④然而兵破于陈涉，地夺于刘氏者，何也？(《汉书·贾山传》)

这种“于”字句在形式上与“动词+于+处所名词”的意念上的被动句相似，要注意加以区别。如：

①孔子围于陈蔡之间，七日不火食。(《庄子·山木》)

②百里奚举于市。(《孟子·告子下》)

例①指“孔子在陈蔡之间被围困”，例②表“百里奚从奴隶市场中被提拔起来”。这两个例句都是意念上的被动句，介词“于”表示处所，它同后面的名词一起作补语。

2.“为”字句

动词前用介词“为”构成被动句，“为”译成“被”。“为”字句有四种形式：

(1)“为+施事者+动词”式

这种格式中用介词“为”引进动作行为的施事者。如：

①战而不克，将为诸侯笑。(《左传·襄公十年》)

②身死人手，为天下笑者，何也？(贾谊《过秦论》)

③不为酒困。(《论语·子罕》)

④而仆又佴之蚕室，重为天下观笑。(司马迁《报任安书》)

(2)“为+动词”式

当不便说出或不必说出施事者时，介词“为”的宾语则省去，形成此格式。如：

①吴广素爱人，士卒多为用者。(《史记·陈涉世家》)

②父母宗族，皆为戮没。(《战国策·燕策》)

③力不若牛，走不若马，而牛马为用，何也？(《荀子·王制》)

④厚者为戮，薄者见疑。(《韩非子·说难》)

(3)“为+施事者+所+动词”式

这种句式用介词“为”引进动作的施事者，并在动词前加助词“所”加强被动意味。如：

①大月氏王已为胡所杀。(《汉书·张骞传》)

②楚遂削弱，为秦所轻。(《战国策·秦策》)

③汝曹怯弱，为蛇所食，甚可哀愍。(《搜神记·李寄斩蛇》)

④羸兵为人马所蹈藉，陷泥中，死者甚众。(《资治通鉴·赤壁之战》)

(4)“为＋所＋动词”式

第三式中介词“为”的宾语省略，则成此式。例如：

①不者，若属皆且为所虏。(《史记·项羽本纪》)

②官军加过，屡为所败。(《旧唐书·黄巢传》)

③嵩将诣州讼理，为所杀。(韩愈《张中丞传后叙》)

④用此，其将兵数困辱，其射猛兽，亦为所伤云。(《史记·李将军列传》)

3.“见”字句

助动词“见”加在动词前表示被动，译作“被”。

(1)“见＋动词”式

这种句式“见”直接加在动词前，施事者不出现。如：

①隗且见事，况贤于隗者乎？(《战国策·燕策》)

②武帝使中郎将苏武使匈奴，见留二十年不降。(《汉书·燕刺王刘旦传》)

③厚者为戮，薄者见疑。(《韩非子·说难》)

④随之见伐，不量力也。(《左传·僖公二十年》)

(2)“见＋动词＋于＋施事者”式

用“见”字句表示被动，当要引出施事者时，则在动词后用介词“于(乎)”引出施事者。如：

①弥子见宠于卫君。(《韩非子·说难》)

②吾尝三仕三见逐于君。(《史记·管晏列传》)

③然而公不见信于人，私不见助于友。(韩愈《进学解》)

④吾长见笑于大方之家。(《庄子·秋水》)

4.“被”字句

“被”在先秦主要用作动词,表示“蒙受”、“遭到”的意思,后引申表示被动。

(1)“被+动词”式

这种句式中“被”是助动词。如:

①国一日被攻,虽欲事秦,不可得也。(《战国策·齐策》)

②信而见疑,忠而被谤,能无怨乎?(《史记·屈原贾生列传》)

③曾子见疑而吟,伯奇被逐而歌。(《论衡·感虚》)

(2)“被+施事者+动词”式

这种句式中,“被”是介词,引进施事者。如:

①今月十三日,臣被尚书召问。(蔡邕《被收时表》)

②吾被皇太后徵,不知所为。(《三国志·魏书·高贵乡公传》)

③祢衡被魏武谪为鼓吏。(《世说新语·言语》)

这种句式自汉末产生后,最终成为汉语被动句式的主要形式。

## 复习思考题

1. 古汉语中判断句主要用哪些句式表示?与现代汉语有何不同?

2.“为”和“是”在古汉语中的主要用法是什么?认真体会“为”、“是”用作动词或代词与用作判断词的差异。

3. 古汉语判断句有哪些活用情况?请举例说明。

4. 什么是意念上的被动句？从课外阅读的文言文中找出2个意念上的被动句。

5. 古汉语中有形式标志的被动句，有哪几种表达形式？请举例说明。

6. 列表表示古汉语判断句和被动句的表达形式（含名称、定义、表达形式、例句、说明等内容）。

7. 说明下列加点词的词性、意义和用法。

①文倦于事，愦于忧，而性懦愚，沉于国家之事，开罪于先生。（《战国策·齐策》）

②今足下自以与汉王为厚交，为之尽力用兵，终为之所禽矣。（《史记·淮阴侯列传》）

③（蔡泽）去之赵，见逐。（《史记·范雎蔡泽列传》）

④吾有笔在卿处多年，可以见还。（《南史·江淹传》）

⑤平阳侯曹参身被七十创。（《史记·萧相国世家》）

⑥国一日被攻，虽欲事秦，不可得也。（《战国策·齐策》）

8. 分析下列判断句属于何种表示法：

①故善附民者，是乃善用兵者也。（《荀子·议兵》）

②作亭者谁？山之僧智仙也。（《醉翁亭记》）

③荀卿，赵人。（《史记·孟子荀卿列传》）

④夫星之队，木之鸣，是天地之变，阴阳之化，物之罕至者也。（《荀子·天论》）

9. 标点并翻译短文：

①甘茂亡秦且之齐出关遇苏子曰君闻夫江上之处女乎苏子曰不闻曰夫江上之处女有家贫而无烛者处女相与语欲去之家贫无烛者将去矣谓处女曰妾以无烛故常先至扫室布席何爱余明之照四壁者幸以赐妾何妨于处女妾自以有益于处女何为去我处女相语以为然而留之今臣不肖弃逐于秦而出关愿为足下扫室布席幸无我逐也 （《战国策·秦策》）

[关——函谷关。 苏子——苏秦，战国时期的纵横家。]

②庄子行于山中见大木枝叶茂盛伐木者止其旁而不取也问其故曰无所可用庄子曰此木以不材得终其天年夫子出于山舍于故人之家故人喜命竖子杀雁而烹之竖子请曰其一能鸣其一不能鸣请奚杀主人曰杀不能鸣者明日弟子问于庄子曰昨日山中之木以不材得终其天年今主人之雁以不材死先生将

何处庄子笑曰周将处夫材与不材之间似之而非也故未免乎累 （《庄子·山木》）

［竖子——年青的佣人。 雁——这儿指家鹅。］

③常摐张其口而示老子曰吾舌存乎老子曰然吾齿存乎老子曰亡常摐曰子知之乎老子曰夫舌之存也岂非以其柔耶齿之亡也岂非以其刚耶常摐曰嘻是已天下之事已尽矣何以复语子哉 （《说苑》）

［常摐(chuāng)——人名，老子的前辈。］

# 第五章　音　韵

## 第一节　音韵学的研究对象、研究资料和部分术语

研究古汉语书面语言的传统学问，叫“小学”。小学有三个组成部分，即文字、音韵、训诂。在这一章里，我们就来谈谈音韵学的一些有关知识。

### 一、音韵学的研究对象

音韵学是专门研究各个历史时期的汉语语音系统及其变化规律的科学。著名语言学家罗常培(1899—1958)先生在《汉语音韵学导论》一书中指出：

“构成汉字之音素曰声、曰韵、曰调：声者专指字首之辅音，韵者兼赅介音、元音及尾音，调者则谓全字之高低或升降。汉语音韵学即辨析汉字声、韵、调之发音及类别，并推迹其古今流变者也。”

罗先生的话，讲得十分简洁明白。

首先，音韵学是研究“汉语语音系统”的。我们知道，任何一个汉字的读音，都可以分析为声母、韵母和声调三个组成部分。任何一个时代的汉语声母、韵母和声调，都独自构成完整的体系；而某一时代的声母系统、韵母系统和声调系统的总和，就组成了该时代的语音系统。例如，现代汉语的语音系统就是由 22 个声母(其中

有21个辅音声母，再加上“零声母”）、39个韵母（其中有10个单元音韵母、13个复元音韵母和16个带鼻辅音的韵母）和4个声调组成的，任何一个普通话字音，都不可能超出上述声、韵、调的范围。音韵学以“汉语语音系统”作为研究对象，因此，对任何一个具体汉字字音的研究，都是为研究整个汉语语音系统服务的。

其次，音韵学是研究“各个历史时期的汉语语音系统”的。音韵学不但研究某一历史时期汉语语音系统的横断面，而且研究从古到今汉语语音系统的纵切面。也就是说，音韵学是研究各个历史时期汉语语音系统的全貌的。因此，有人也把音韵学称为历史语音学。由于语音的历史变化十分缓慢，语音系统的整体质变往往要经过几百年时间才能显现出来，因此，在音韵学上，人们通常把汉语语音划分为四个历史时期，即：①上古音，先秦两汉时期；②中古音，魏晋南北朝隋唐宋时期；③近代音，元明清三代；④现代音。古代的音韵学家通常称上古音为“古音”，称中古音为“今音”，这是因为真正的音韵学研究是从中古开始的。

再次，音韵学是研究“各个历史时期的汉语语音系统的变化规律”的。汉语的语音变化，一般来说，具有很强的规律性，往往呈现出相当整齐的对应性。例如，在现代汉语中，凡是用声母为 f 的字作声旁的形声字，其声母读音不是 f，就必是 b 或 p，几乎没有例外。如“非”的声母为 f，用“非”作声旁的形声字，“菲、骓、绯、扉、蜚、霏、鲱、腓、匪、诽、悱、棐、斐、翡”的声母是 f，而“悲、琲（珠子串儿）、辈”的声母是 b，“裴”的声母则是 p。又如“分”的声母是 f，用“分”作声旁的形声字，“芬、酚、氛、纷、汾、粉、忿”的声母是 f，而“坌、颁、扮、邠”的声母是 b，“盆、盼、贫”的声母则是 p，等等。用“非”和“分”作声旁的形声字，在造字之初，其读音应当与“非”、“分”相同或非常相近；经过千百年的语音变化，今天它们的声母分成了有规律的三类。类似的情况，在汉语语音中很多很多，声、韵、调三方面都有。音韵学就是要研究从古到今声、韵、调系统的变化规律，帮助人们更好地了解从古到今的多种语音现象。

## 二、音韵学的研究资料

音韵学是一门古老的学问。前人研究音韵学，主要依靠以下资料：

(一)古代的韵文和押韵的散文。

中国是诗歌的王国。早在先秦时期，就有讲究押韵的《诗经》和《楚辞》；两汉的乐府民歌，汉魏六朝的文人诗，唐宋以降的格律诗、古体诗和词，元代的散曲等等，也都讲究押韵。这些材料，都反映了各个历史时期的语音状况。例如，《诗经·鄘风·柏舟》第一章：

“汎彼柏舟，在彼中河。
髧彼两髦，实维我仪。
之死矢靡它。
母也天只，不谅人只！”

诗中“河”、“仪”、“它”三字虽然今天读起来完全不押韵，但在当时却是押韵的。

先秦和后代的有些散文，有时也有押韵的句子或段落。例如，《老子》第十一章：

“三十辐共一毂；当其无，有车之用。埏埴以为器；当其无，有器之用。凿户牖以为室；当其无，有室之用。故有之以为利，无之以为用。”

文中“辐”、“毂”、“埴”、“器”、“室”、“利”诸字在上古时期押韵，而今音韵母则相距甚远。

(二)《说文解字》和其他古代的字典辞书所提供的形声字的

谐声偏旁、异体字形等。

形声字是运用“以事为名，取譬相成”的方法造成的，因此，通过声旁读音与形声字本身读音的差异，以及用了同一声旁的若干形声字之间读音的差异，就可以了解古今的一些音变情况。例如，“堵”从“者”得声，但“堵”与“者”今音不同；“堵”、“赌”、“睹”、“都”、“诸”、“渚”、“猪”、“煮”、“翥”都从“者”得声，但读音有异。

异体字是音同、义同、形不同、在任何情况下都可以互相替代的两个或几个字。异体字的不同，往往表现在声旁上。例如，“特”字在南朝梁顾野王所撰字典《玉篇》中，也作“犆”，可证“特”、“寺”、“直”三字古音相同；“绂”字，在《说文》中又作“鞴”，从革𤰈声，可证“绂”、“伏”、“𤰈”三字古音相同。

(三)古代的声训和注音材料

声训是古书注解中常用的释词方式，即用音同或音近的字解释被释词。中国古代最著名的声训专书，是东汉刘熙所作的《释名》。古代许多注家也常用声训之法。例如，《释名》：“负，背也，置项背也。”“望，茫也，远视茫茫也。”“捧，逢也，两手相逢以执之也。”“蹈，道也，以足践之如道路也。”又如，《说文》：“日，实也。”“月，阙也。”“木，冒也，冒地而生。”“门，闻也。”再如，《诗经·召南·行露》：“谁谓女无家，何以速我狱？”汉毛亨传：“狱，埆(确)也。”《周礼·地官·序官》“媒氏”汉郑玄注：“媒之为言谋也。”(“之为言”又称“之言”，是古注中声训的专门术语)等等。声训为我们提供了大量研究音韵学的资料。

古人注解典籍，经常注明某些字的读音。古代的注音方式，主要有 4 种，即读若法、直音法、变调法和反切法。这些注音材料对研究音韵学也十分重要，详见下节。

(四)古代的韵书和韵图

韵书和韵图是研究音韵学最重要、最可靠的材料，详见下节。

(五)方言

方言是全民语言的地域分支，是某一地区人民通用的交际工具。中国幅员辽阔，人口众多，方言复杂。在北方话中早已改变了的许多古代读音，在不少方言中却保存了下来。因此，有人说，方言是古代语音的活的化石，是研究古汉语语音的重要材料。例如，清代音韵学家钱大昕在《十驾斋养新录》中说："今人呼'鳆鱼'曰'鲍鱼'，此方音之存古者。"可知"鳆"、"鲍"二字古属一声。又如，今吴方言读"蚊"如"门"，读"孵"如"捕"、"抱"；今湘方言读"中"如"东"，读"场"如"唐"，都是保留古音。再如，古代的入声声调，在现代北方话中已经消失，但在吴、湘、赣、闽、粤、客家方言中，几乎都保留。因此，现代音韵学者对方言研究都十分重视。

除了上述五方面的资料外，学者们还利用古书中的通假字、汉唐以来的大量的梵语佛经的汉译材料和越南、日本、朝鲜语中的汉字译音材料等等，来研究古代的音韵，大大拓宽了研究资料的范围。

## 三、部分音韵学术语简介

在旧时代，人们把音韵学称为"绝学"，意即最深奥难懂、到了顶的学问。其原因除了音韵学本身确实有相当大的难度外，主要是当时缺乏语音学的科学知识，许多概念和术语只能靠抽象的书面描述去体会，往往似懂非懂。今天，我们有科学的语音学知识，许多问题就容易理解了。下面，我们结合语音学理论，简单地介绍一些在学习音韵学的过程中经常碰到的术语。

### 1. 音素

音素是语音从音质角度划分出来的最小的单位。音素可以分为元音和辅音两类。

### 2. 元音

元音是发音时气流在口腔中不受阻碍、声带振动、发音器官均衡紧张、气流比较舒缓的音素。绝大部分元音都是舌面元音，也有少数是舌尖元音或卷舌元音。现代汉语中最主要的舌面元音是

ɑ、o、e、i、u、ü，另有舌尖元音 -i[ɿ,ʅ]和卷舌元音 er。

3. 辅音

辅音是发音时气流在口腔中受到阻碍、发音器官紧张状态不均衡、气流比较急促的音素。发辅音时，声带有时振动，有时不振动。辅音的差别，取决于发音部位和发音方法。

发音部位是指气流在口腔中受到阻碍的位置。现代汉语的22个辅音，按发音部位可分为七类：①双唇音 b、p、m；②唇齿音 f；③舌尖前音 z、c、s；④舌尖中音 d、t、n、l；⑤舌尖后音 zh、ch、sh、r；⑥舌面音 j、q、x；⑦舌根音 g、k、h、ng。

发音方法可以从三个方面分析：

①形成阻碍的方式。现代汉语 22 个辅音可分为五类：1）塞音 b、p、d、t、g、k；2）擦音 f、s、sh、r、x、h；3）塞擦音 z、c、zh、ch、j、q；4）鼻音 m、n、ng；5）边音 l。

②声带振动与否。发音时声带不振动的是清辅音，声带振动的是浊辅音。现代汉语的 22 个辅音中，只有 5 个浊辅音，即 m、n、ng、l、r，其余 17 个都是清辅音。

③呼出气流的强弱。塞音和塞擦音按照气流的强弱，可分为两类：1）气流较弱的不送气音 b、d、g、j、zh、z；2）气流较强的送气音 p、t、k、q、ch、c。

4. 国际音标

标记语音的书写符号，叫音标，汉语拼音方案的字母就是一种音标。全世界通用的、可以用来标记任何一种语音的音标，叫国际音标。现代音韵学家在标记古代语音的拟音时，都用国际音标。国际音标是 1888 年由当时的国际语音协会公布的。国际音标形体简单、符号完备，它以拉丁字母及其变形形式作为音标符号，再加上附加符号，能精确地记录语音；国际音标标音清楚，一个音素用一个音标表示，一个音标只表示一个音素。书写国际音标时，要在音标符号两边加上方括号，如：[n]。下面是现代汉语拼音字母

与国际音标对照表:

| | | | | | | | | | | |
|---|---|---|---|---|---|---|---|---|---|---|
| 拼音字母 | b | p | m | f | v | d | t | n | l | g | k |
| 国际音标 | p | pʻ | m | f | v | t | tʻ | n | l | k | kʻ |
| 拼音字母 | h | j | q | x | zh | ch | sh | r | z | c | s |
| 国际音标 | x | tɕ | tɕʻ | ɕ | tʂ | tʂʻ | ʂ | ʐ | ts | tsʻ | s |
| 拼音字母 | ɑ | o | e | e | -e | i | u | ü | -i | -i | er |
| 国际音标 | a | o | ɤ | ə | ɛ | i | u | y | ɿ | ʅ | ɚ |

(注:辅音 ng 的国际音标写法是[ŋ])

5. 音节

音节是人们在听觉上自然感觉到的一个发音片断,是语音结构的最小单位。一般来说,一个汉字只记录一个音节。汉语中一个音节最少由 1 个音素组成,最多由 4 个音素组成。现代汉语共有 418 个基本音节,如果算上四声,则有 1332 个。

按照传统的分析法,每个汉字的字音(一个音节)由声母、韵母、声调三个部分组成。例如:棉 mián,声母是 m,韵母是 iɑn,声调是阳平。

6. 声母

声母是汉语中每个音节起首的辅音。现代汉语 22 个辅音中,除了 ng,其余 21 个辅音都可作声母。汉语中有些音节起首没有辅音,如"安"、"鹅"、"欧"、"呀"、"污"、"鱼",音韵学上称之为"零声母"。零声母也是一种声母。现代汉语共 22 个声母,即 21 个辅音声母,再加上 1 个零声母。

声母又叫"声"、"纽"、"声纽"。古代没有拼音方案,声母用汉字来表示,声母的代表字叫"字母"。例如,古代用"来"表示"l",用"明"表示"m",称作"来母(纽)"、"明母(纽)"。

两个字(音节)的声母相同,叫"双声"。例如,"兰"和"冷"双声，“眉”和“门”双声，“英”和“央”双声。古汉语中的连绵词，有许多是双声的，如“流离”、“踌躇”、“参差”、“倜傥”、“萧瑟”、“玄黄”、“优游”，等等。

7. 韵母

韵母是音节中声母后面的部分。韵母中一定要有元音，不存在没有元音的韵母。现代汉语的韵母共39个，可分为三类：①由1个元音构成，叫单元音韵母，共10个；②由2个或3个元音构成，叫复元音韵母，共13个；③由元音和鼻辅音n、ng构成，叫带鼻音韵母，共16个。

韵母可以分析为韵头、韵腹和韵尾三个部分。韵头又叫“介音”，指韵母开首的元音i、u、ü；韵腹是韵母中开口度最大、发音最响亮的元音，如果韵母中只有1个元音，那么这个元音就是韵腹；韵尾是韵腹后面的元音或辅音，现代汉语中只有i、u、o、n、ng可以当韵尾。有的韵母中头、腹、尾俱全，如iao、uang、üan、iou、uei；有的只有韵头、韵腹，没有韵尾，如ia、uo、üe；有的只有韵腹、韵尾，没有韵头，如ei、ou、ao、en、ang；有的既无韵头，又无韵尾，只有韵腹，如a、i、e。

根据韵头的不同和韵腹的性质，现代汉语的韵母可分为四呼：①开口呼韵母，指没有韵头，韵腹又不是i、u、ü的韵母；②齐齿呼韵母，指韵头或韵腹是i的韵母；③合口呼韵母，指韵头或韵腹是u的韵母；④撮口呼韵母，指韵头或韵腹是ü的韵母。

根据韵尾的有无及韵尾的状况，可将韵母分为3类：①阴声韵，指没有韵尾或以元音为韵尾的韵母；②阳声韵，指以鼻辅音为韵尾的韵母，现代汉语中只有n、ng可当韵尾，古汉语中[m]也可当韵尾；③入声韵，指以清塞音[p,t,k]当韵尾的韵母，入声韵只存在于古代汉语及方言中，现代汉语普通话中没有。

韵母中除去韵头，剩下的部分（韵腹、韵尾）叫“韵”。两个字（音节）的韵相同，叫“叠韵”。例如，“哀”和“歪”叠韵，“帮”和“汪”

叠韵,“搬”、“千”、“环”和“娟”叠韵。古汉语中的连绵词,有许多是叠韵的,如“窈窕”、“夭绍”、“颇颔”、“婵媛”、“须臾”、“崔嵬”、“薜荔”,等等。

凡叠韵的字,在韵文中可以通押。押韵字的归类,叫韵部。

8. 声调

汉语中每一个音节的高低升降,叫声调。一个汉字通常是一个音节,因此声调也可称“字调”。现代汉语共有阴平、阳平、上声、去声这4个声调。

声调的实际读法,即音节高低升降、曲折长短的具体情况,叫“调值”。现代汉语四声的调值分别是55、35、214、51,用ˉ、ˊ、ˇ、ˋ 4种声调符号表示,调号一律标在韵腹上。

声调的分类,即把调值相同的字归纳到一起所建立的类,叫“调类”。现代汉语有阴平、阳平、上声、去声4个调类。

## 复习思考题

1. 什么是音韵学?
2. 音韵学的研究对象是什么?
3. 汉语语音可划分为哪几个时期?
4. 音韵学研究的主要资料有哪些?请举例说明。
5. 解释下列专有名词:

| | | |
|---|---|---|
| ①小学 | ②声训 | ③音素 |
| ④元音 | ⑤辅音 | ⑥发音部位 |
| ⑦发音方法 | ⑧音标 | ⑨国际音标 |
| ⑩音节 | ⑪声母 | ⑫双声 |
| ⑬韵母 | ⑭叠韵 | ⑮开口呼 |
| ⑯齐齿呼 | ⑰合口呼 | ⑱撮口呼 |
| ⑲阴声韵 | ⑳阳声韵 | ㉑入声韵 |
| ㉒声调 | ㉓调值 | ㉔调类 |

6. 请详细说明现代汉语的语音系统。

7. 举例说明韵母的组成部分。

8. 为现代汉语拼音字母标上国际音标。

9. 标点并翻译下列短文：

①郑子产有疾谓子太叔曰我死子必为政唯有德者能以宽服民其次莫如猛夫火烈民望而畏之故鲜死焉水懦弱民狎而玩之则多死焉故宽难疾数月而卒太叔为政不忍猛而宽郑国多盗取人于萑苻之泽太叔悔之曰吾早从夫子不及此兴徒兵以攻萑苻之盗尽杀之盗少止。

（《左传·昭公二十年》）

②伯夷叔齐孤竹君之二子也父欲立叔齐及父卒叔齐让伯夷伯夷曰父命也遂逃去叔齐亦不肯立而逃之国人立其中子于是伯夷叔齐闻西伯昌善养老盍往归焉及至西伯卒武王载木主号为文王东伐纣伯夷叔齐叩马而谏曰父死不葬爰及干戈可谓孝乎以臣弑君可谓仁乎左右欲兵之太公曰此义人也扶而去之武王已平殷乱天下宗周而伯夷叔齐耻之义不食周粟隐于首阳山采薇而食之及饿且死作歌其辞曰登彼西山兮采其薇矣以暴易暴兮不知其非矣神农虞夏忽焉没兮我安适归矣于嗟徂兮命之衰矣遂饿死于首阳山

（《史记·伯夷列传》）

［西伯昌——即周文王，姓姬名昌，本为西伯（西方诸侯之长）。木主——木头牌位。　叩马——牵住马。　薇——野豌豆。于嗟——吁嗟，叹词。］

## 第二节　古代的注音方式和韵书、韵图

学习音韵学，必须对古代的注音方式和韵书、韵图有所了解，下面就对这方面的知识作一简介。

### 一、古代的注音方式

古代的注音方式主要有四种，即：

(一)“读若”法

“读若”又叫“读如”，段玉裁指出：“凡言‘读若’者，皆拟其音也。”(《说文解文》言部“读”字注)即以某一字的读音为标准，指示读者按该字的读音去读被注音的字，其基本格式是“某，读若某”。例如：

《说文》：“玽，石之次玉者，从玉句声。读若苟。”“亍，步止也，从反彳。读若畜。”“像，象也，从人从象，象亦声。读若养。”

《仪礼·乡饮酒礼》：“公如大夫入。”郑玄注：“如，读若今之若。”

《周礼·春官·甸祝》：“禂牲禂马。”郑玄注：“禂，读如‘伏诛’之诛。”

(二)直音法

直音法就是以同音字来注音的方法，其基本格式是“某，音某”。例如：

《方言》：“所以刺船谓之篙。”郭璞注：“篙，音高。”

《汉书·高帝纪》：“从间道走军。”颜师古注：“服虔曰：‘走，音奏。’”

(三)变调法

变调法是指用声母、韵母相同而声调不同的字为另一个字注音时，指明要按规定声调发音的注音方法。例如：

《字汇》：“佒，鸯去声。”(“鸯”本读平声)“佛，焚入声。”(“焚”本读平声)

《九经字样》："抽，丑平。"（"丑"本读上声）"买，埋上。"（"埋"本读平声）

《楚辞·离骚》："民好恶其不同兮。"洪兴祖补注："好、恶，并去声。"（意即此句中"好恶"二字都读去声）

清代的《康熙字典》引《唐韵》、《集韵》等释词时，也多用变调法注音，如："我，俄上声。""扑，铺入声。""婔，讹上声。"等等。

（四）反切法

"反切"又叫"反"、"切"，是用两个汉字合起来拼切成被注字的读音的方法。反切是古代用得最多的一种拼音方法，是一种科学的注音方式。用来注音的两个汉字，叫"反语"或"切语"；前一个汉字叫"上字"，后一个汉字叫"下字"。反切是根据声韵原则来拼音的，其具体方法是：反切上字代表声母（即使是"零声母"也必须有上字），下字代表整个韵母和声调。如果依照现代汉语拼音，我们可以把反切注音法化为以下公式推算其读音：

毛，莫袍切：毛＝莫 mò＋袍 páo＝m＋áo＝máo

乌，哀都切：乌＝哀 āi＋都 dū＝[O]＋ū＝ū

可见，反切的原理十分简单。

在古代的韵书和大量的注释材料中，反切是用得最普遍的方法，例如：

《广韵》："条，徒聊切。""桓，胡官切。""月，鱼厥切。""香，许良切。""黄，胡光切。""婆，薄波切。"

《集韵》："筭，苏贯切，音蒜。"

《左传·昭公三年》："寡君不能独任其社稷之事，未有伉俪，在缞绖之中，是以未敢请。"唐陆德明《经典释文》注云："任，音壬；缞，本亦作'衰'，七雷反；绖，直结切。"等等。

反切的原理虽然十分简单，但是，由于反切所标注的读音一般是中古时代的读音，古今汉语声、韵、调的变化很大，因此，绝大部分反切如果用现代汉语读音去推算的话，往往十分困难，难以奏效。例如：

《广韵》："东，德红切。"东 = 德 dé + 红 hóng = d + óng = dóng。今音"东"读 dōng，是阴平；从反切推算出来的读音却是 dóng(在现代普通话中没有这个读音)，声调不合。

《广韵》："鸡，古奚切。"鸡 = 古 gǔ + 奚 xī = g + ī = gī。今音"鸡"读 jī，而由反切推算出来的读音却是 gī(现代普通话中没有这个读音)，声母不合。等等。

但正是这些差异，为我们提供了音韵学研究的十分宝贵的材料。(反切是音韵学中一个极为重要而又十分复杂的问题，只有具备十分丰富的音韵知识，才能真正搞通反切。同学们只要懂得反切原理即可，不必求之过深。)

## 二、古代的韵书和韵图

### (一)韵书

韵书是音韵研究最重要的材料。中国最早的韵书是三国魏人李登所作的《声类》，第二部是晋朝吕静的《韵集》。南北朝时期，韵书有数十种之多。后代也有很多韵书。

韵书是古代按照声、韵、调的关系，把汉字组织起来的字典。因为韵书重在划分韵部(押韵字的归类，叫韵部)，因此，韵书也可以说是分韵编排的字典。作为字典，韵书对所收的每个字，都有字义解释，但它更注重字音的说明。韵书是以韵部为纲收字的，韵部又是按照古代"平、上、去、入"四个声调划分的，同韵同调的字都归入同一韵部。每一韵部用一个汉字代表，称为"韵目"。每一韵部中，声母相同的同音字类聚在一起，用一个反切标明其读音。

韵书产生的前提条件是反切的发明和四声的发现。

反切大约发明于东汉时期，据说是三国魏人孙炎(字叔然)所创(其实在孙炎之前已有反切)。孙炎在所著《尔雅音义》中，用反切注音，从此以后，反切注音法广泛推行。北齐颜之推《颜氏家训·音辞篇》云："孙叔然创《尔雅音义》，是汉末人独知反语。至于魏世，此事大行，高贵乡公不解反语，以为怪异。"可见当时反切使用之广。

"四声"是"平、上、去、入"四个声调的简称。南朝齐武帝永明时期(483—493)，文人周颙、沈约等写诗作文讲究音律，发现了汉语中有平上去入四种声调。他们创作的诗被称作"永明体"。沈约(441—513)作为当时的文坛领袖，强调文学创作要注意声律，他指出："欲使宫羽相变，低昂互节，若前有浮声，则后须切响。一简之内，言韵尽殊；两句之中，轻重悉异。妙达此意，始可言文。"(《宋书·谢灵运传论》)在沈约等人的倡导下，作文写诗讲究声律成为社会风尚，声韵之道大行。这也是南北朝时期韵书大量出现的根本原因之一。

### (二)中古时期的几部重要韵书

#### 1.《切韵》

《切韵》是隋代陆法言于公元601年所著。《切韵》共收12158字，分为193韵，以反切注音，按平、上、去、入四声分为5卷(平声因为字多，分为上平、下平两卷)。其中平声54韵，上声51韵，去声56韵，入声32韵。《切韵》的审音细致精微，材料详实可靠，对后世韵书影响最大，是研究中古音、上古音和现代方言的最重要的资料和依据。《切韵》在韵书发展史上有承前启后的作用，可惜原书已佚，目前只有残卷。

#### 2.《唐韵》

《唐韵》的作者是唐代孙愐，作于公元751年，目前只有残卷。《唐韵》是以《切韵》为据而作，共收15000余字，以反切注音，分为

195 韵，按平、上、去、入分为 5 卷。其中平声 54 韵(上平 26，下平 28)，上声 52 韵，去声 57 韵，入声 32 韵。《唐韵》在唐代影响很大，大徐本《说文》(宋初徐铉校订)即用《唐韵》反切注音。

3.《广韵》

《广韵》全称《大宋重修广韵》，是宋初学者陈彭年、丘雍等人奉诏于大中祥符元年(公元 1008 年)编定，是《切韵》一系韵书的集大成之作。

《广韵》共收字 26194 个，注解用字 191692 个，其体例和反切系统沿袭《切韵》。《广韵》共 206 韵，分上平(28 韵)、下平(29 韵)、上声(55 韵)、去声(60 韵)、入声(34 韵)5 卷。章太炎在《国故论衡上》中指出："《广韵》所包，兼有古今方国之音。"《广韵》的 206 韵，规定了某些韵只能"独用"，某些韵可以和相邻的韵"同用"。

《广韵》是研究中古音最可靠的材料，《广韵》音系实际上也就是《切韵》音系。

4.《集韵》

《集韵》是北宋丁度、贾昌朝等人奉诏修订《广韵》而成，成书于公元 1039 年。《集韵》材料丰富，共收 53525 字，比《广韵》多了 27331 字。《集韵》分为 10 卷(平声 4 卷，上、去、入声各 2 卷)，韵部仍为 206，依"独用"、"同用"例，可归并为 108 韵。

5.《礼部韵略》

此书是丁度于 1037 年所修，实际上是《广韵》的简编本。此书是为了适合宋代礼部(是掌管礼乐、祭祀、封建、宴乐和学校贡举政令的官署)所主持的科举考试的要求而编修的，是礼部所颁行的官韵，因而影响极大，通行极广。

《礼部韵略》删减了《广韵》中大量的冷僻奇字，收当时较常用的字 9590 个，注释也从简，故称"韵略"。该书仍分 5 卷，206 韵。

(三)韵图

韵图是一种拼切汉字字音的图表：同一直行表示声母相同，同一横行表示韵母和声调相同,声韵相拼而成每一个字的字音。在韵图中,把汉语的韵母按照主要元音(韵腹)的发音状况和介音(韵头)之有无的差异,分为 4 个等列。这 4 个等列的特点是:"一等洪大,二等次大,三四皆细,而四尤细。"(清代音韵学家江永语)意思是一等韵没有介音[i],韵腹元音开口度最大;二等韵也没有介音[i],韵腹元音开口度次大;三、四等韵都有介音[i],韵腹元音开口度分别为较小、最小。例如,在宋代的韵图上,"干奸犍坚"分属一、二、三、四等,"官关勬涓"也分属一、二、三、四等。由于韵图的主要精神是用图表的格式把韵母按等分类,因此,也叫"等韵图"。在音韵学上,专门研究等韵的学科叫做"等韵学"。

韵图是我国古代学者研究汉语语音系统的一种重要手段,它用图表的格式阐明了韵书中反切所表示的字音。韵图是在韵书大量面世的情况下出现的,是韵书的辅助读物。根据专家研究,大概在公元七、八世纪,即《切韵》、《唐韵》产生之后,便出现了韵图。

现存最早的韵图,是宋代的《韵镜》,其作者和成书年代待考。宋代郑樵所撰《通志·七音略》,也是早期的韵图。在宋元时期,著名的韵图还有《四声等子》(作者不详)、《切韵指掌图》(宋司马光作)、《经史正音切韵指南》(元刘鉴作)等。明清时代也有许多韵图。这些材料对音韵研究都十分重要。

## 复习思考题

1. 请举例说明什么是读若法、直音法、变调法。
2. 什么叫反切?反切据说为何人何时所创?反切的原理是什么?试以"条,徒聊切"为例,说明反切的具体方法。
3. 什么是韵书?什么是"韵目"?
4. 韵书产生的前提条件是什么?南北朝时期为什么韵书大量出现?
5. 请分别说明下列韵书的作者、成书年代、分韵情况:

①《切韵》　②《唐韵》　③《广韵》

④《集韵》　⑤《礼部韵略》

6. 什么是韵图？请举出三本韵图的时代和名称。

7. 标点并翻译短文：

①晋献公将杀其世子申生公子重耳谓之曰子盍言子之志于公乎世子曰不可君安骊姬是我伤公之心也曰然则盍行乎世子曰不可君谓我欲弑君也天下岂有无父之国哉吾何行如之使人辞于狐突曰申生有罪不念伯氏之言也以至于死申生不敢爱其死虽然吾君老矣子少国家多难伯氏不出而图吾君伯氏苟出而图吾君申生受赐而死再拜稽首乃卒

（《礼记·檀弓上》）

［世子——嫡长子。　公子重耳——申生之异母弟，即后来的晋文公。　骊姬——晋献公之宠妃，谗害申生。　狐突——晋大夫，申生之傅。　爱——吝惜。　图——谋划国家之政。］

②屈原至于江滨被发行吟泽畔颜色憔悴形容枯槁渔父见而问之曰子非三闾大夫欤何故而至此屈原曰举世混浊而我独清众人皆醉而我独醒是以见放渔父曰夫圣人者不凝滞于物而能与世推移举世混浊何不随其流而扬其波众人皆醉何不餔其糟而啜其醨何故怀瑾握瑜而自令见放为屈原曰吾闻之新沐者必弹冠新浴者必振衣人又谁能以身之察察受物之汶汶者乎宁赴常流而葬乎江鱼腹中耳又安能以皓皓之白而蒙世之温蠖乎乃作怀沙之赋于是怀石遂自投汨罗以死　（《史记·屈原贾生列传》）

［常流——长流。　温蠖——污秽。］

## 第三节　中古的语音系统

音韵学研究的最高理想，就是构拟出古代各个时期的语音系统及其具体音值，搞清楚从古到今语音演变的种种规律。千百年来，无数学者为此呕心沥血，孜孜以求，取得了丰硕的成果。在本节中，我们先介绍一下中古的语音系统。

由于中古时期有十分完备的反切、韵书、韵图等研究语音的资料，语音系统比较清楚，而且可以参证其他材料，从中古的语音系统上推上古、下推近代的语音系统，因此，通常讲音韵都从中古讲起。

## 一、中古的声母系统

### （一）三十六字母的创立

在音韵学上，有所谓“传统三十六字母”，即：帮滂並明，非敷奉微，端透定泥，知彻澄娘，精清从心邪，照穿床审禅，见溪群疑，影晓匣喻，来日。这36字母，大体上代表了中古时期汉语的声母系统，必须熟背。

所谓“字母”，就是声母的代表字。三十六字母其实就是中古36个声母的标音符号。例如，“帮”代表中古声母[p]（其读音与现代b相同），“滂”代表[p‘]（读音与现代p相同），等等。

三十六字母是唐代僧人在研究梵文音理的基础上创制的。

梵文是古印度一种拼音文字，系由古印度婆罗米字母经长期演变而成，约在公元六、七世纪定型，共46个字母，其中元音13个，辅音33个，书写以音节为单位。许多佛教经典，就是用梵文书写的。梵文佛经早在东汉就传入中国。唐初，高僧玄奘到印度取经，在印度十余年，译出经、论75部，共1335卷。玄奘回国时，又带回大量梵文“真经”。此后，僧人译经和研究梵文日盛一日，不少僧人就以拼音原理来研究汉语语音。

虽然中国早在汉末就发明了“拼音”式的反切注音法，但是，在长达几百年的时间里，由于学者们对汉语声母缺乏系统性的分析，因而在韵书中虽以反切上字代表声母，但并没有统一的声母标目。同一个声母，往往用许多不同的反切上字表示。例如，由《切韵》、《唐韵》发展而来的《广韵》，切语上字多达471个（见丁声树、李荣《汉语音韵讲义》）；一个[k]声母，就用了“居、九、俱、举、规、吉、纪、几、古、公、过、各、格、兼、姑、乖、佳、诡”这18个不同的反切上字，等等。直到唐末僧人发明“字母”，才使人们对汉语声母的整体认识水平大大提高。

最早创立“字母”的，是唐末一个叫“守温”的和尚。他根据声母读音相同(即双声)应归一类的原则，从全部汉语字音中归纳出30类，每一类用一个汉字作代表，称之为“三十字母”。三十字母始见于敦煌发现的唐代写卷《敦煌掇琐·守温音学残卷》，其排列次序如下：“不芳並明，端透定泥，知彻澄日，见(君)溪群来疑，精清从，审穿禅照，心邪晓，匣喻影。”

到了宋代，有人对三十字母进行整理增益，改“不芳”为“帮滂”，新增“非敷奉微娘床”六母，遂成三十六字母，也称“守温三十六字母”。

三十六字母在音韵学上的地位十分重要，它大体上代表了中古的声母系统，是推求上古和近、现代声母系统变化规律的重要依据。宋元音韵学家制作韵图时，也一直沿用三十六字母为反切上字。

(二)三十六字母的分析

现代的音韵学家，对三十六字母的音值作了拟订。现将三十六字母的发音部位、发音方法及其拟音列表如下：(参见《辞海》第23页)

中古三十六字母及其拟音表

| 发音部位 \ 发音方法 | | 全清 | 次清 | 全浊 | 次浊 |
|---|---|---|---|---|---|
| 唇音 | 重唇音(双唇音) | 帮 b[p] | 滂 p[p‘] | 並[b] | 明 m[m] |
| | 轻唇音(唇齿音) | 非 f[f] | 敷[f‘] | 奉[v] | 微[ɱ] |
| 舌音 | 舌头音(舌尖中音) | 端 d[t] | 透 t[t‘] | 定[d] | 泥 n[n] |
| | 舌上音(舌面前音) | 知[ȶ] | 彻[ȶ‘] | 澄[ȡ] | 娘[ȵ] |

| | | | | | |
|---|---|---|---|---|---|
| 齿音 | 齿头音(舌尖前音) | 精 z[ts]<br>心 s[s] | 清 c[ts‘] | 从[dz]<br>邪[z] | |
| | 正齿音(舌面音) | 照 j[tɕ]<br>审 x[ɕ] | 穿 q[tɕ‘] | 床[dʑ]<br>禅[ʑ] | |
| 牙音(舌根音) | | 见 g[k] | 溪 k[k‘] | 群[g] | 疑 ng[ŋ] |
| 喉音 | (零声母) | 影[〇] | | | |
| | (舌根音) | 晓 h[x] | | 匣[ɣ] | |
| | (舌面中音,半元音) | | | | 喻[j] |
| 半舌音(舌尖中音) | | | | | 来 l[l] |
| 半齿音(舌面前音) | | | | | 日[ȵʑ] |

下面谈谈这张表的有关内容:

1. 三十六字母的发音部位

表中所列“发音部位”,括号外的是古代的名称,括号内的是今天的名称。关于三十六字母的发音部位,古代有“五音”、“七音”之说。所谓“五音”,是指将三十六字母按发音部位分为唇音、舌音、齿音、牙音、喉音五类。唇音又分重唇音和轻唇音,舌音又分舌头音和舌上音,齿音又分齿头音和正齿音。牙音实际上是舌根音,喉音是零声母、舌根擦音和舌面中音(半元音)的合称。所谓“七音”,是指在五音的基础上,把原属舌头音的“来”母独立出来,称为半舌音;把原属正齿音的“日”母独立出来,称为半齿音。表中所列为“七音”。

2. 三十六字母的发音方法

古代学者将三十六字母按发音方法分为两大类:“清”和“浊”。“清”指清辅音,“浊”即浊辅音。“清”又分为“全清”和“次清”,全清是指不送气、不带音(声带不振动)的塞音、擦音和塞擦音,次清是指送气、不带音的塞音、擦音和塞擦音;成对出现的全清和次清(共七对),其差别在于送气与否。“浊”又分为“全浊”和“次浊”,全浊是指带音(声带振动)的塞音、擦音和塞擦音,它们同全清是一一对应的,差别在于声带振动与否;次浊则指带音的鼻辅音、边音和半元音,它们同次清之间不存在对应关系。

在现代普通话中,“全浊”声母已经消失,所以北方方言区的人很难发准和体会这些声母。但在吴方言中,全浊声母仍然存在,且同全清声母对应,例如(前一字为全浊,后一字为全清):暴——报,吠——废,但——旦,阵——镇,贱——箭,叙——絮,状——壮,盛——圣,健——建,汗——汉,等等。

3. 三十六字母的拟音

表中三十六字母的拟音,是现代学者在大量科学材料的基础上所构拟出来的古代实际读音,是大多数现代音韵学家所公认的(对某些字母的拟音,一部分学者有不同看法),是比较可靠的。

表中用了两种音标:方括号外的是汉语拼音字母,方括号内的是国际音标。必须指出的是:这些音标所表示的音值,是中古唐宋时期声母的读音,而不是今音。如果用今音来读三十六字母(专指其声母),并与音标所表示的读音相比较,就会发现三种情况:

1)“帮、滂、明、非、端、透、泥、影、来”九母的今音,与音标所示完全相同。这表明,这些字的声母古今读音没有变化,从中古一直延续到现代。

2)“精、清、心、照、穿、审、见、溪、疑、晓”十母的今音,与音标所示不同。这表明,这些字的声母从中古到现代发生了变化(如“精”,中古声母念 z[ts],现代念 j[tɕ];“见”,中古声母念 g[k],现代念 j[tɕ]。表中“照、穿、审”三母的音标为 j、q、x,虽与现代普通话声母 j、q、x 读音相同,但它们后来发展成 zh、ch、sh,与现代 j、q、x 毫不相干,现代的 j、q、x 别有来源)。因此,要以它们的拟音、而不是今音去认识它们所代表的中古声母。

3)“知、彻、敷、並、奉、定、澄、从、邪、床、禅、群、匣、微、娘、喻、日”十七母没有用拼音字母注音，只注了国际音标，而它们的今音又与所注国际音标不同。这表明，这些字中古声母读音与今音不同，而且它们所代表的十七个中古声母在现代普通话中已经消失了。也就是说，在现代北京话中已找不到与它们相同的读音。

上述三种情况，深刻地说明：我们对表中所列的音标，必须有严格的“时代”观念，决不能把中古语音同现代语音混淆在一起。不分时代，混淆古今，是学习音韵的大忌。

学习音韵，应背出这张表。

## 二、中古的韵母系统

中古的韵母系统，可用《广韵》的206韵来表示。

《广韵》的206韵，是按声调区分的，如果不计声调的不同，按平上去入四声相配，可分为61类，共90个韵母。下面是《广韵》的韵目及其四声相配分类表：

《广韵》206韵四声相配分类表

| 四声/次序 | 平上去入 | 四声/次序 | 平上去入 | 四声/次序 | 平上去入 |
|---|---|---|---|---|---|
| 1 | 东董送屋 | 21 | 真轸震质 | 41 | 麻马祃 |
| 2 | 冬(湩)宋沃 | 22 | 谆准稕术 | 42 | 阳养漾药 |
| 3 | 钟肿用烛 | 23 | 臻　　栉 | 43 | 唐荡宕铎 |
| 4 | 江讲绛觉 | 24 | 文吻问物 | 44 | 庚梗映陌 |
| 5 | 支纸寘 | 25 | 欣隐焮迄 | 45 | 耕耿诤麦 |
| 6 | 脂旨至 | 26 | 元阮愿月 | 46 | 清静劲昔 |
| 7 | 之止志 | 27 | 魂混慁没 | 47 | 青迥径锡 |
| 8 | 微尾未 | 28 | 痕很恨(纥) | 48 | 蒸拯证职 |
| 9 | 鱼语御 | 29 | 寒旱翰曷 | 49 | 登等嶝德 |
| 10 | 虞麌遇 | 30 | 桓缓换末 | 50 | 尤有宥 |
| 11 | 模姥暮 | 31 | 删潸谏黠 | 51 | 侯厚候 |
| 12 | 齐荠霁 | 32 | 山产裥辖 | 52 | 幽黝幼 |

| | | | | | |
|---|---|---|---|---|---|
| 13 | 祭 | 33 | 先 铣 霰 屑 | 53 | 侵寝沁缉 |
| 14 | 泰 | 34 | 仙 狝 线 薛 | 54 | 覃感勘合 |
| 15 | 佳 蟹 卦 | 35 | 萧 筱 啸 | 55 | 谈敢阚盍 |
| 16 | 皆 骇 怪 | 36 | 宵 小 笑 | 56 | 盐琰艳叶 |
| 17 | 夬 | 37 | 肴 巧 效 | 57 | 添忝标帖 |
| 18 | 灰 贿 队 | 38 | 豪 皓 号 | 58 | 咸豏陷洽 |
| 19 | 哈 海 代 | 39 | 歌 哿 箇 | 59 | 衔槛鉴狎 |
| 20 | 废 | 40 | 戈 果 过 | 60 | 严俨酽业 |
| | | | | 61 | 凡范梵乏 |

《广韵》的 206 韵,根据韵尾的不同,可以分成三类:阴声韵(没有韵尾或以元音收尾)、阳声韵(以鼻辅音[m,n,ŋ]收尾)和入声韵(以清塞音[p,t,k]收尾)。需要指出的是:阴声韵和阳声韵的字,其声调只能是平、上、去,反之,声调是平、上、去的字,只能是阴声韵和阳声韵;入声韵的字,其声调只能是入声,反之,声调是入声的字,只能是入声韵。

现代汉语只有阴声韵和阳声韵,没有入声韵。现代汉语的阳声韵只用[n,ŋ]收尾,而《广韵》的阳声韵则多了一个[m]尾。

在上表《广韵》61 个韵类中,阴声韵共 26 个,阳声韵 35 个,入声韵 34 个。

由上表可以看出:阴声韵不同入声韵相配,而阳声韵则同入声韵相配。表中只有"痕(很恨)"韵没有相配的入声韵,其余 34 个阳声韵均有相配的入声韵;因为同"痕"韵相对应的入声字,在《广韵》中只有"麧麧龁纥淈"5 个,数量太少,没有单独列韵,而把它们并入相邻的入声韵"没"韵了。

每一类相配的阳声韵和入声韵。在发音上形成整齐的对应关系:它们的韵腹相同,韵尾的发音部位一致。表中第 53—61 类,阳声韵收[m]尾,入声韵收[p]尾,都是双唇音;第 21—27,29—34 类,阳声韵收[n]尾,入声韵收[t]尾,都是舌尖中音,第 28"痕"韵也收[n]尾;第1—4,42—49类,阳声韵收[ŋ]尾,入声韵收[k]尾,都是舌根音。

在宋元的等韵图上,《广韵》的206韵还被归并为“十六摄”。“摄”有概括之意,它实际上是不计声调和等呼的差别,把韵腹和韵尾相同或相近的韵合并到一起而形成的大的类别。十六摄中,有阴声韵七摄,阳声韵九摄,所有入声韵均归入阳声韵各摄中。十六摄的名称如下:果、假、遇、蟹、止、效、流(以上阴声韵);咸、深(这两摄收[m]尾和[p]尾);山、臻(这两摄收[n]尾和[t]尾);宕、江、曾、梗、通(这五摄收[ŋ]尾和[k]尾)。

## 三、中古的声调系统

中古的声调为“平、上、去、入”四声。最早提出四声的,是南朝梁沈约等人。中古四声的具体调值,已难以知晓。唐人处忠《元和韵谱》云:“平声哀而安,上声厉而举,去声清而远,入声直而促。”明代真空和尚《玉钥匙门法歌诀》云:“平声平道莫低昂,上声高呼猛烈强,去声分明哀远道,入声短促急收藏。”根据这些抽象描述,结合现代方言实例,我们推想:平声大约是个没有高低升降曲折变化的平平的调子,上声可能是先稍降后高升的调子,去声可能是一种由高到低的降调,而入声则一定是一种短促急迫的调子。

## 复习思考题

1. 何谓“字母”?请按顺序默写“守温三十六字母”及其拟音。
2. 三十六字母在音韵学上有何意义?
3. 什么叫“五音”、“七音”?
4. 什么叫“全清”、“次清”、“全浊”、“次浊”?
5. 用三十六字母的今音同它的中古拟音相比较,有哪三种情况?
6.《广韵》共分几个韵?按平上去入相配,共分几类?

7.《广韵》的206韵,根据韵尾的不同,可以分为哪三类?

8. 平、上、去、入四个声调与阴声韵、阳声韵、入声韵之间有何关系?

9. 每一类相配的阳声韵和入声韵在发音上有何对应关系?

10. 请按顺序默写“十六摄”的名称,并说明其收尾。

11. 中古有哪几个声调?它们在发音上有何特点?

12. 标点并翻译短文:

①晋献文子成室晋大夫发焉张老曰美哉轮焉美哉奂焉歌于斯哭于斯聚国族于斯文子曰武也得歌于斯哭于斯聚国族于斯是全要领以从先大夫于九京也北面再拜稽首君子谓之善颂善祷 (《礼记·檀弓下》)

[献文子——晋大夫赵武,谥号“献”、“文”,简称“文子”。 发——发礼祝贺。 国族——国人、宗族。 全要领——保全腰、颈,指不受刑戮。 先大夫——赵武称已死的父、祖。 九京——晋大夫墓地。]

②故曰仓廪实而知礼节衣食足而知荣辱礼生于有而废于无故君子富好行其德小人富以适其力渊深而鱼生之山深而兽往之人富而仁义附焉富者得势益彰失势则客无所之以而不乐夷狄益甚谚曰千金之子不死于市此非空言也故曰天下熙熙皆为利来天下壤壤皆为利往夫千乘之王万家之侯百室之君尚犹患贫而况匹夫编户之民乎 (《史记·货殖列传》)

[适——调适,调节。 益彰——声名更显著。]

## 第四节 上古的语音系统

### 一、上古的声母系统

上古声母系统的研究,直到清代才开始。音韵学家们根据形声字的谐声偏旁以及通假字、异体字、读若、声训、异切(同一个字有不同的反切)、方言等材料,对中古三十六字母进行归并分化,推导出了上古的声母系统。

关于上古声母研究,有五个最重要的观点:

(一)古无轻唇音

这是清代学者钱大昕(1728—1804)在《十驾斋养新录》中提出来的观点。“古无轻唇音”是指:轻唇音“非敷奉微”在上古时期一律读成重唇音“帮滂並明”。钱氏指出:“凡轻唇之音,古读皆为重唇。”他举例说:“古音负如背,亦如倍”、“古读附如部”、“古读佛如弼,亦如勃”、“古读蕃如卞”、“古读汾如盆”、“古音敷如布”、“古读匪如彼”、“古读望如茫”,等等。他还指出:“扶服”即“匍匐”、“伏羲”即“庖牺”、“文水”即“门水”,等等。

钱氏的这一观点,受到音韵学家的普遍赞同,实为不刊之论。

“古无轻唇音”实际上告诉人们:中古的“非敷奉微”是由上古的“帮滂並明”分化出来的。

(二)古无舌上音

这一著名论断也是钱大昕提出来的。“古无舌上音”是指:舌上音“知彻澄”在上古时期一律读成舌头音“端透定”。钱氏指出:“古无舌头舌上之分。知、彻、澄三母以今音读之,与照、穿、床无别也,求之古音,则与端、透、定无异。”他举例说:“古音中如得”、“古音陟如得”、“古音直如特”、“古音竹如笃”、“古音猪如都”、“古读枨如棠”、“古读池如沱”、“古读廛如坛”、“古读陈如田”,等等。

钱氏的这一观点,也受到音韵学家的普遍赞同。

“古无舌上音”实际上告诉人们:中古的“知彻澄”是由上古的“端透定”分化出来的。

(三)娘日归泥

这是章炳麟(1869—1936)先生在《国故论衡上·古音娘日二纽归泥说》中提出的观点。他指出:“古音有舌头泥纽,其后支别,则舌上有娘纽,半舌半齿有日纽,于古皆泥纽也。”章氏举例说:“涅从日声,‘涅而不淄’亦作‘泥而不滓’”(“涅”属泥母,其声旁是“日”),“昵从日声,‘不义不昵’亦作‘不义不昵’”(“昵”属娘母,但从“日”得声),“‘入’之声今在日纽,古文以‘入’为‘内’”(“内”属泥母),“‘然’之或体有‘蘸’,从草难声”(“然”属日母,“难”属泥母),“如从女声，古音与'奴、拏'同，音转如'奈'"（"如"属日母，从娘母"女"得声，"奴、拏、奈"属泥母），"耳孙，（颜）师古以为'仍孙'。'仍'今在日纽，本从乃声"（"乃"属泥母），等等。

现代许多学者认为，"娘"母在上古确应归并到"泥"母中去，但"日"母在上古还应独立，因为"日"母在上古只是同"泥"母相似，并非完全等同。

（四）照二归精，照三归端

这是黄侃（1886—1935）先生提出来的观点。

在中古的等韵图上，正齿音"照穿床审"只有二等字和三等字。"等"本来是纯指韵母而言的，但并不是每一个声母都能跟一、二、三、四等韵母相拼的。例如，"匣"母只拼一、二、四等，"端透定泥精清从心"只拼一、四等，"知彻澄娘照穿床审"只拼二、三等，"喻"母只拼三、四等，"非敷奉微禅群日"只拼三等，"邪"母只拼四等，只有"帮滂並明见溪疑影晓来"才可同一、二、三、四等相拼。从这个意义上说，声母也就有了"等"的概念。

黄侃认为，中古"照穿床审"四纽中的二等字（简称照系二等字或照二），其声母在上古应分别归入"精清从心"四纽（即精系）；中古"照穿床审"四纽中的三等字和只有三等的"禅"母字（简称照系三等字或照三），其声母在上古应分别归入"端透定"三纽。黄氏的观点，在形声字谐声偏旁中能找到不少例证。例如，中古照母二等"侧"字，从精母"则"字得声；穿母二等"策"字，从清母"朿"字得声；床母二等"豺"字，由从母"才"字得声；审母二等"梢捎筲稍鞘"诸字，由心母"肖"字得声，等等。又如，中古"召"为照母三等，声旁"刀"属端母；"憧"为穿母三等，声旁"童"属定母；"蛇"为床母三等，声旁"它"属透母；"啻"为审母三等，声旁"帝"属端母；"寿"为禅母三等，由"寿"得声的"帱焘涛"均为定母字，等等。

现代学者认为，"照二归精，照三归端"的"归"，应是"靠近"之意，并非"归入"。在上古时期，照二接近精系，照三接近知系（知彻澄）；由于知系已并入端系（古无舌上音），所以照三接近端系。照二和照三，在上古都独立存在。为了在声母标目上同中古相区别，人们用"庄初崇山"表示照二，用"章昌船书"和"禅"表示照三。

"照二归精，照三归端"实际上是说中古的"照穿床审"四纽是由上古的"庄初崇山"和"章昌船书"合并而来。

（五）喻三归匣，喻四归定

这是曾运乾（1884—1945）先生在《喻母古读考》一文中提出的观点。"喻"母只有三等字和四等字。曾氏认为，喻母三等字在上古应归匣母，四等字应归定母。

曾氏把"喻三"称为"于"母，"喻四"仍称"喻"母。他说："于母古隶牙声匣母，喻母古隶舌声定母，部仵秩然，不相陵犯。"关于"喻三归匣"，曾氏举例说："古读营如环"、"古读瑗如奂"、"古读援如换"、"古读羽如扈"、"古读于如乎"、"古读围如回"、"古读员如魂"、"古读域如或"、"古读盂如狐、如壶"、"古读有如或"、"古读王如皇"、"古读往如皇"，等等。关于"喻四归定"，曾氏举例说："古读夷如弟"、"古读余如荼"、"古读易如狄"、"古读逸如迭"、"古读欲如犹，实如独"、"古读渝如偷"、"古读揄如舀"、"古读攸如调"、"古读由如条"、"古读也如它"、"古读弋如代"、"古读引如田"、"古读延如诞"、"古读甬如桶"，等等。

现代许多学者认为，"喻三归匣"（"归"是"并入"之意）确定无疑，但"喻四归定"的"归"，只是"靠近"，而不是"归入"。因此，"喻四"在上古应独立，改称"余"母（亦称"喻母"）。

"喻三归匣，喻四归定"实际上是说中古的"喻"母字是由上古"匣"母中分化出来的一部分字与上古"余"母字合并而来。

根据以上五个重要观点，我们可以得出如下结论：上古的声母共 32 个，即"帮滂並明，端透定泥，精清从心邪，庄初崇山，章昌船书禅，见溪群疑，影晓匣余，来日"。在王力先生主编的《古代汉语》第二册上，有《上古声母常用字归类表》，可参阅。

现将上古32声母的发音部位、发音方法及其拟音列表如下：

上古三十二声母及其拟音表

| 发音方法<br>发音部位 | 全清 | 次清 | 全浊 | 次浊 |
|---|---|---|---|---|
| 唇音 | 帮(非)[p] | 滂(敷)[p‘] | 並(奉)[b] | 明(微)[m] |
| 舌音 | 端(知)[t] | 透(彻)[t‘] | 定(澄)[$d_1$]<br>余(喻四)[$d_2$] | 泥(娘)[n] |
| | 章(照三)[ʨ]<br>書(审三)[ɕ] | 昌(穿三)[ʨ‘] | 船(床三)[ʥ]<br>禅 [ʑ] | |
| 齿音 | 精[ts]<br>心[s] | 清[ts‘] | 从[dz]<br>邪[z] | |
| | 庄(照二)[ʧ]<br>山(审二)[ʃ] | 初(穿二)[ʧ‘] | 崇(床二)[ʤ] | |
| 牙音 | 见[k] | 溪[k‘] | 群[g] | 疑[ŋ] |
| 喉音 | 影[○]<br>晓[x] | | 匣(喻三)[ɣ] | |
| 半舌音（舌尖中音） | | | | 来 l[l] |
| 半齿音（舌面前音） | | | | 日[ȵ] |

[注意]“庄初崇山”的拟音，一般比“章昌船书禅”拟音的舌位靠前些，也有人把前者拟为[tʂ，tʂ‘，dʐ，ʂ]，把后者拟为[ʧ，ʧ‘，ʤ，ʃ，ʒ]。

## 二、上古的韵母系统

研究上古韵母系统最重要的材料，是《诗经》、《楚辞》等先秦韵文。从宋代开始，就有人研究上古的韵母系统了。但由于中古时期人们不了解语言是变化的，误以为古今语音是一致的，因而走了很长一段弯路。

南北朝时，人们读《诗经》，觉得不少地方押韵不协。他们不懂得这是古今音变的结果，却以为是古人做诗时为了协韵，临时改读某些字的音。于是，他们就改音读诗以求谐和，并把这种情况称为“叶韵”、“协句”。例如，《邶风·燕燕三章》：“燕燕于飞，上下其音。之子于归，远送于南。瞻望弗及，实劳我心。”唐陆德明《经典释文》在“南”字下引南梁沈重《诗音义》云：“协句，宜乃林反。”意思是：如果“南”读本音“那含反”，就不押韵了，应临时改读“乃林反”。其实，“南”和“音”、“心”上古同属一个韵部（侵部）。到了唐代，竟出现了改经之事。唐玄宗读《尚书·洪范》“无偏无颇，遵王之义”句，认为“颇”与“义”不协，就敕改“颇”为“陂”。实际上，“颇”和“义”上古同属“歌”部。宋代的朱熹，在《诗集传》中，全面采用“叶音”说。“叶”（xié）义为“协”，叶音即强改字音以求今读谐和。如《秦风·无衣》二章：“岂曰无衣，与子同泽。王于兴师，修我矛戟，与子偕作。”朱熹注“泽”字“叶徒洛反”，“戟”字“叶讫约反”。其实，“泽、戟、作”三字上古同属“铎”部。同一个“家”字，用在不同的地方，朱熹分别注为“叶古胡反”、“叶古乎反”、“叶音谷”，等等。这种随意改读字音的做法，是不科学的。

真正使古音研究走上科学道路的开路先锋，是明末学者陈第（1541—1617）。他在《毛诗古音考》中指出：“时有古今，地有南北，字有更革，音有转移。”他从时间和空间两个方面说明了语音的发展变化，否定了“叶音”说，为古音研究提供了正确的理论。

古韵学的奠基人，是明末清初的大学者顾炎武（1613—1682）。顾氏著《音学五书》、《韵补正》，分古韵为十部。后代学者在顾氏十部的基础上，把古韵越分越细：江永（1681—1762）著《音学辨微》、《古韵标准》，分古韵为十三部；段玉裁（1735—1815）著《六书音均表》，分为十七部；孔广森（1752—1786）著《诗声类》，分为十八部；王念孙（1744—1832）著《诗经群经楚辞韵谱》、《韵谱》、《合韵谱》，分为二十一部；江有诰（？—1851）著《音学十书》、《诗经韵读》，也分为二十一部；章炳麟著《国故论衡》，分为二十三部；戴震（1723—

1777)著《声类考》、《声类表》，分为二十五部；黄侃著《黄侃论学杂著》，分为二十八部。当代著名学者王力（1900—1986）先生著《汉语语音史》，考订《诗经》时代古韵为二十九部，《楚辞》时代为三十部。我们即以王力先生的古韵三十部作为上古韵母系统的研究结论。在王力主编《古代汉语》第二册上，有《上古韵部及常用字归部表》，可参阅。

现将王力所订上古三十韵部名称及其拟音列表如下：

上古十一类三十韵部及其拟音表

| | 阴声韵 | 入声韵 | 阳声韵 |
|---|---|---|---|
| 第一类 | 之[ə] | 职[ək] | 蒸[əŋ] |
| 第二类 | 幽[u] | 觉[uk] | 冬[uŋ] |
| 第三类 | 宵[o] | 药[ok] | |
| 第四类 | 侯[ɔ] | 屋[ɔk] | 东[ɔŋ] |
| 第五类 | 鱼[ɑ] | 铎[ɑk] | 阳[ɑŋ] |
| 第六类 | 支[e] | 锡[ek] | 耕[eŋ] |
| 第七类 | 歌[ai] | 月[at] | 元[an] |
| 第八类 | 脂[ei] | 质[et] | 真[en] |
| 第九类 | 微[əi] | 物[ət] | 文[ən] |
| 第十类 | | 缉[əp] | 侵[əm] |
| 第十一类 | | 叶[ap] | 谈[am] |

## 三、上古的声调系统

关于上古的声调，历来众说纷纭。有代表性的观点是：

1. 陈第认为“四声之辨，古人未有”，即古无四声。

2. 王念孙、江有诰认为古有四声。

3. 段玉裁认为古无去声，“考周秦汉初之文，有平、上、入而无去。洎乎魏晋，上入声多转而为去声，平声多转为仄声，于是乎四

声大备，而与古不侔”。(《六书音均表》)

4. 孔广森认为古无入声。

5. 黄侃认为古无上、去二声。他说：“古无去声，段君所说。今更知古无上声，惟有平、入而已。”(《音略》)

6. 王力先生认为上古为平、入二声，又各分长短，即有长平、短平、长入、短入四声。上古的长平到中古仍读平声，短平到中古变成上声(一部分变成去声)，长入变成中古去声，短入成为中古入声。

我们以王力先生的观点作为上古声调系统研究的结论，即上古有长平、短平、长入、短入四个声调。

## 复习思考题

1. 何谓“古无轻唇音”？请以《新华字典》上形声字的谐声偏旁为例说明之。
2. 何谓“古无舌上音”？请举例说明。
3. 何谓“娘日归泥”？
4. 何谓“照二归精，照三归端”？
5. 何谓“喻三归匣，喻四归定”？请举例说明。
6. 默出上古三十二声母及其拟音表。
7. 何谓“叶音”(叶韵)？它为什么是不科学的？
8. 为什么说陈第是使古音研究走上科学道路的开路先锋？
9. 默写上古十一类三十韵部及其拟音表。
10. 上古有哪几个声调？
11. 标点并翻译短文：

①夫天地者万物之逆旅光阴者百代之过客而浮生若梦为欢几何古人秉烛夜游良有以也况阳春召我以烟景大块假我以文章会桃李之芳园序天伦之乐事群季俊秀皆为惠连吾人咏歌独惭康乐幽赏未已高谈转清开琼筵以坐花飞羽觞而醉月不有佳作何伸雅怀如诗不成罚依金谷酒

数　(李白《春夜宴桃李园序》)

[大块——天地。　文章——天地万物构成的花纹图案。　惠连——谢惠连,南朝诗人谢灵运之族弟,擅长诗文书画。　康乐——指世袭康乐公的谢灵运。　羽觞——两边有耳的椭圆形酒杯。　金谷酒数——金谷园宴会规矩罚酒三杯。]

②盖闻王者莫高于周文伯者莫高于齐桓皆待贤人而成名今天下贤者智能岂特古之人乎患在人主不交故也士奚由进今吾以天之灵贤士大夫定有天下以为一家欲其长久世世奉宗庙亡绝也贤人已与我共平之矣而不与吾共安利之可乎贤士大夫有肯从我游者吾能尊显之布告天下使明知朕意　(《汉书·高帝纪》)

[伯者——也作“霸者”。　定有天下——平定享有天下。]

## 第五节　近代的语音系统

近代的语音系统同中古相去甚远,而同现代比较接近。

研究近代语音最重要的材料,是元代周德清作于 1324 年的《中原音韵》和明代兰茂作于 1442 年的《韵略易通》。

《中原音韵》是一部曲韵专书,它是依照元代大都(北京)实际口语、为了北曲的创作而写的,它完整地记录了元代北方话的语音系统。《韵略易通》则是以当时的云南官话为准的韵书,“书中讲述的显然是北方的普通话”(王力《汉语语音史》)。下面,就以这两部书为代表,来谈近代的语音系统。

### 一、近代的声母系统

#### (一)从中古到近代声母演变的情况

中古的三十六字母,到了《中原音韵》时代,发生了很大的变化。根据罗常培等学者的研究,主要变化是:

1.“並、奉、定、澄、从、邪、床、禅、群、匣”这 10 个全浊声母都消失了,分别归入相应的全清或次清声母。变化的规律是:全浊声母仄声字归入全清,全浊声母平声字归入次清;“邪、禅、匣”三母分别归入“心、审、晓”三母。例如,“罢败被备抱步部拔耙帛”和“蒲菩葡爬皮婆培陪袍牌”都属中古全浊“並”母,前10例是仄声字,近代并入全清“帮”母;后10例是平声字,近代并入次清“滂”母。又如,“何河合盍曷活祸或胡乎互户颔憾酣杭恒横宏红”20字在中古均属全浊“匣”母,到了近代,不论平仄,一律归入“晓”母。这种变化,叫“全浊音清化”。

2.“敷”母并入“非”母(即原“非、敷、奉”三母合一);“知、彻”并入“照、穿”(即原“知、彻、澄”和“照、穿、床”六母合并为“照”、“穿”二母);“娘”母并入“泥”母;“疑”母一分为二,分别并入“泥”、“影”二母;“喻”母一分为二,分别并入“晓”、“影”二母,等等。

3. 有些声母的读音发生了变化,即:“照”母读 zh[tʂ],“穿”母读 ch[tʂʻ],“审”母读 sh[ʂ],“日”母读 r[ʐ],“微”母读[v]。

由上述变化可知,《中原音韵》时代的声母是20个。用三十六字母中的字母来表示,即:

帮(並)b、滂(並)p、明 m、非(敷奉)f、微[v]

端(定)d、透(定)t、泥(娘疑)n、来 l

见(群)g、溪(群)k、晓(匣喻)h、影(疑喻)[〇]

照(知床澄)zh、穿(彻床澄禅)ch、审(床禅)sh、日 r

精(从照)z、清(从穿)c、心(审邪床)s

在《中原音韵》一书中,作者用下列20字代表20声类:崩烹蒙风亡东通脓龙钟充双戎宗惚嵩工空邕烘。

在《韵略易通》中,用一首《早梅诗》来代表当时的声母系统,与上述20声类正好吻合:

| | | | | |
|---|---|---|---|---|
| 东 d | 风 f | 破 p | 早 z | 梅 m |
| 向 h | 暖 n | 一[〇] | 枝 zh | 开 k |
| 冰 b | 雪 s | 无[v] | 人 r | 见 g |
| 春 ch | 从 c | 天 t | 上 sh | 来 l |

这就是近代的声母系统。

用近代的这20个声母同现代的22个声母相比,有两点差异:

1. 近代还保留"微"母,读[v];到了现代,"微"母则并入"影(疑喻)"母,成为零声母。

2. 近代比现代少了j、q、x这三个舌面辅音声母。

(二)现代声母j、q、x的来源

现代j、q、x这三个舌面辅音声母,是由近代喉牙音声母g、k、h和舌尖前音声母z、c、s(即近代"见、溪、晓"和"精、清、心")腭化而来的。所谓"腭化",是指g、k、h和z、c、s长期处在细元音i或ü前面,发音时舌位提高,接近硬腭,由喉牙音和舌尖前音变成了舌面音j、q、x的变化过程。例如,"肌、启、香"和"酒、秋、絮"这六个字,在中古分属"见、溪、晓"和"精、清、心"六母;到了现代,由于腭化作用,"肌"、"酒"声母变成j,"启"、"秋"声母变成q,"香"、"絮"声母变成x。

为了说明j、q、x的来源,还必须了解"尖音"和"团音"这两个术语。

所谓"尖音",是指声母z、c、s同以i、ü为韵头或韵腹的韵母相拼的音节。所谓"团音",是指g、k、h同以i、ü为韵头或韵腹的韵母相拼的音节。尖音、团音的名称,是清代无名氏《团音正考》一书提出的,书中说:"试取三十六字母审之,隶'见溪群晓匣'者属团,隶'精清从心邪'者属尖。"

团音的腭化,大约在16世纪以后即已实现;而尖音的腭化,大约到清末才开始。在现代汉语中,把j、q、x同以i、ü为韵头或韵腹的韵母相拼的音节叫团音(即已腭化的原见系齐齿呼、撮口呼字),把z、c、s同以i、ü为韵头或韵腹的韵母相拼的音节叫尖音(即未腭化的原精系齐、撮字),京剧唱腔和韵白讲究"分尖团",现代吴方言部分地区(如苏州)和北方话少数地区(如开封、赣榆)仍分尖团。这实际上反映了近代团音腭化在先、尖音腭化在后(某些地区尖音仍未腭化)的语音状况。例如,在京剧中,在苏州、开封等地,见系"经、轻、兴"分别念 jīng、qīng、xīng,而精系"精、青、星"则念 zīng、cīng、sīng,分尖团;而在普通话中,"经、精"均念 jīng,"轻、青"均念 qīng,"兴、星"均念 xīng,不分尖团。

j、q、x 是由中古到近代再到现代的历史音变中所产生的三个新音位。其中来源于见系的字约占三分之二,来源于精系的字约占三分之一。在产生 j、q、x 这三个舌面辅音声母的语音演变中,有两种情况:

1. 全浊辅音清化(由中古到近代):

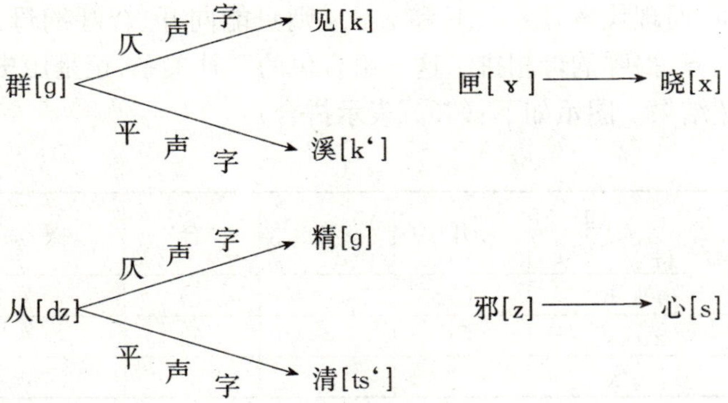


2. 团音和尖音的腭化(由近代到现代):

近代"见、溪、晓"和"精、清、心"如果同开口呼、合口呼韵母相拼,读音一律不变,仍念 g、k、h 和 z、c、s;如果同齐齿呼、撮口呼韵母相拼,到了现代,则发生腭化,读音变成 j、q、x。

综上所述,现代汉语 j、q、x 的来源是(从中古说起):

j:①见母,如:家夹皆街揭介戒诀鸡奇肌基急加假贾居举句几

②群母,如:近极技妓骑忌轿舅咎旧俭件健仅墐竞倔巨具剧

③精母,如:嗟姐借祭际挤焦酒尖歼接浸煎溅节津进晋俊将

④从母,如:集疾蒺藉籍剂寂就渐践贱尽静靖净聚鹫荐匠婧

q:①溪母,如:去启弃企欺起杞岂气巧丘恰掐欠怯歉钦泣遣圈
②群母,如:群穷强期侨球钳黔琴芹勍禽瘸渠瞿劬权拳蜷裙
③清母,如:妻砌悄俏秋签妾侵辑迁浅切亲七漆枪鹊趋取娶
④从母,如:齐祁耆其旗淇祺祈颀樵谯遒潜钱前秦情晴泉全
x:①晓母,如:虾虚许牺戏喜希孝晓休朽险瞎轩宪献显喧勋胸
②匣母,如:兮奚肴效咸衔嫌弦贤限现县形学穴玄眩幸杏刑
③心母,如:胥须需西洗细霄小笑萧修羞秀纤鲜仙线雪选悉
④邪母,如:夕习袭席袖岫羡徐序叙绪续旋寻循旬巡驯殉徇

正因为现代声母 j、q、x 是由近代的尖音和团音腭化而来,因此,它们只能同齐齿呼、撮口呼韵母相拼,不能同开口呼、合口呼韵母相拼;而现代声母 g、k、h 和 z、c、s 则只能同开、合呼韵母相拼,不能同齐、撮呼韵母相拼。这三组音位的互补关系,正是历史音变的必然结果。图示如下:("○"表示拼合)

| 四呼 / 声母 | 开 | 齐 | 合 | 撮 |
|---|---|---|---|---|
| g、k、h | ○ | | ○ | |
| z、c、s | ○ | | ○ | |
| j、q、x | | ○ | | ○ |

下面,我们列表说明从中古到现代声母演变的主要规律:

从中古到现代声母演变规律表

| 三十六字母 | 《中原音韵》二十声类 | 《早梅诗》二十字 | 现代二十二声类 | 三十六字母 | 《中原音韵》二十声类 | 《早梅诗》二十字 | 现代二十二声类 | 三十六字母 | 《中原音韵》二十声类 | 《早梅诗》二十字 | 现代二十二声类 |
|---|---|---|---|---|---|---|---|---|---|---|---|
| 帮 | 崩 | 冰 | b | 知 | (锺) | (枝) | (zh) | 审 | 双 | 上 | sh |
| 滂 | 烹 | 破 | p | 彻 | (充) | (春) | (ch) | 禅 | (双充) | (上春) | (sh,ch) |
| 並 | (崩烹) | (冰破) | (b,p) | 澄 | (锺充) | (枝春) | (zh,ch) | 見 | 工 | 見 | (g,j) |

| | | | | | | | | | | | |
|---|---|---|---|---|---|---|---|---|---|---|---|
| 明 | 蒙 | 梅 | m | 娘 | (脓) | (暖) | (n) | 溪 | 空 | 开 | k,q |
| 非 | 风 | 风 | f | 精 | 宗 | 早 | z,j | 群 | (工空) | (見开) | (g,k,j,q) |
| 敷 | | | | 清 | 惚 | 从 | c,q | 疑 | (邕) | (一) | ([o]) |
| 奉 | | | | 从 | (宗惚) | (早从) | (z,c,j,q) | 影 | 邕 | 一 | ([o]) |
| 微 | 亡 | 无 | [o] | 心 | 嵩 | 雪 | s,x | 晓 | 烘 | 向 | h,x |
| 端 | 东 | 东 | d | 邪 | (嵩) | (雪) | (s,x) | 匣 | (烘) | (向) | (h,x) |
| 透 | 通 | 天 | t | 照 | 锺 | 枝 | zh | 喻 | (邕) | (一) | ([o]) |
| 定 | (东通) | (东天) | (d,t) | 穿 | 充 | 春 | ch | 来 | 龙 | 来 | l |
| 泥 | 脓 | 暖 | n | 床 | (锺充) | (枝春) | (zh,ch) | 日 | 戎 | 人 | r |

## 二、近代的韵母系统

近代的韵母系统，一般以《中原音韵》为代表。

### (一)《中原音韵》韵母的特点

根据现代音韵学家研究，同中古的《广韵》相比，《中原音韵》在韵母方面有以下几个特点：

1. 入声韵尾[p,t,k]已经消失，全部变成了阴声韵。

2. 收[m]尾的闭口韵仍然存在(这同《广韵》相同)。

3. 分韵标准不同于《广韵》。《广韵》是按照平、上、去、入四声来分韵的，而《中原音韵》则不计声调差别，四声统归一韵，共分十九个韵部。

4. 产生了[ɿ,ʅ]这两个舌尖元音韵母，这是《广韵》中所没有的。

### (二)《中原音韵》的韵母系统

《中原音韵》共有十九个韵部，即：东钟、江阳、支思、齐微、鱼模、皆来、真文、寒山、桓欢、先天、萧豪、歌戈、家麻、车遮、庚青、尤侯、侵寻、监咸、廉纤。

这十九个韵部，实际上只有四十几个韵母。现在以王力先生的观点为基础，参照其他一些学者的看法，拟订《中原音韵》十九韵部所代表的42个韵母如下（以现代拼音字母和国际音标注音）：

1. 东钟：ong，iong
2. 江阳：ang，iang，uang
3. 支思：-i[ɿ，ʅ]
4. 齐微：ei，i，uei
5. 鱼模：u，ü
6. 皆来：ai，uai
7. 真文：en，in，uen，ün
8. 寒山：an，uan
9. 桓欢：[on，uon]
10. 先天：ian，üan
11. 萧豪：ao，iao
12. 歌戈：o，uo
13. 家麻：a，ia，ua
14. 车遮：ie，üe
15. 庚青：eng，ing，ueng
16. 尤侯：ou，iou
17. 侵寻：[em，im]
18. 监咸：[am]
19. 廉纤：[iam]

这就是近代的韵母系统。

（三）近代与现代韵母系统的比较

近代的韵母系统同现代普通话的韵母系统相比，多了[on、uon、em、im、am、iam]六个，少了e、er两个（ê不算）。

由近代到现代，韵母系统发生了三大变化：

1. 由“歌戈”部发展出 e，由“支思”部发展出 er。

2. “桓欢”部并入“寒山”部，即[on]和[uon]分别并入 ɑn 和 uɑn。

3. 闭口韵“侵寻”([em、im])并入“真文”(en、in)，“监咸”([am])并入“寒山”(ɑn)，“廉纤”([iam])并入“先天”(iɑn)，即韵尾[m]并入[n]，闭口韵消失。

这样，就由近代 42 个韵母发展成现代 38 个韵母(ê 不算)。

## 三、近代的声调系统

### (一)《中原音韵》声调的特点：

同中古平、上、去、入四声相比，《中原音韵》在声调上有两个特点：

1. 平分阴阳

平声在中古是一个调类，到了元代，分化为阴平和阳平两个调类。分化的规律是：

1)凡中古全清声母和次清声母的平声字，一律变为阴平。如“刚知专尊丁边安”、“开超初粗天偏”、“婚商三飞”等。

2)凡中古全浊声母和次浊声母的平声字，一律变为阳平。如“穷陈床才唐平”、“寒时详扶”、“鹅娘人龙难麻文云”等。

例外的情况极为罕见。

根据这两条规律，可反推《广韵》中声母的清浊：凡古平声字在现代普通话中读阴平的，可推知它在《广韵》中是清声母字；凡古平声字在现代普通话中读阳平的，可推知它在《广韵》中是浊声母字。

2. 入派三声

中古的入声字，在《中原音韵》中一律不念入声，而念成平、上、去声。周德清指出：“音韵无入声，派入平上去三声。”但他又强调：“入声派入平上去三声者，以广其押韵，为作词而设耳。然呼吸言语之间，还有入声之别。”可见，周氏认为在元代的口语中，还存在入声。现代不少学者认为，元代口语中还存在入声，但入声字已不以[p,t,k]收尾，而以喉塞音[ʔ]收尾；明清以后，入声才真正消失。

(二)近代的声调系统

根据前文所述，元代的声调共五个，即：阴平、阳平、上声、去声、入声。明清以后，入声在口语中逐渐消失，只剩下阴平、阳平、上声、去声四个声调，一直延续到现代。

(三)从近代到现代声调系统的变化

从近代到现代，几百年的时间里，声调系统主要有两大变化：

1. 入声消失，分别变为阴平、阳平、上声、去声。

变化的规律是：

1)原全浊声母入声字归阳平。如“白伏达族舌及熟局宅食杂读合俗服”等。

2)原次浊声母入声字归去声。如“莫物纳力入月亦岳六麦药木辣业越浴”等。

3)原全清、次清声母入声字分别归四声，无具体规律。如“八发托七织积出黑劈割捉刮忽”归阴平，“福德足急职革竹得菊觉决”归阳平，“北法塔铁笔百尺蹶雪谷乙”归上声，“必迫腹作策设郁酷触作龊”归去声，等等。

中古入声字到了现代，有10%归入阴平，34%归入阳平，4%归入上声，52%归入去声。

2. 原全浊声母上声字归去声，而原次浊、全清、次清声母上声字仍读上声。

例如：“是近坐社似父柱淡倍亥抱厚”等字，念成了去声，而“五女染老暖买武有”、“古展纸走短比袄碗”、“口丑楚草体普”、“好手死粉”等字，仍念上声。

这样，元代的五个声调，就变成了现代的四个声调。

下面，我们列表说明从中古到现代声调演变的规律：

从中古到现代声调演变规律表

(中古四声按声母清浊各分阴阳，括号里的是例字)

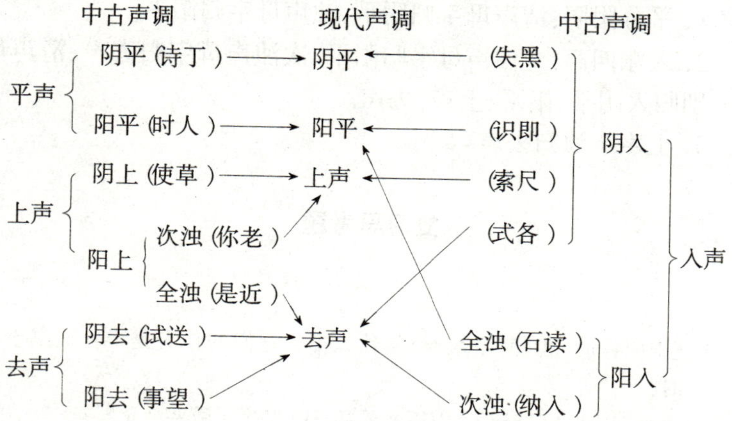


这张表我们应当熟记。记住下面这四句话,对于熟记上表极有帮助:

“平声阴阳清浊分,上声全浊归去声,

入声全浊归阳平,入声次浊归去声。”

综上所述,我们可以把从中古到现代语音变化的主要规律归纳如下:

(一)声母方面——声类简化

1. 全浊声母清化,仄声字归全清,平声字归次清。

2. 喉牙音和舌头音腭化,产生了 j、q、x。

3. 部分声母归并(“敷知彻娘疑喻”等),部分声母音变(“照穿审日微”)。

(二)韵母方面——韵类简化

1. 入声韵消失,并入阴声韵。

2. 阳声韵中收[m]尾的闭口韵消失,并入收[n]尾的开口韵。

3. 阳声韵中[ɔn]韵并入[an]韵。

(三)声调方面——调类分化

1. 平分阴阳:清声母字归阴平,浊声母字归阳平。

2. 入派四声:全浊声母字归阳平,次浊声母字归去声,清声母字分别归入阴平、阳平、上声、去声。

3. 上声全浊归去声。

## 复习思考题

1.《中原音韵》和《韵略易通》是什么书?它们的作者是谁?成书于何时?
2. 中古三十六字母到了《中原音韵》时代,发生了哪些变化?
3.《中原音韵》时代有几个声母?默写《早梅诗》及其所代表的声母。
4. 详述现代声母 j、q、x 的来源及语音变化过程(从中古说起)。
5. 何谓"腭化"?请举例说明。
6. 什么是"尖音"、"团音"?
7. 在现代汉语中,京剧和某些方言"分尖团",这反映了怎样的语音状况?
8. 在现代汉语中,为什么声母 g、k、h 和 z、c、s 只能同开、合呼韵母相拼,而 j、q、x 则只能同齐、撮呼韵母相拼,形成互补关系?
9. 请自己设计一张从上古到现代声母演变规律表,要将从上古到现代声母变化的种种规律和现代 22 个声母的来源都表达清楚。
10. 同《广韵》相比,《中原音韵》在韵母方面有哪些特点?
11. 默写《中原音韵》十九韵部。
12. 由近代到现代,韵母系统发生了哪些变化?
13. 同中古平、上、去、入四声相比,《中原音韵》在声调上有什么特点?
14. 元代的阴平、阳平、上声、去声、入声五个声调,是怎样变成现代的阴平、阳平、上声、去声四个声调的?
15. 请列表说明从中古到现代声调演变的规律。(要努力把表设计得有

个性、便记忆)

16. 简述从中古到现代语音变化的主要规律。

17. 标点并翻译短文:

①山不在高有仙则名水不在深有龙则灵斯是陋室惟吾德馨苔痕上阶绿草色入帘青谈笑有鸿儒往来无白丁可以调素琴阅金经无丝竹之乱耳无案牍之劳形南阳诸葛庐西蜀子云亭孔子云何陋之有 (刘禹锡《陋室铭》)

[素琴——清雅的琴瑟。 金经——用泥金书写的佛经。 诸葛庐——诸葛亮隐居的茅庐。 子云亭——西汉扬雄居住的简陋草亭(房)。]

②太史公曰诗有之高山仰止景行(háng)行止虽不能至然心乡往之余读孔氏书想见其为人适鲁观仲尼庙堂车服礼器诸生以时习礼其家余低回留之不能去云天下君王至于贤人众矣当时则荣没则已焉孔子布衣传十余世学者宗之自天子王侯中国言六艺者折中于夫子可谓至圣矣 (《史记·孔子世家》)

[景行——大路。 乡往——向往。 低回——徘徊。]

③臣闻地广者粟多国大者人众兵强则士勇是以泰山不让土壤故能成其大河海不择细流故能就其深王者不却众庶故能明其德是以地无四方民无异国四时充美鬼神降福此五帝三王之所以无敌也今乃弃黔首以资敌国却宾客以业诸侯使天下之士退而不敢西向裹足不入秦此所谓藉寇兵而赍盗粮者也夫物不产于秦可宝者多士不产于秦而愿忠者众今逐客以资敌国损民以益仇内自虚而外树怨于诸侯求国无危不可得也 (李斯《谏逐客书》)

[藉寇兵而赍盗粮——借给敌寇兵器,送给盗贼粮食。 怨——仇恨。]

## 第六节 近体诗的格律

中国历来被称为诗歌王国。从汉魏六朝到唐宋,是中国古代诗歌的高产期。就诗体而言可分为两类:古体诗(古诗)和近体诗

(格律诗)。在本节中,我们就来介绍一下近体诗的格律,顺带讲讲古体诗的有关情况。

## 一、古体诗(古诗)的范围和写作特点

### (一)古体诗(古诗)的范围

汉魏六朝诗,一般称为“古诗”,它包括汉魏的乐府古辞、南北朝的乐府民歌和汉魏六朝的文人诗。著名的两汉乐府民歌、古诗十九首和曹操、曹植、陈琳、左思、陶潜、谢灵运、鲍照、谢朓、庾信等人的诗作,都属“古诗”。古诗不讲究平仄和对仗。唐宋时期,有许多诗人,如王维、李白、杜甫、白居易、高适、李贺、苏轼等,也经常仿照古诗的作法写诗,不受平仄、对仗等格律限制。他们的这些诗作,一般称为“古体诗”,又叫“古风”。

“乐府”本是官署之名,其名产生于秦代,汉武帝时乐府规模很大。乐府的任务是采集民歌和民间音乐进行加工整理,并掌管朝会宴飨、道路游行时所用的音乐。《文心雕龙·乐府》云:“凡乐辞曰诗,诗声曰歌。”意思是:诗指歌辞,歌指与诗相配的乐曲,而乐府则兼指诗和歌。后来,按乐府体裁写的诗,虽未配乐,也称乐府。如汉朝的《陌上桑》、《东门行》,南北朝的《子夜歌》等,都是乐府。

### (二)古诗的字数和句数

古诗以五言诗为主(“五言”即每句五个字),也有四言、六言、七言诗,以及杂言诗。如《古诗十九首》、曹植《白马篇》、左思《咏史》、陶潜《饮酒》、谢灵运《登池上楼》等均为五言诗,曹操《步出夏门行》为四言诗,曹丕《燕歌行》为七言诗,六言诗罕见。乐府诗中有许多是杂言诗,如著名的汉乐府民歌《有所思》、《上邪》、《孤儿行》、北魏民歌《木兰诗》等,均为杂言诗。唐宋的古体诗,多为五言或七言,简称“五古”或“七古”,也有杂言诗。如李白的《侠客行》、杜甫的《北征》、《自京赴奉先县咏怀五百字》等,均为五古;杜甫的《哀江头》、《岁晏行》、白居易的《长恨歌》、《琵琶行》、苏轼的《荔枝

叹》、陆游的《长歌行》等，均为七古；李白的《蜀道难》、《梦游天姥吟留别》等，均为杂言诗，三、四、五、七、九、十一言杂用，但由于以七言诗句为主，一般也算七古。

古体诗的句数是自由的，没有固定要求，因而全诗的句数也是不固定的。

古诗的一个重要特点，是多用口语词汇，明白易懂，便于诵读，显示或保留了民歌的特色。唐宋的古体诗，也发扬了这个优良传统。

（三）古诗的押韵

1. 古诗的韵例

古诗一般讲究押韵。其韵例（用韵的具体规则）继承了《诗经》的传统，通常是隔句用韵的句尾韵，即逢双的句子最后一个字用韵；首句多不入韵，但也可入韵；多为一韵到底，但也可中间换韵；可以押平声韵，也可以押仄声韵（上、去、入为仄声）。有些七言古诗句句押韵，人称“柏梁体”。也有一些古诗有的段落押韵，有的段落不押韵，等等。总的来看，古诗的押韵，比较自由。例如：

迢迢牵牛星，皎皎河汉女。
纤纤擢素手，札札弄机杼。
终日不成章，泣涕零如雨。
河汉清且浅，相去复几许？
盈盈一水间，脉脉不得语。
——《古诗十九首·迢迢牵牛星》

这首五言古诗是典型的隔句用韵的句尾韵，首句不入韵，全诗一韵到底，押的是仄声韵（上声）。

又如：

上邪！
我欲与君相知，
长命无绝衰。
山无陵，
江水为竭，
冬雷震震，
夏雨雪，
天地合，
乃敢与君绝。

——《汉乐府民歌·上邪》

这首民歌二、三两句“知”、“衰”押韵，平声；五、七、九句“竭”、“雪”、“绝”押韵，仄声(入声)。

2．古诗的韵部

汉魏古诗的韵部，接近上古韵部，但用韵较宽，邻韵可以通押。例如：

东临碣石，以观沧海。
水何澹澹，山岛竦峙。
树木丛生，百草丰茂。
秋风萧瑟，洪波涌起。
日月之行，若出其中；
星汉灿烂，若出其里。
幸甚至哉，歌以咏志。

——曹操《步出夏门行·观沧海》

这首诗共六个韵脚字，即“海、峙、茂、起、里、志”。其中“茂”在上古属“幽”部，其余五字属“之”部，是之幽合韵。

六朝以后唐宋古体诗的韵部，则接近中古韵部，即《切韵》音系的韵部，以及由《切韵》等发展而来的“平水韵”(即“诗韵”，详见下文)韵部。但用韵较宽，邻韵可通押。例如：

大车扬飞尘，亭午暗阡陌。
中贵多黄金，连云开甲宅。
路逢斗鸡者，冠盖何辉赫！
鼻息干虹蜺，行人皆怵惕。
世无洗耳翁，谁知尧与跖？
——李白《古风五十九首·大车扬飞尘》

这首诗共五个韵脚字，即“陌、宅、赫、惕、跖”。其中“陌、宅、赫”属《广韵》和“平水韵”中的“陌”韵，“惕”属《广韵》“锡”韵，“跖”属《广韵》“昔”韵，“惕、跖”均属“平水韵”中的“锡”韵。这首诗是邻韵通押。

(四)古诗的对仗

古诗在形式上并不要求对仗。但是，随着骈体文在魏晋时代形成和在南北朝时代的盛行，古诗在写作上也受到了影响，不少诗人也将对仗运用到诗作之中。例如：

灞涘望长安，河阳视京县。
白日丽飞甍，参差皆可见。
余霞散成绮，澄江静如练。
喧鸟覆春洲，杂英满芳甸。
去矣方滞淫，怀哉罢欢宴。
佳期怅何许，泪下如流霰。
有情知望乡，谁能鬒不变？
——谢朓《晚登三山还望京邑》

这首诗的一、二两句，五、六两句，七、八两句，都对仗得很工整。但从这首诗也可看出，对仗是很随意的，并无固定要求。

也有许多古体诗（古风）全篇不用对仗。例如：

> 夜静群动息，蟪蛄声悠悠。
> 庭槐北风响，日夕方高秋。
> 思子整羽翮，及时当云浮。
> 吾生将白首，岁晏思沧洲。
> 高足在旦暮，肯为南亩俦。
> ——王维《秋夜独坐怀内弟崔兴宗》

这首诗共十句，没有一处用对仗。

可见，古体诗在对仗的运用上是自由的，对仗只不过是古体诗的一种修辞手段罢了。

**二、近体诗的范围**

南朝齐永明年间（“永明”是齐武帝萧赜的年号，公元483—493），随着平、上、去、入四声的发现，沈约、谢朓等著名诗人倡导在诗歌创作中要协调音律，讲究平仄，强调一句诗中平仄要间隔运用，使诗歌声调有起伏变化。这样，就产生了所谓“永明体”诗歌。例如：

> 方舟泛春渚，携手趋上京。
> 安知慕归客，讵忆山中情。
> 香风蕊上发，好鸟叶间鸣。
> 挥袂送君已，独此夜琴声。
> ——谢朓《送江兵曹、檀主簿、朱孝廉还上国》

永明体诗歌是古体诗到近体诗的过渡形式。

到了唐代，诗歌创作上发展出了一种以讲究平仄和对仗为基本特点的格律诗，即所谓“近体诗”。近体诗又叫“今体诗”（也就是人们常讲的“格律诗”或“律诗”），是相对于不受平仄、对仗等格律限制、形式自由的“古体诗”而言的。近体诗同古体诗的差异，主要表现在四个方面：①字数和句数固定；②押韵严格；③讲究平仄；④要求对仗。

近体诗在唐代形成了创作的高峰，涌现了一大批才华横溢的著名诗人，其中最杰出的诗人是李白、杜甫、王维、孟浩然、高适、岑参、刘禹锡、白居易、杜牧、李商隐等。宋明以后，直至近、现代，也有许多诗家按照律诗的要求进行创作，他们的作品也属于近体诗范畴。

## 三、近体诗的字数和句数

近体诗在字数上有严格的限制，只有“五言”（每句五字）、“七言”（每句七字）两种。近体诗可分为两类：

### （一）律诗

律诗主要有“五律”和“七律”两种。五律是“五言律诗”的简称，每首诗八句，每句五个字，全诗共四十个字。七律是“七言律诗”的简称，每首诗八句，每句七个字，全诗共五十六个字。此外，还有所谓“排律”（又叫“长律”），其句数超过八句，一般为五言，七言罕见。例如：

见说南来处，苍梧接桂林。
过秋天更暖，边海日长阴。
巴路缘云出，蛮乡入洞深。
信回人自老，梦到月应沉。

碧水通春色，青山寄远心。
炎方难久客，为尔一沾襟。
——卢纶《逢南中使因寄岭外故人》

这是五言排律，全诗共十二句。

（二）绝句

“绝句”实际上是“截句”之意，即截取五律或七律的一半而成。绝句分为“五绝”（五言绝句）和“七绝”（七言绝句）两种。五绝每首四句，每句五字，全诗共二十字；七绝每首四句，每句七字，全诗共二十八字。

## 四、近体诗的押韵

近体诗在押韵上要求严格。

（一）近体诗的韵例

近体诗押韵的位置是固定的，不象古诗那样自由：律诗是二、四、六、八句押韵（长律也是逢双的句子押韵），绝句是二、四句押韵；无论律诗还是绝句，首句可以入韵，也可以不入韵；只押句尾韵。因此，五律、七律的韵脚字是四个，最多五个；五绝、七绝的韵脚字是两个，最多三个。例如：

吾爱孟夫子，风流天下闻。
红颜弃轩冕，白首卧松云。
醉月频中圣，迷花不事君。
高山安可仰？徒此揖清芬。
——李白《赠孟浩然》

这首五律首句不入韵，韵脚字为“闻”、“云”、“君”、“芬”。

风急天高猿啸哀，渚清沙白鸟飞回。
无边落木萧萧下，不尽长江滚滚来。
万里悲秋常作客，百年多病独登台。
艰难苦恨繁霜鬓，潦倒新停浊酒杯。
——杜甫《登高》

这首七律首句入韵，韵脚字为“哀”、“回”、“来”、“台”、“杯”。

功盖三分国，名成八阵图。
江流石不转，遗恨失吞吴。
——杜甫《八阵图》

这首五绝首句不入韵，韵脚字为“图”、“吴”。

青山隐隐水迢迢，秋尽江南草未凋。
二十四桥明月夜，玉人何处教吹箫？
——杜牧《寄扬州韩绰判官》

这首七绝首句入韵，韵脚字为“迢”、“凋”、“箫”。

（二）近体诗的韵部

我们在本章第二节介绍中古韵书时谈到，隋代陆法言于公元601年著《切韵》，分韵193；唐代孙愐于公元751年在《切韵》基础上作《唐韵》，分韵195。这两部书分韵太细，不便于押韵，因此唐代规定邻近的韵可以“同用”。后来宋代陈彭年于1008年修订《广韵》，分韵206；丁度在《广韵》基础上于1037年编成《礼部韵略》、1039年编成《集韵》，分韵虽为206，但依“独用”、“同用”例，可归并为108韵。南宋时期，江北平水人刘渊于1252年编成《壬子新刊礼部韵略》，将《礼部韵略》中可“同用”的韵合并起来，成为107韵，后人又减为 106 韵，这 106 韵就被称为“平水韵”，即广为流传的“诗韵”。平水韵虽然产生在南宋，但它是由唐代的“独用”、“同用”韵发展而来的，因此，它也可以用来说明唐诗的用韵。

平水韵 106 韵中，平声 30 韵，上声 29 韵，去声 30 韵，入声 17 韵，其韵目如下：

| 上平声[①] | 上　声 | 去　声 | 入　声 | |
|---|---|---|---|---|
| 一东 | 一董 | 一送 | 一屋 | |
| 二冬 | 二肿 | 二宋 | 二沃 | |
| 三江 | 三讲 | 三绛 | 三觉 | |
| 四支 | 四纸 | 四寘 | | |
| 五微 | 五尾 | 五未 | | |
| 六鱼 | 六语 | 六御 | | |
| 七虞 | 七麌 | 七遇 | | |
| 八齐 | 八荠 | 八霁 | | |
| | | 九泰 | | |
| 九佳 | | 九蟹 | 十卦 | |
| 十灰 | | 十贿 | 十一队 | |
| 十一真 | | 十一轸 | 十二震 | 四质 |
| 十二文 | | 十二吻 | 十三问 | 五物 |
| 十三元 | | 十三阮 | 十四愿 | 六月 |
| 十四寒 | | 十四旱 | 十五翰 | 七曷 |
| 十五删 | | 十五潸 | 十六谏 | 八黠 |
| 下平声 | | | | |
| 一先 | | 十六铣 | 十七霰 | 九屑 |
| 二萧 | | 十七篠 | 十八啸 | |

① 在《切韵》中，平声因字多分为上下两卷。上平声指平声卷上，下平声指平声卷下。后来沿用此称。

| | | | |
|---|---|---|---|
| 三肴 | 十八巧 | 十九效 | |
| 四豪 | 十九皓 | 二十号 | |
| 五歌 | 二十哿 | 二十一个 | |
| 六麻 | 二十一马 | 二十二祃 | |
| 七阳 | 二十二养 | 二十三漾 | 十药 |
| 八庚 | 二十三梗 | 二十四敬 | 十一陌 |
| 九青 | 二十四迥 | 二十五径 | 十二锡 |
| 十蒸 | | | 十三职 |
| 十一尤 | 二十五有 | 二十六宥 | |
| 十二侵 | 二十六寝 | 二十七沁 | 十四缉 |
| 十三覃 | 二十七感 | 二十八勘 | 十五合 |
| 十四盐 | 二十八琰 | 二十九艳 | 十六叶 |
| 十五咸 | 二十九豏 | 三十陷 | 十七洽 |

唐代和唐代以后直至近代，人们写作近体诗，都是依照平水韵来押韵的。

要知道每一韵中有哪些常用字，可查检清人周兆基所辑之《佩文诗韵释要》一书，也可参看王力先生主编的《古代汉语》教材（修订本）第四册附录《诗韵常用字表》。

### （二）近体诗的用韵特点

近体诗在用韵上有两个特点：1. 一般只押平声韵，押仄声韵的极为罕见，可视为例外；2. 必须一韵到底，中间不得换韵，而且邻韵一般不得通押。

例如，李白《赠孟浩然》押的是平声文韵，杜甫《登高》押的是平声灰韵，杜甫《八阵图》押的是平声虞韵，杜牧《寄扬州韩绰判官》押的是平声萧韵。

近体诗押仄声韵的，在唐诗中偶尔也能见到，例如：

千山鸟飞绝，万径人踪灭。

孤舟蓑笠翁,独钓寒江雪。

——柳宗元《江雪》

这首五绝的韵脚字是“绝”、“灭”、“雪”,押的是入声屑韵。

## 五、近体诗的平仄

平仄是近体诗最重要的格律因素。不懂平仄,即不懂近体诗的格律。对这个问题我们要多讲几句。

### (一)平仄的含义和入声字的辨别

平仄是声调问题。中古汉语平、上、去、入四个声调中,平声即“平”,上、去、入三声即“仄”,“仄”是不平的意思。

有人说,现代汉语中的阴平、阳平就是“平”,上声、去声就是“仄”。这话讲得不准确。平仄指的是中古的声调。现代汉语中的上声、去声,来源于中古的上、去、入三声,因此,现代读上声、去声的字,古代肯定是仄声。但是,现代读阴平、阳平的字,古代不一定都是平声。因为现代的阴平、阳平不但来源于中古的平声字(“平分阴阳”),也来源于中古的入声字(入声清音声母字分别归入现代的阴、阳、上、去四声,入声全浊声母字归入现代阳平。中古入声字中有44%归入现代的阴平、阳平)。因此,现代读阴平、阳平的字,古代可能是平声,也可能是仄声,不能一概而论。辨别平仄的关键,在于把现代读阴平、阳平而古代读入声的那些字挑出来,也即要学会辨别入声字。

那么,怎样才能正确地辨识入声字呢?

1. 根据方音辨识入声字。

入声字的发音特点是“短促急收藏”。在江苏方言中,除了徐州、宿迁、新沂、赣榆等地外,多数方言(特别是吴方言)都保留了古代的入声。赣、湘、闽、粤、客家等方言中,也都保留了入声。因此,这些地区的人只要用自己的方音去读,就能辨别出入声字来。例如，下列各字都是入声字(方言中同这些字声调相似的字也是入声字)：

普通话读阴平的入声字：

拨剥逼撇劈扑拍摸发答跌滴督塌托贴剔秃突捏拉勒扎作擦撮撒塞螯桌捉拙只汁着粥插戳吃坼杀刷说湿失叔夹揭结接激击积掐切缺漆缉瞎歇楔薛削吸夕熄昔析膝刮割搁鸽郭磕窟哭忽黑挖屋押压噎约揖

普通话读阳平的入声字：

拔博卜驳伯箔渤帛别鼻荸白雹薄仆瀑膜没乏阀罚佛福伏服得德掇夺铎碟迭的嫡笛敌狄籴涤独读毒砸杂则责泽足卒族贼凿札闸折酌谪卓啄浊执职直侄竹烛逐妯察舌识拾石食蚀实淑赎孰勺颊洁劫节捷杰竭截决角觉倔绝级吉急即棘极集籍疾菊局嚼狭匣协学媳习袭席格蛤革隔葛国咳滑核涸盍劾活鹤益额

普通话读上声的入声字：

笔百柏北撇匹朴抹法幅铁帖洒窄尺属辱甲脊脚曲血雪谷渴

普通话读去声的入声字：

必壁毕碧不弼迫辟末莫默墨没陌灭蔑密觅木目牧睦麦脉复特拓魄惕纳捺诺聂虐匿溺逆乐洛列猎劣略掠力立栗沥鹿录陆戮绿律烙仄侧册策错促色啬肃速宿粟质窒秩祝筑刹彻斥赤触设涉朔硕式释饰述束热若日入褥剧寂迹鲫怯切妾雀泣戚泄屑穴隙衄克各阔括扩赫褐或霍获袜握沃物叶页业悦越月岳忆亦疫易驿育浴欲玉药愕

数目字“一、六、七、八、十、百、亿”也是入声字。

这些字，可用自己的方音反复地读，体会入声声调的特点。

2. 根据普通话的语音特点辨识入声字。

普通话中的有些音节结构，只要掌握了规律，一看就知道是入声字：

(1)普通话中 b、d、g、z、zh、j 六个声母的阳平字，古代都是入声字。例如：b——驳别白拔；d——敌读达德；g——国革格蛤；z——

足杂则责;zh——逐竹灼职;j——节角(jué)及菊。

(2)普通话 fa、fo 音节的字,不论现代读什么声调,古代都是入声字。例如:fa——乏罚发法伐;fo——佛。

(3)普通话 d、t、l、z、c、s 六个声母同韵母 e 相拼的音节,不论现代读什么声调,古代都是入声。例如:de——得德;te——忒特慝;le——肋勒乐;ze——则责帻择仄昃泽;ce——册厕侧测策;se——色涩啬瑟塞。

(4)普通话 k、zh、ch、sh、r 五个声母同韵母 uo 相拼的音节,不论现代读什么声调,古代都是入声。例如:kuo——扩括阔廓;zhuo——拙捉桌焯灼酌茁斫浊镯琢著缴擢濯;chuo——逴戳龊啜辍绰歠;shuo——说妁烁铄朔硕;ruo——若偌箬弱爇。

(5)普通话 b、p、m、d、t、n、l 七个声母同韵母 ie 相拼的音节,除了"爹"字,不论现代读什么声调,古代都读入声。例如:bie——憋瘪鳖别;pie——撇瞥;mie——灭蔑篾;die——跌迭瓞垤绖耋谍喋碟叠;tie——帖贴铁;nie——捏涅聂蹑臬啮孽蘖蘖;lie——列裂冽烈劣埒猎。

(6)普通话中以 üe 为韵母的字,除了"嗟瘸靴"三字外,其他字都是古代的入声字。例如:虐略掠绝厥掘决谲爵矍觉珏傕阙缺阕雀鹊确却薛削学雪血穴曰约悦月越粤跃瀹岳乐。

3. 根据形声字的声旁来辨识入声字。

形声字的声旁,有时也可以作为辨识入声字的标志。例如,以下列各字作为声旁的字,古代都是入声字:合立甲夹妾聂枼习咠执十及曷发则列吉各失活骨出伐乞勿勺屋息直即或木白足戠学乐矛,等等。

4. 根据普通话的语音特点,用排除法从反面肯定非入声字。

普通话有些音节的字,不论现在读什么声调,古代都不可能是入声字。例如:

(1)以 n、ng 收尾的阳声韵的字,古代不可能是入声字。(可见，古代的入声只存在于普通话阴声韵的音节中。)

(2)zi、ci、si、er四个音节的字，古代都不是入声字。

(3)韵母为iou、uai、uei的音节，除“六”、“宿(xiǔ)”、“忒(tuī)”字外，古代都不是入声字。

除了上述方法外，要确定某个字古代究竟是不是入声字，最可靠的办法是查检古代的韵书(如《广韵》、《集韵》、《佩文诗韵释要》)。今人丁声树、李荣《古今字音对照手册》也可查考。

(二)近体诗平仄的基本要求

平仄在律诗中构成一种节奏，使声调的高低长短协调地交替出现，形成一种声律美。律诗平仄的基本要求可以用“间、“对”、“粘”三个字来概括，下面作一具体分析：

1. 间

“间”是针对每一个具体诗句而言的。“间”即间隔，要求每个诗句中平声字和仄声字间隔出现。

根据“间”的要求，五言律诗(含绝句)的基本句型有四种：

(1)仄起平收式：丨丨丨－－(丨为仄，－为平)

(2)仄起仄收式：丨丨－－丨

(3)平起平收式：－－丨丨－

(4)平起仄收式：－－－丨丨

所有五言律诗都是用这四种基本句型搭配而成。

七言律诗(含绝句)的基本句型也是四种，只要在五言诗句前面加上两个相反的符号即可：

(1)仄起平收式：丨丨－－丨丨－(在五言平起平收式前面加上丨丨)

(2)仄起仄收式：丨丨－－－丨丨

(3)平起平收式：－－丨丨丨－－(在五言仄起平收式前面加上－－)

(4)平起仄收式：－－丨丨－－丨

所有七言律诗，都是用这四种基本句型搭配而成。

以上八种句型，必须熟背。

2. 对

"对"是针对形成一联的两个诗句而言的。律诗中单双两句为一联，五律、七律各有四联，五绝、七绝各有两联。每联第一句（即诗中逢单的句子）叫"出句"，第二句（即诗中逢双的句子）叫"对句"。"对"是相对、相反的意思，要求每联对句的平仄与出句的平仄相反。

当出句是仄收式的句子时，对句的平仄与出句的平仄完全相反：

(1) — — — | |　　　| | — — — | |
　　| | | — —　　　— — | | | — —

(2) | | — — |　　　— — | | — — |
　　— — | | —　　　| | — — | | —

当出句是平收式的句子时，对句的平仄与出句的平仄不完全相反。这是因为对句都是逢双的句子，其最后一个字是韵脚字，律诗规定要押平声韵，所以对句必须用平收式的句型。这样，对句与出句倒数第三个字就都是仄声字：

(3) — — | | —　　　| | — — | | —
　　| | | — —　　　— — | | | — —

(4) | | | — —　　　— — | | | — —
　　— — | | —　　　| | — — | | —

所有五、七言律诗，都是由以上对联组成的。

由以上四种对联的格式可以看出：无论五言还是七言，如果出句是平起式，不论是平收还是仄收，其对句都是仄起平收句型；如果出句是仄起式，不论是平收还是仄收，其对句都是平起平收句型。规律性十分明显。

3. 粘

"粘"是针对诗中紧靠在一起的前后两联之间的关系而言的。

“粘”是胶合的意思，要求后联出句第二个字的平仄必须同前联对句第二个字的平仄相同，使前后两联粘起来。

根据“粘”的要求，如果前联对句是仄起平收式，则后联出句只能是仄起仄收式；如果前联对句是平起平收式，则后联出句只能是平起仄收式。“粘”的句型只有以上这两类。这是因为前联对句必是诗中二、四、六、八等逢双的句子，只能以平声字收尾以符合押韵的要求；而后联出句必是诗中三、五、七等逢单的句子，只能以仄声字收尾以符合押韵的要求。例如，首句是仄起仄收句型的五律平仄格式如下：

｜｜——｜<br>——｜｜—

———｜｜<br>｜｜｜——

｜｜——｜<br>——｜｜—

———｜｜<br>｜｜｜——

第二联出句第二字与第一联对句第二字相粘，都是平声；第三联出句第二字与第二联对句第二字相粘，都是仄声；第四联出句第二字与第三联对句第二字相粘，都是平声。

（三）近体诗平仄的基本格式

根据以上“间”、“对”、“粘”的规则，近体诗平仄的基本格式如下：

1. 五律

五律平仄的基本格式有四种：

(1)首句仄起平收

｜｜｜——<br>——｜｜—

(2)首句仄起仄收

｜｜——｜<br>——｜｜—

| | |
|---|---|
| — — — \| \| | — — — \| \| |
| \| \| \| — — | \| \| \| — — |
| \| \| — — \| | \| \| — — \| |
| — — \| \| — | — — \| \| — |
| — — — \| \| | — — — \| \| |
| \| \| \| — — | \| \| \| — — |

| (3)首句平起平收 | (4)首句平起仄收 |
|---|---|
| — — \| \| — | — — — \| \| |
| \| \| \| — — | \| \| \| — — |
| \| \| — — \| | \| \| — — \| |
| — — \| \| — | — — \| \| — |
| — — — \| \| | — — — \| \| |
| \| \| \| — — | \| \| \| — — |
| \| \| — — \| | \| \| — — \| |
| — — \| \| — | — — \| \| — |

通过比较可以发现,(1)(2)两种格式仅首句平仄不同,其余七句平仄相同;(3)(4)两种格式,也是首句平仄不同,其余七句平仄相同。

五律以首句不入韵为正轨,以仄起式为常见;因此,(2)(4)为常用格式。

2. 七律

七律平仄的基本格式也是四种:

| (1)首句仄起平收 | (2)首句仄起仄收 |
|---|---|
| \| \| — — \| \| — | \| \| — — — \| \| |
| — — \| \| \| — — | — — \| \| \| — — |
| — — \| \| — — \| | — — \| \| — — \| |
| \| \| — — \| \| — | \| \| — — \| \| — |

｜｜———｜｜
——｜｜｜——

——｜｜——｜
｜｜——｜｜—

｜｜———｜｜
——｜｜｜——

——｜｜——｜
｜｜——｜｜—

(3)首句平起平收

——｜｜｜——
｜｜——｜｜—

｜｜———｜｜
——｜｜｜——

——｜｜——｜
｜｜——｜｜—

｜｜———｜｜
——｜｜｜——

(4)首句平起仄收

——｜｜——｜
｜｜——｜｜—

｜｜———｜｜
——｜｜｜——

——｜｜——｜
｜｜——｜｜—

｜｜———｜｜
——｜｜｜——

通过比较可以发现,(1)和(2),(3)和(4),除首句平仄不同外,其余七句平仄完全相同。

七律以首句入韵为正轨,以平起式为常见;因此,(1)(3)为常用格式。

五绝和七绝是截取五律、七律之半而成,其平仄格式就不赘言了。

### (四)关于"一三五不论,二四六分明"

在近体诗的创作和鉴赏中,有"一三五不论,二四六分明"的说法。这种说法实际上是对上面所讲的近体诗的基本格式(规范的标准格式)的灵活运用。

"一三五不论,二四六分明"的含义是:在七言诗句中,第一、三、五字(五言诗句为第一、三字)平仄自由,该用平的地方可以用仄,该用仄的地方可以用平;但第二、四、六字(五言诗句为第二、四字)平仄要求严格,该用平的地方必须用平,该用仄的地方必须用仄，不可含糊。

但是，"一三五不论"受到两种条件的限制：

1. 要防止出现"孤平"

所谓孤平，是指七言仄起平收式（｜｜－－｜｜－）的第三字、五言平起平收式（－－｜｜－）的第一字，按规则必须用平，如果改用仄，那么，全句除了最后一个字（韵脚字）外，只剩下一个平声字了。"孤平"是律诗的大忌。因此，在这种情况下，七言第三字、五言第一字不能不论。

2. 要防止出现"三平调"

所谓三平调，是指七言平起平收式（－－｜｜｜－－）的第五字、五言仄起平收式（｜｜｜－－）的第三字，按规则必须用仄，如果改用平，那么全句最后三个字就全是平声字了。"三平调"是古风的特色，但却是律诗的大忌。因此，在这种情况下，七言第五字、五言第三字不能不论。

只要不出现孤平和三平调，"一三五不论"也应当作为平仄的一条规则。

"二四六分明"在个别拗救的情况下，也会出现变化，详见下文。

（五）近体诗平仄格式举例

为了加强感性认识，下面举若干例子，说明近体诗的平仄格式。㊀表示应当用平的地方用了仄，①表示应当用仄的地方用了平。

1. 五律：

(1)首句仄起平收

太乙近天都，　｜｜｜－－
连山到海隅。　－－｜｜－

白云回望合，　⊖——||
青霭入看无。　⦶||——　（“看”kān）
分野中峰变，　⦶|——|
阴晴众壑殊。　——||—
欲投人处宿，　⊖——||
隔水问樵夫。　|||——

——王维《终南山》

(2)首句仄起仄收

国破山河在，　||——|
城春草木深。　——||—
感时花溅泪，　⊖——||
恨别鸟惊心。　|||——
烽火连三月，　⦶|——|
家书抵万金。　——||—
白头搔更短，　⊖——||
浑欲不胜簪。　⦶|——　（“胜”shēng）

——杜甫《春望》

(3)首句平起平收

深居俯夹城，　——||—
春去夏犹清。　⦶||——
天意怜幽草，　⦶|——|
人间重晚晴。　——||—
并添高阁迥，　⊖——||
微注小窗明。　⦶||——

越鸟巢干后，　｜｜——｜  
归飞体更轻。　——｜｜—  
——李商隐《晚晴》

(4)首句平起仄收

空山新雨后，　———｜｜  
天气晚来秋。　⦶｜｜——  
明月松间照，　⦶｜——｜  
清泉石上流。　——｜｜—  
竹喧归浣女，　⊖——｜｜  
莲动下渔舟。　⦶｜｜——  
随意春芳歇，　⦶｜——｜  
王孙自可留。　——｜｜—  
——王维《山居秋暝》

2. 七律

(1)首句仄起平收

相见时难别亦难，　⦶｜——｜｜—  
东风无力百花残。　——⦶｜｜——  
春蚕到死丝方尽，　——｜｜——｜  
蜡炬成灰泪始干。　｜｜——｜｜—  
晓镜但愁云鬓改，　｜｜⊖——｜｜  
夜吟应觉月光寒。　⊖—⦶｜｜——  
蓬山此去无多路，　——｜｜——｜  
青鸟殷勤为探看。　⦶｜——｜｜—　(“看”kān)  
——李商隐《无题》

(2)首句仄起仄收

| | | |
|---|---|---|
| 剑外忽传收蓟北， | ｜｜⊖——｜｜ | |
| 初闻涕泪满衣裳。 | ——⦶｜｜—— | |
| 却看妻子愁何在， | ⊖—⦶｜——｜ | (“看”kān) |
| 漫卷诗书喜欲狂。 | ｜｜——｜｜— | |
| 白日放歌须纵酒， | ｜｜⊖——｜｜ | |
| 青春作伴好还乡。 | ——｜｜｜—— | |
| 即从巴峡穿巫峡， | ⊖—⦶｜——｜ | |
| 便下襄阳向洛阳。 | ｜｜——｜｜— | |

——杜甫《闻官军收河南河北》

(3)首句平起平收

| | |
|---|---|
| 一封朝奏九重天， | ⊖—⦶｜｜—— |
| 夕贬潮州路八千。 | ｜｜——｜｜— |
| 欲为圣明除弊事， | ｜｜⊖——｜｜ |
| 肯将衰朽计残年。 | ⊖—⦶｜｜—— |
| 云横秦岭家何在？ | ——⦶｜——｜ |
| 雪拥蓝关马不前。 | ｜｜——｜｜— |
| 知汝远来应有意， | ⦶｜⊖——｜｜ |
| 好收吾骨瘴江边。 | ⊖—⦶｜｜—— |

——韩愈《左迁至蓝关示侄孙湘》

(4)首句平起仄收

舍南舍北皆春水，　⊖－｜｜－－｜
但见群鸥日日来。　｜｜－－｜｜－
花径不曾缘客扫，　⦶｜⊖－－｜｜
蓬门今始为君开。　－－⦶｜｜－－
盘飧市远无兼味，　－－｜｜－－｜
樽酒家贫只旧醅。　⦶｜－－｜｜－
肯与邻翁相对饮，　｜｜－－－｜｜
隔篱呼取尽余杯。　⊖－⦶｜｜－－

——杜甫《客至》

（六）拗救

1.“拗救”的含义

近体诗创作中有“拗救”之说。“拗”即拗句，也就是为了表情达意的需要而突破正常的平仄要求的句子（这种句子念起来“拗口”）。对于拗句，诗人常用此“拗”彼“救”的办法，以求得音律的协调。具体地说，一个句子该用平声的地方，诗人用了仄声，然后就在本句或对句的适当位置，把该用仄声的字改用平声，作为补救。这就叫“拗救”。

2. 拗救的常见格式：

拗救的常见格式有三种，下面以五言诗句为例加以说明：

(1)平起平收式

五言诗平起平收式的句型为“－－｜｜－”，如将第一字改用仄声，则犯了“孤平”；“救”的办法是将第三字改用平声，使之成为“｜－－｜－”的句型。如李商隐《蝉》：“薄宦梗犹泛，故园芜已平。”标准平仄格式应为“｜｜－－｜，－－｜｜－”，实际平仄是“｜｜｜－｜，｜－－｜－”，第二句拗救。

七言诗“｜｜－－｜｜－”的句型，拗救后成为“｜｜｜－－｜－”，如苏轼《新城道中》：“溪柳自摇沙水清。”

(2)平起仄收式

五言诗平起仄收式的句型为“－－－｜｜”，如将第三字改用仄声，虽然根据“一三五不论”的规则，是允许的，但念起来拗口，于是将第四字改用平声以救之，使之成为“－－｜－｜”的句型。如李白《赠孟浩然》“红颜弃轩冕”、杜甫《天末怀李白》“凉风起天末”即是。

七言诗“｜｜－－－｜｜”的句型，拗救后成为“｜｜－－｜－｜”，如杜甫《咏怀古迹》（其五）“伯仲之间见伊吕”句。

在上述情况下，五言句第四字、七言句第六字就不“分明”了。

(3)仄起仄收式

五言诗仄起仄收式的句型为“｜｜－－｜”，拗了之后只能用对句（－－｜｜－）相救。有两种“拗”法，即第三字改用仄声或第四字改用仄声，使句型变成“｜｜｜－｜”或“｜｜－｜｜”。第三字改用仄声符合“一三五不论”的规则，可以不救，也可以救；第四字改用仄声必须救。两种拗句的救法相同，即将对句（－－｜｜－）第三字改用平声，使之成为“－－－｜－”的句型。

例如，李白《送友人》：“此地一为别，孤蓬万里征。”出句第三字拗，但对句不救；同诗又有“挥手自兹去，萧萧班马鸣”句，出句第三字拗，对句第三字救。而李商隐《蝉》中“薄宦梗犹泛，故园芜已平”句，对句第三字“芜”不但自救本句第一字“故”（不然要犯“孤平”），而且救了出句第三字“梗”。七言“－－｜｜－－｜”第五字改用仄声，可以不救，也可将对句（｜｜－－｜｜－）第五字改用平声相救，如王维《辋川别业》：“雨中草色绿堪染，水上桃花红欲然。”对句“红”救了出句“绿”。

又如，白居易《赋得古原草送别》：“野火烧不尽，春风吹又生。”出句第四字拗，对句第三字救。七言“－－｜｜－－｜”的句型，有时第五字和第六字同时拗，都用仄声，则必须由对句第五字救，如杜牧《江南春》：“南朝四百八十寺，多少楼台烟雨中。”对句平声“烟”救了出句仄声“八十”。而陆游《夜泊水村》：“一身报国有万死，双鬓向人无再青。”对句第五字“无”不但自救本句第三字“向”，防止了“孤平”，而且救了出句第五、六字“有万”。

在上述五言句第四字、七言句第六字“拗”的情况下，“二四六”就不“分明”了。

### 六、近体诗的对仗

#### （一）对仗的含义和种类

近体诗讲究对仗。所谓对仗，就是按照字音的平仄和词性、字义的虚实，以及语法结构，做成对偶的语句。

对仗分工对和宽对。工对强调词性、意义、语法结构对得工整，如李白《塞下曲》：“晓战随金鼓，宵眠抱玉鞍。”杜甫《月夜》：“香雾云鬟湿，清辉玉臂寒。”宽对一般只要求词性相同，对意义、结构等要求不严，甚至半对半不对也行。如杜甫《月夜》：“遥怜小儿女，未解忆长安。”前两字对，后三字不对，也算宽对。

#### （二）近体诗对仗的要求

近体诗在对仗上要求严格。就五律、七律而言，每首诗八句，组成四联，第一联叫首联，第二联叫颔联，第三联叫颈联，第四联叫尾联。一般来说，颔、颈二联必须对仗（初唐律诗有少数颔联不对仗），例如：

风劲角弓鸣，将军猎渭城。
草枯鹰眼疾，雪尽马蹄轻。
忽过新丰市，还归细柳营。
回看射雕处，千里暮云平。
——王维《观猎》

城上高楼接大荒，海天愁思正茫茫。
惊风乱飐芙蓉水，密雨斜侵薜荔墙。
岭树重遮千里目，江流曲似九回肠。

共来百越文身地，犹自音书滞一乡。

——柳宗元《登柳州城楼寄漳汀封连四州刺史》

在这两首诗中，颔联、颈联的对仗都十分工整。

在律诗中，首联用对仗的情况，比较少见，但有时也能见到。如杜甫五律《春望》的首联“国破山河在，城春草木深”和七律《登高》的首联“风急天高猿啸哀，渚清沙白鸟飞回”，都是对仗的。

律诗的尾联一般不用对仗，但偶尔也可用对仗，如杜甫七律《闻官军收河南河北》的尾联“即从巴峡穿巫峡，便下襄阳向洛阳”，就是对仗的。

长律的对仗，与五律、七律一样，即中间各联必须对仗，首联可对仗也可不对仗，尾联不对仗。

律绝是截取律诗的一半而成，有四种情况：

1. 截取律诗首、尾二联，则完全不用对仗。例如：

危楼高百尺，手可摘星辰。
不敢高声语，恐惊天上人。

——李白《夜宿山寺》

烟笼寒水月笼沙，夜泊秦淮近酒家。
商女不知亡国恨，隔江犹唱后庭花。

——杜牧《泊秦淮》

2. 截取律诗的后半，即颈、尾二联，则第一联对仗，第二联不对仗。例如：

功盖三分国，名成八阵图。
江流石不转，遗恨失吞吴。

——杜甫《八阵图》

水光潋滟晴方好，山色空濛雨亦奇。
欲把西湖比西子，淡妆浓抹总相宜。
——苏轼《饮湖上初晴后雨》

3. 截取律诗的颔、颈二联(少见)，则全用对仗。例如：

两个黄鹂鸣翠柳，一行白鹭上青天。
窗含西岭千秋雪，门泊东吴万里船。
——杜甫《绝句四首其三》

4. 截取律诗的前半，即首、颔二联(少见)，则第一联不对仗，第二联对仗。例如：

九日龙山饮，黄花笑逐臣。
醉看风落帽，舞爱月留人。
——李白《九日龙山饮》

(三)流水对和借对

在近体诗中，有两种特殊的对仗，即流水对和借对。

1. 流水对

流水对是以对仗的形式来表示前后相承的意义内容，出句和对句实际上是把一个单句分成两句，或出句、对句组成一个连贯复句。例如：

哪堪玄鬓影，来对白头吟。
——骆宾王《在狱咏蝉》
惟将终夜长开眼，报答平生未展眉。
——元稹《遣悲怀》

欲穷千里目，更上一层楼。

——王之涣《登鹳雀楼》

即从巴峡穿巫峡，便下襄阳向洛阳。

——杜甫《闻官军收河南河北》

在上述四例中，前二例是把一个单句分成两句，后二例是一个连贯复句。流水对多用于尾联。

2．借对

借对分为借义对和借音对两种。

借义对是指一个词有两个以上的义项，在诗句中用的是甲义，但借它的乙义或丙义来同另一个词相对。例如，杜甫《曲江》："酒债寻常行处有，人生七十古来稀。""寻常"在句中表"平常"、"素常"之义，但"寻"和"常"又是古代的长度单位（八尺为寻，倍寻为常），诗人即借"寻常"表长度的意思同"七十"相对。又如，温庭筠《苏武庙》："回日楼台非甲帐，去时冠剑是丁年。""丁年"在句中表示丁壮之年的意思，但"丁"又是天干之名，可表序数；"甲帐"之"甲"也是天干之名，表序数（汉武帝时，造甲乙之帐，《汉武故事》："以琉璃珠玉、明月夜光，错杂天下珍宝为甲帐，其次为乙帐。甲以居神，乙以自居。"），诗人借"丁"之序数义与"甲"相对。

借音对是指借用某一个词的读音，来与另一个词相对，多见于颜色对。例如，杜甫《秦州杂诗其三》："马骄珠汗落，胡舞白题斜。"诗中借"珠"之音（谐"朱"），与"白"对。又如，杜甫《恨别》："思家步月清宵立，忆弟看云白日眠。"诗人借"清"为"青"，与"白"对，等等。

## 复习思考题

1．什么是"古诗"、"古体诗"？古诗的范围有多大？

2．古诗在字数、句数、韵例、韵部和对仗上各有哪些特点？

3. 何谓“永明体”诗歌？倡导者是谁？
4. 何谓“近(今)体诗”？它的范围有多大？
5. 何谓“五律”、“七律”、“排律”、“五绝”、“七绝”？
6. 近体诗在韵例上有何要求？
7. 什么叫“平水韵”？它是怎样形成的？
8. 近体诗在押韵上有何特点？
9. 什么叫“平仄”？现代读阴平、阳平的字，古代一定是“平声”吗？为什么？
10. 怎样辨识入声字？辨识入声字对确定平仄有何作用？
11. 律诗平仄的基本要求可用哪几个字概括？
12. 什么叫“间”？请熟背律诗的八种句型。
13. 什么叫“对”？请熟背律诗对联的基本格式。
14. 什么叫“粘”？相粘的两个句子在句型上有何特点？
15. 根据“间”、“对”、“粘”的要求，默写五律、七律、五绝、七绝平仄的各种基本格式。
16. 什么叫“一三五不论，二四六分明”？
17. 什么叫“拗救”？拗救的常见格式有哪几种？
18. 自找20首律诗，一一标出它们的平仄。
19. 什么叫“对仗”？律诗在对仗上有何要求？
20. 举例说明什么是“流水对”和“借对”。

# 第六章　修辞、标点、翻译和常用工具书

## 第一节　古代汉语常用修辞方式

修辞是通过运用调整、修饰词语与句子等手段，来提高语言表达效果的一种语言活动与现象。语法要求语言表达力求正确，修辞则要求语言表达讲求效果。古人很重视作品的表达效果，讲究修辞，古书的一些修辞表达方式甚至还成为形成新的词汇、语法等语言形式的手段。不了解古人修辞的常见方式，就不能真正体味隐含在作品字里行间的深刻意蕴。古代汉语修辞表达方式多种多样，这里仅介绍几种常见的修辞方式。

### 一、譬喻与引用

#### （一）譬喻

譬喻是根据事物的相似之处，用一个具体形象的事物来描绘、比拟所要表现的事物的修辞方式，也称“比喻”。譬喻的运用常使深奥的道理变得浅显易懂，使文字生动形象。譬喻有明喻、隐喻之分。另外古书上还有所谓博喻现象，也值得注意。

1. 明喻　明显地用相似的事物来比譬所要表现的事物，称明喻。作者常常用“譬如”、“譬犹”、“譬之”、“犹”、“若”、“如”等词语加以表明。有的作者则将所表达的事物与比譬的事物写成对偶排

比的句式；明喻有时由于押韵等特殊需要，句子成分往往不采用正常的语序。例如：

君子之交淡若水，小人之交甘若醴。（《庄子·山木》）

以若所为，求若所欲，犹缘木而求鱼也。（《孟子·梁惠王上》）

流丸止于瓯臾，流言止于知者。（《荀子·大略》）[流丸，滚动的丸。臾，通“瓾”；瓯臾本指瓦器，这儿指地上低窪的坑穴。]

忠言逆耳利于行，良药苦口利于病。（《史记·留侯世家》）

草绿衫同，花红面似。（庾信《东宫行雨山铭》）

肝胆犹能楚越如。（苏轼《观鱼台》）

“淡若水”、“甘若醴”、“犹缘木求鱼”都用“若”、“犹”等词语表明比喻；《荀子·大略》文与《史记·留侯世家》文用对偶句的形式打比方；庾信诗犹如说“衫同草绿，面似花红”，苏轼诗犹如说“楚越犹能如肝胆”。

2. 隐喻　将比譬的事物与所要表现的事物讲成是同一事物，称隐喻，又称为暗喻。隐喻不用明喻常用的表示比喻的词语，而是直接表述，将比譬的事物与所要表现的事物混而为一。例如：

君子之德，风也；小人之德，草也。（《孟子·滕文公上》）

君者舟也，庶人者水也。水则载舟，水则覆舟。（《荀子·王制》）

如今人方为刀俎，我为鱼肉，何辞为？（《史记·项羽本纪》）

将蕲至于古之立言者，则无望其速成，无诱于势利，养其根而竢其实，加其膏而希其光。根之茂者其实遂，膏之沃者其

光晔。(韩愈《答李翊书》)

曹公,豺虎也。(《资治通鉴·赤壁之战》)

《滕文公上》用判断句的形式,以“风”、“草”喻君子之德与小人之德;《王制》前面已将“君”比喻成“舟”,将“庶人”比喻成“水”,后面的“水则载舟,水则覆舟”暗喻“庶人”可接受“君”的统治,亦可推翻“君”的统治。《项羽本纪》以“刀俎”暗喻项羽方面,用“鱼肉”喻刘邦方面,生动形象地说明了敌强我弱的情势。《答李翊书》是说一位学者要达到“古之立言者”的境界,平素就要加强自身的修养,韩愈用了两个生动的比喻说明这一道理。先拿种树为喻,要注意培育好树根;再用点灯为喻,必须多添加灯油。先设喻,后推论,寓说理于譬喻之中。《赤壁之战》也用判断句的形式,以谓语部分作比喻。全句是说曹操好像是豺虎一样,用豺虎形容曹操的凶狠。

3. 博喻　用多个比喻重叠起来,形容某一事物,这种重叠取譬的方法,称做博喻。博喻所重叠的比喻当中,有明喻,也有隐喻。例如:

其形也,翩若惊鸿,婉若游龙,荣曜秋菊,华茂春松;仿佛兮若轻云之蔽月,飘飖兮若流风之回雪;远而望之,皎如太阳升朝霞;迫而察之,灼若芙蕖出渌波。(曹植《洛神赋》)

上文为形容仙女,用了各种不同的事物形容洛神的体态、风度、仪容、气质,使人感受到了一位超凡飘逸而又美丽华贵的仙子形象。博喻的做法,将事物的特点形容得淋漓尽致,文势表现也畅快有余。

(二)引用

引用成语、格言、谚语与历史事迹或典籍中的言语词句,来说明自己的论点或表达自己的思想感情,称之为引用。通常所说的

“用典”的修辞方法也是引用的一种。引用的运用使文章说理抒情含蓄精练，言简义赅。引用有明引与暗引两种方式。

1. 明引　明确指出所引用文字或故事的出处称为明引。例如：

昔卫灵公与雍渠同载，孔子适陈；商鞅因景监见，赵良寒心；同子参乘，袁丝变色：自古而耻之。（司马迁《报任安书》）

管子曰：“仓廪实而知礼节。”民不足而可治者，自古及今，未之尝闻。古之人曰：“一夫不耕，或受之饥；一女不织，或受之寒。”生之有时，而用之无度，则物力必屈；古之治天下，至纤至悉也，故其畜积足恃。（贾谊《论积贮疏》）

语曰：“白头如新，倾盖如故。”何则？知与不知也。故樊於期逃秦之燕，藉荆轲首以奉丹事；王奢去齐之魏，临城自刭，以却齐而存魏。（邹阳《狱中上梁王书》）

《报任安书》中司马迁一连引用了三个历史故事，来说明从来流俗鄙夷与阉人同列；《论积贮疏》引用古人成语来说明国家要从事粮食积贮；《狱中上梁王书》这段话中列举了樊於期和王奢的历史故事，说明了士为知己者而死的道理。

2. 暗引　不点明引文出处，只将成语或故事暗用在文中，称为暗引。暗引在阅读古代作品时更应引起我们注意。例如：

且负下未易居，下流多谤议。仆以口语遇遭此祸，重为乡党所笑，以污辱先人，亦何面目复上父母之丘墓乎？（司马迁《报任安书》）

暮春三月，江南草长，杂花生树，群莺乱飞，见故国之旗鼓，感平生于畴日，抚弦登陴，岂不怆悢？（丘迟《与陈伯之书》）

将蕲至于古之立言者，则无望其速成，无诱于势利，养其根而竢其实，加其膏而希其光。根之茂者其实遂，膏之沃者其光晔。仁义之人，其言蔼如也。（韩愈《答李翊书》）

《报任安书》暗引《论语·子张》：“君子恶居下流，天下之恶皆归焉。”用来表述作者受到宫刑这种奇耻大辱后的处境与心情。《与陈伯之书》暗引了臧洪《报袁绍书》：“每登城勒兵，望主人之旗鼓，感故交之绸缪。抚弦搦矢，不觉涕流之覆面也。”臧洪原先在袁绍手下做事，后被迫反袁。有一天见到昔日主人的军队，心中充满矛盾痛苦。陈伯之弃梁投奔北魏，经历与臧洪类似，丘迟暗引典故点出伯之与臧洪心理相通之处。《答李翊书》暗引《论语·子路》中孔子语：“无欲速，无见小利，欲速则不达，见小利则大事不成。”用来说明作家要达到古代立言者的境界，不能急于求成、急功近利，而要踏踏实实打好基础。

## 二、并提与互文

### （一）并提

将原本应用两个短语或两个句子表达的内容，合并为用一个句子或一个短语来表达，称为并提。并提将两件相关的事情放在一个短语或句子中来表述，这样句子变得紧凑，文辞更加简练。了解并提的句子，一般应着重从文意方面分析句子的搭配关系，并且常常要结合历史事实。例如：

近古之世，桀、纣暴乱，而汤、武征伐。（《韩非子·五蠹》）

夫种、蠡无一罪，身死亡。（《史记·韩信卢绾列传》）

封故御史大夫周苛周昌孙子为列侯。（《汉书·景帝纪》）

侍中、侍郎郭攸之、费祎、董允等，此皆良实，志虑忠纯，是以先帝简拔以遗陛下。（诸葛亮《出师表》）

普施行之，年九十余，耳目聪明，齿牙完坚。(《后汉书·华佗传》)

《五蠹》句子原意是：夏桀暴乱，商汤征伐；纣王暴乱，武王征伐。“桀、纣暴乱”、“汤、武征伐”在形式上都是主谓结构，“桀、纣”与“汤、武”并提为主语成分；如若将桀、纣看作合谋暴乱者，将汤、武看作并肩征伐者就犯了常识性的错误，因夏桀与纣王、商汤与武王皆不是同一时代的人；此处并提使用使文字洗练、行文畅快。《史记》这句话的原意为：大夫文种无一罪，竟身死；范蠡无一罪，竟逃亡。不能将“死亡”当作一个词来理解。根据史实，自杀而死的是大夫文种，亡命出逃的是范蠡。

上列《汉书》文句为班固根据《史记》改写。《史记·孝景本纪》：“封故御史大夫周苛孙平为绳侯，故御史大夫周昌子左车为安阳侯。”《汉书·景帝纪》将这两个句子改写为并提式，这种并提式使句子本身难以辨识，如果不同《史记》对照，很容易误以为周苛、周昌二人的孙和子都被封了列侯。《出师表》的原意是：侍中郭攸之、费祎，侍郎董允等都是贤良诚实、内心忠诚并且思虑纯正的人。此处官名“侍中”与“侍郎”并提，人名郭攸之、费祎、董允并提。《华佗传》“耳目聪明”在形式上属主谓结构，“耳目”并提为主语成分，“聪明”并提为谓语成分，此结构原本由“耳聪”与“目明”两个主谓结构合并而来，应当理解为“耳聪目明”。

(二)互文

形式相同或相近、结构类似的两个或两个以上并列词组或语句中，对应位置上的词语相互呼应、补充，前后文义彼此发明、渗透，称为互文，也称为“互文见义”或简称“互见”。

在多数情况下，互文出现在上下两个词组或两句之中。例如：

公入而赋：“大隧之中，其乐也融融。”姜出而赋：“大隧之

外，其乐也泄泄。”（《左传·隐公元年》）

岂人主之子孙则必不善哉？位尊而无功，奉厚而无劳，而挟重器多也。（《战国策·赵策四》）

悍吏之来吾乡，叫嚣乎东西，隳突乎南北。（柳宗元《捕蛇者说》）

东西植松柏，左右种梧桐。（《乐府诗集·焦仲卿妻》）

《左传》文并不是说庄公在进入隧道时、姜氏在走出隧道时两人分别赋诗，服虔注说得很清楚：“入言公，出言姜，明俱出入，互相见。”意思是说庄公与姜氏在进出隧道时都赋诗称大隧内外的舒畅与和乐。《战国策》文“位尊”与“奉厚”互相补充，“无功”与“无劳”互相补充，“位尊而无功，奉厚而无劳”两句实际是说“位尊奉厚而无功无劳”。柳宗元文“叫嚣”与“隳突”互相补充，“东西”与“南北”互相补充，“叫嚣乎东西，隳突乎南北”实际是说：“叫嚣隳突乎东西南北。”乐府诗是说东西左右都种植了松、柏、梧、桐。以上例句都说明互文的特点是前后文义互相发明、相互补充，在阅读作品时，不能仅从语法的角度来理解句子字面上的意思，如上文乐府诗如果理解为“只在东方和西方种上了松树和柏树，只在左边和右边种上了梧桐树”，就会闹笑话了。

陵阳佳地昔日游，谢朓青山李白楼。（陆龟蒙（怀宛陵旧游》）

主人下马客在船，举酒欲饮无管弦。（白居易《琵琶行》）

秦时明月汉时关，万里长征人未还。（王昌龄《出塞》）

不薄今人爱古人，清词丽句必为邻。（杜甫《戏为六绝句》）

上列文句，为互文出现在同一个句子中的情况。陆龟蒙诗中，陵阳为地名，在今安徽宣城，南朝齐著名诗人谢朓曾任宣城太守，宣城有敬亭山与谢公楼，李白曾游览此地，曾留有《秋登宣城谢朓北楼》等诗数首。“谢朓青山李白楼”意为“谢朓李白登过的青山，谢朓李白上过的高楼”，“谢朓”与“李白”互文。“主人下马客在船”意思是主人与客人都下马到了船上，若理解为只是主人下了马，只是客人呆在船上就错了。“秦时明月汉时关”是说秦汉时的明月与关塞，并不是说明月是秦时的，而关塞是汉时的。杜甫诗是说，对今人与古人要一视同仁，都既不加以菲薄也不过于偏爱，只要他们有“清词丽句”，就有可取之处。

## 三、借代与委婉

### （一）借代

不称说所指称事物的原有名称，而借用与该事物有某种联系的词语来代称，叫做借代。借代也称为代称、代说。借代能够使语言表达含蓄婉转，避免呆板浅露。

1. 借事物的性状、特征指代该事物。例如：

为肥甘不足于口与？轻暖不足于体与？（《孟子·梁惠王上》）

古之伐国，不杀黄口，不获二毛，于古为义，于今为笑。（《淮南子·氾论训》）

（庞涓）乃弃其步军，与其轻锐倍日兼行逐之。（《史记·孙子吴起列传》）

试问卷帘人，却道海棠依旧。知否？知否？应是绿肥红瘦。（李清照《如梦令》）

《孟子》文中，“肥甘”为美味食物的特征，此处代称美味食物；“轻暖”为华贵衣服的特征，此处代称华贵衣服。《淮南子》文中，

“黄口”本为雏鸟的嘴脸特征,此处代称幼儿;“二毛”原为头发斑白老者的特征,此处代称老者。《史记》文中,“轻锐”原指精锐部队特点,此处代称精锐部队。李清照词“绿”代海棠叶,“红”代海棠花,借色彩指代事物。

2. 事物的泛称、特称互相指代。例如:

晋国,天下莫强焉。(《孟子·梁惠王上》)
似逢我公,车边病是也。(《后汉书·华佗传》)
凌阳侯之泛滥兮,忽翱翔之焉薄。(屈原《哀郢》)
送君南浦,伤如之何!(江淹《别赋》)
大雅久不作,吾衰竟谁陈?(李白《古风》)

春秋时期的晋国包括后来的韩、魏、赵三国,三家分晋后,晋国不复存在,《孟子》文此处称魏国为“晋国”,是用泛称代特称。“病”本泛称一切疾病,《后汉书》文此处的“病”特指一种寄生虫。“阳侯”原特称远古传说中的水神,屈赋用作波浪的代称。“南浦”一词首载于屈原《九歌·河伯》:“子交手兮东行,送美人兮南浦。”原为具体送别的地方,后来用作送别之地的泛称。“大雅”是《诗经》的组成部分之一,这里泛指有优秀传统的古诗。

3. 借事物的所在、所据指代该事物。例如:

有如两宫螫将军,则妻子毋类矣。(《史记·魏其武安侯列传》)

今人主沉于谄谀之辞,牵于帷墙之制。(邹阳《狱中上梁王书》)

镂心鸟迹之中,织辞渔网之上。(《文心雕龙·情采》)

虽古竹帛所载,丹青所画,何以过子卿?(《汉书·苏武传》)

“两宫”,东宫(长乐宫)与西宫(未央宫),时分别为窦太后与景帝所居,《史记》文此处用来指代窦太后与景帝。“帷墙”,《文选》李周翰注:“妻妾所居也。”原指妻妾所居之处,这里指代妻妾及梁王身边的宠臣。“鸟迹”,传说仓颉受鸟兽蹄迹启发而发明文字,《文心雕龙》此处以其代称文字;“渔网”,《后汉书·蔡伦传》载:后汉蔡伦用“树肤、麻头及敝布、鱼网”造纸,此处代称纸张。“竹帛”,古代常用来作记录文字的材料,《汉书》此处指代史书;“丹青”,古代常用来绘画的两种颜料,此处指绘画作品。

(二)委婉

不直接说明,而是采用委曲隐约的方式暗示烘托出真意,称为委婉。

1. 委婉方式常用于外交辞令当中。例如:

> 如曰今日当一切不事事,守前所为而已,则非某之所敢知。无由会晤,不任区区向往之至。(王安石《答司马谏议书》)
>
> 韩厥执絷马前,再拜稽首,奉觞加璧以进,曰:“寡君使群臣为鲁卫请,曰:‘无令舆师陷入君地。’下臣不幸,属当戎行,无所逃隐,且惧奔辟而忝两君。臣辱戎士,敢告不敏。摄官承乏。”(《左传·成公二年》)

古人在交际过程中,常常用委婉表达方式表示对对方的礼貌。王安石文“则非某之所敢知”,既委婉地拒绝了司马光的全部责难,又表现了作者的修养礼貌。古代处于交战状态的国家之间也常使用委婉语。上面《左传》文中韩厥对齐侯说的一番话是出于对战败国的国君的礼貌而说的,表示将要抓获他,言辞非常含蓄隐约,初听起来甚至非常动听,如果依字面去理解,很难得其真意。

2．用于避讳、避冒犯和避粗俗。例如：

一旦山陵崩，长安君何以自托于赵？（《战国策·赵策》）

荒侯市人（市人是樊哙庶子，封为荒侯）病，不能为人。（《史记·樊郦滕灌列传》）

上初即位，富于春秋。（《史记·魏其武安侯列传》）

“山陵崩”是对帝王去世的委婉的说法。“为人”是发生两性关系的委婉说法。“富于春秋”是说皇帝年轻，不直说的原因是因年轻往往意味着不懂事、阅历浅。

委婉的用途还有很多，例如：

国破山河在，城春草木深。感时花溅泪，恨别鸟惊心。（杜甫《春望》诗）

其后人有上书告勃欲反，下廷尉。廷尉下其事长安，逮捕勃治之。勃恐，不知置辞，吏稍侵辱之。勃以千金与狱吏，狱吏乃书牍背示之曰：以公主为证。……绛侯既出，曰：“吾尝将百万军，然安知狱吏之贵乎？”（《史记·绛侯周勃世家》）

《春望》诗表达忧国思家之情可谓淋漓尽致，而表现手法却非常含蓄委婉。司马光《迂叟诗话》云：“古人为诗，贵于意在言外，使人思而得之，近世诗人惟杜子美最得诗人之体。‘国破山河在，城春草木深。感时花溅泪，恨别鸟惊心。’‘山河在’明无余物矣，‘草木深’，明无余人矣；花鸟平时可娱之物，见之而泣，闻之而悲，则时可知矣。他皆类此，不可遍举。”《史记》文周勃的委婉语“吾尝将百万军，然安知狱吏之贵乎”，表现了周勃对自己受难时狱吏作威作福、自己蒙受耻辱的愤懑与无奈。

## 四、比拟与夸饰

（一）比拟

拟物为人与拟人为物叫做比拟。比拟分为拟人与拟物两种。

1. 拟人：拟物为人，将没有知觉与感情的事物，虚拟成有知觉有感情的人来描写。例如：

硕鼠硕鼠，无食我黍！三岁贯女，莫我肯顾。（《诗经·魏风·硕鼠》）

春蚕到死丝方尽，蜡炬成灰泪始干。（李商隐《无题》诗）

《诗经》将“硕鼠”比拟为剥削者，以抒发作者长期遭受压迫的怨恨。李商隐诗“蜡炬成灰泪始干”以蜡拟人，以蜡泪喻人泪，形象地刻画了至死不渝的爱情。

2. 拟物：拟人为物，将有知觉有感情的人，虚拟成无知觉无感情的事物来描写。例如：

嗟乎，燕雀安知鸿鹄之志哉！（《史记·陈涉世家》）

雄兔脚扑朔，雌兔眼迷离，两兔傍地走，安能辨我是雄雌？（《乐府诗集·木兰辞》）

《史记》文陈涉把一起佣耕的人比拟为燕雀，并以鸿鹄自拟，形象地表现了自己的远大的志向。《木兰辞》木兰自拟为兔，雄雌之兔眼脚虽殊，但当两者并肩而跑时，雌雄就难辨了；诗句表达了木兰对自己能长期隐瞒女性身份的得意。

（二）夸饰

说话铺张夸大超过了客观事实，称夸饰，也称做夸张。例如：

谁谓河广，曾不容刀。（《诗经·卫风·河广》）

白发三千丈，缘愁似个长。（李白《秋浦歌》）

观其廊庑绮丽，无不叹息，以为蓬莱仙室，亦不是过。(《洛阳伽蓝记·王子坊》)

武王克殷反商，未及下车而封黄帝之后于蓟，封帝尧之后于祝，封帝舜之后于陈。(《礼记·乐记》)

《河广》极言黄河之窄，连小舟都容不下了。李白诗极言白发之长，并非真的那么长。《王子坊》极言河间寺的华丽，人们都说仙境是极乐世界，而仙境还超不过河间寺。《礼记》这段文字清人汪中《述学·释三九》曾作过评述："大封必于庙，因祭策命，不可于车上行之。此言乎以是为先务。"未及下车而封黄帝、尧、舜之后，是夸张的说法，因为这种做法同古代礼制不合，《礼记》这样说，是为了说明武王将封黄帝、尧、舜之后作为自己的首要工作。

## 复习思考题

1. 什么是譬喻？譬喻分为哪几种？请从课外阅读材料中各举一例说明。

2. 什么是引用？明引和暗引有何不同？请从课外阅读材料中各举一例说明。

3. 并提与互文有何不同？请从课外阅读材料中各举一例说明。

4. 借代与比喻有何不同？借代有哪些表现形式？请举例说明。

5. 什么叫委婉？委婉有何作用？请从课外阅读材料中举一例说明。

6. 什么叫比拟？比拟与比喻有何差别？请从课外阅读材料中举例说明。

7. 什么叫夸饰？请举例说明。

8. 指出下列句子所采用的修辞手法：

①古今异俗，新故异备。如欲以宽缓之政治急世之民，犹无辔策而御駻马，此不知之患也。(《韩非子·五蠹》)

②嗟怨之水，特结愤泉。感哀之云，偏含愁气。(庾信《拟连珠》)

③梧桐更兼细雨，到黄昏，点点滴滴。这次第，怎一个愁字了得！（李清照《声声慢》词）

④法趣上下，四相反也，而无所定，虽有十黄帝，不能治也。（《韩非子·五蠹》）

⑤四海之内，皆举首而望之。（《孟子·滕文公下》）

⑥愿及未填沟壑而托之。（《战国策·赵策》

⑦旧时王谢堂前燕，飞入寻常百姓家。（刘禹锡《乌衣巷》诗）

⑧羌笛何须怨杨柳，春风不度玉门关。（王之涣《凉州词》诗）

⑨桃脸儿通红，樱唇儿青紫，玉笋纤纤不住搓。（《董西厢》）

⑩黄河之水天上来，奔流到海不复回！（李白《将进酒》诗）

⑪自非亭午夜分，不见曦月。（《水经注·江水》）

⑫受任于败军之际，奉命于危难之间。（诸葛亮《出师表》）

9．标点并翻译下列短文：

①世皆称孟尝君能得士士以故归之而卒赖其力以脱于虎豹之秦嗟乎孟尝君特鸡鸣狗盗之雄耳岂足以言得士不然擅齐之强得一士焉宜可以南面而制秦尚何取鸡鸣狗盗之力哉夫鸡鸣狗盗之出其门此士之所以不至也　（王安石《读孟尝君传》）

②吴楚反时颍阴侯灌何为将军属太尉请灌孟为校尉（灌）夫以千人与父俱灌孟年老颍阴侯彊请之郁郁不得意故战常陷坚遂死吴军中军法父子俱从军有死事得与丧归灌夫不肯随丧归奋曰愿取吴王若将军头以报父之仇于是灌夫被甲持戟募军中壮士所善愿从者数十人及出壁门莫敢前独二人及从奴十数骑驰入吴军至吴将麾下所杀伤数十人不得前复驰还走入汉壁皆亡其奴独与一骑归夫身中大创十馀适有万金良药故得无死夫创少瘳又复请将军曰吾益知吴壁中曲折请复往将军壮义之恐亡夫乃言太尉太尉乃固止之吴已破灌夫以此名闻天下　（《史记·魏其武安侯列传》）

[太尉——官名，当时周亚夫任太尉。]

③（霍）光为人沈静详审长财七尺三寸白皙疏眉目美须髯每出入下殿门止进有常处郎仆射窃识视之不失尺寸其资性端正如此初辅幼主政自己出天下想闻其风采殿中尝有怪一夜群臣相惊光召尚符玺郎郎不肯授光光欲夺之郎按剑曰臣头可得玺不可得也光甚谊之明日诏增此郎秩二等众庶莫不多光

（《汉书·霍光传》）

［财——才，仅。 尚符玺郎——官名，掌管皇帝的印玺符节。 谊——义，用作意动。］

## 第二节 古书的标点

### 一、古书句读的历史

汉语言文献中的标点符号，是“五·四”运动以后受西方语言文化的影响才出现的。中国古代的文籍不但不施标点符号，甚至大都没有断句符号。人们读书往往要自己体会文意、琢磨断句。

但是古人心里非常清楚断句对于阅读的重要作用。早在商周时代人们就注意到了正确断句的重要性。《卜辞通纂》所载甲骨文辞，已见用短线及丁字符号等来隔开各段卜辞。这些被甲骨学者称为“界限”的短线及丁字符号可能就是后来的句读及标点符号的滥觞。在先秦典籍中时见人们讨论古书断句的事例。《韩非子·外储说左下》载：“哀公问于孔子曰：‘吾闻夔一足，信乎？’曰：‘夔，人也，何故一足？彼其无他异，而独通于声。尧曰：“夔一而足矣。”使为乐正。故君子曰：“夔有一，足。”非一足也。’”鲁哀公将古代文献中的“夔一足”的“夔一”与“足”之间不作语气停顿，这样就把夔理解为光有一只脚了。孔子告诉他，夔是一个人，怎能只有一只脚，并引“尧曰：‘夔一而足矣’”来纠正哀公的断句法。断句对于理解经典文义至关重要，我国在上古就已通过学校教育来训练学生对典籍进行正确断句。《礼记·学记》载：“比年入学，中年考校，一年视离经辨志。”郑玄注：“离经，断句绝也；辨志，谓别其心意所趋乡。”孔颖达疏：“离经，谓离析经理，使章句断绝也。”《礼记》此处记载了古代学校教育在学生入学一年后，要考查断离经文、辨识语意的水平。迟至汉代，已见“句读”之称。汉·何休《公羊解诂序》云：“讲诵师言，至于百万，犹有不解，时加酿嘲辞，援引他经，失其句读，以无为有甚可闵笑者，不可胜记也。"古人读书时，对典籍进行断句，根据语意的完整、语气的连贯，对文章进行断离，这就是"句读"。元人黄公绍、熊忠合编的《古今韵会举要》说："凡经书成文语绝处，谓之句；语未绝而点分之，以便诵咏，谓之读。""句"，就是一句话完了之处；"读"，音 dòu，指句中停顿的地方。

古人用"、"作为断句与停顿的符号。《说文解字·、部》："、，有所绝止，、而识之也。""、"音 zhǔ，古与"读"、"逗"同读如舌头音。杨树达《古书句读释例》以为"、"与句读的"读"是古今字的关系。1959 年及 1972 年甘肃武威分别出土的西汉《仪礼》简策与东汉医简中的文字就用"、"表示停顿。古人还用"|"表示句子的结束。《说文解字·|部》："|，钩识也。"朱骏声通训定声："|，所谓读书止，辄|其处也。""|"，今读 jüé，上古与"句"、"钩"音近。1969 年陕西蓝田出土的西周永盂上的铭文已见《说文》所载的钩识符号。1930 年出土的居延汉简上也有大量的用以断句的钩识符号。褚少孙补《史记·滑稽列传·东方朔》载："朔初入长安，至公车上书，凡用三千奏牍。人主从上方读之，止，辄乙其处，读之二月乃尽。"清代段玉裁注《说文解字·|部》认为："此乙非甲乙字，乃正|字也，今人读书有所钩勒即此。"

宋代开始使用圈点断句符号。宋岳珂《九经三传沿革例》载："监蜀本皆无句读。惟建本始仿馆阁校书式从旁加圈点。开卷了然，于学者为便，然亦但句读经文而已。惟蜀中字本与兴国本并点注文，益为周尽。"宋人对句子结束及句中停顿的地方区分更为明朗，毛晃《增韵》载："今秘省校书式，凡句绝则点于字之旁，读分则微点于字之中间。"传世的宋相台岳氏本五经，全书采用了这种句读方法。"标点"一词，最早见载于《宋史·何基传》："凡所读之书，无不加标点。义显意明，有不待论说而自见者。"只是此处的"标点"二字，意义同今天的标点的意义有所区别，指断句的标识，同"句读"义相近。尽管古人非常重视典籍的句读，但文献不用说施加标点,施加句读的也极鲜见。文献抄刻不加断句符号成了我国古代语言文化的一个令人遗憾的传统,给人们顺利地继承民族优秀文化遗产带来了极大的困难。六千年的悠久文明留下了汗牛充栋的未曾进行过任何点校处理的典籍,没有标点古书的能力,要想读通古书将是非常困难的。

**二、标点符号和句读的差别**

标点符号是“五四”运动以后,随着新文学运动的开展而在我国兴起并在实践中日益完善的、用来表示停顿、语气、语法关系以及词语性质和作用的书写符号。

我国现行的标点符号,包括:句号(。)、问号(?)、感叹号(!)、逗号(,)、顿号(、)、分号(;)、冒号(:)、引号(“”、‘’)、括号(〔 〕、( )、【 】)、破折号(——)、省略号(……)、着重号(.)、连接号(—)、间隔号(·)、书名号(《 》、〈 〉)、专名号(____),等等。

标点符号和古代的句读有很大的不同。它们之间的差别,主要表现在以下几方面:

第一,古人所说的“句”和“读”,其含义广泛,不同于今天的“句号”和“逗号”。古代的“句”,指一句话完了的停顿,这句话可以是叙述句、描写句、判断句,也可以是疑问句、感叹句。因此,如果用今天的标点符号表示,既可能用句号,也可能用问号、感叹号,等等。同样,古代的“读”,指句中的停顿,如果用今天的标点符号表示,既可能用逗号,也可能用顿号、分号,等等。

第二,古代的句读一般只用两种符号:“。”和“、”(与今日之句号、顿号相同)。现代的标点符号体系完备,符号众多(将近二十个)。两者不可同日而语。

第三,句读只起断句的作用,只表停顿,它既不能表示句子的语气,也不能表示句子之间的关系。因此,句读正确(即断句无误)虽然是正确理解的必不可少的条件,但并非唯一条件;断句正确未必能保证理解正确。而标点符号则不仅表示停顿，也表示语气和句子之间的关系，其功能、作用是句读所不能比拟的。

下面，我们举两个断句正确但标点符号用得不当、曲解文意的例子：

韩愈《马说》："策之不以其道，食之不能尽其材，鸣之而不能通其意，执策而临之，曰：'天下无马。'呜呼！其真无马邪？其真不知马也。"

《唐语林》卷一："兴元中，有僧曰法钦，以其道高，居径山。时人谓之径山长者。"

这两个句子，断句完全正确，但标点符号并不完全正确，因而未能正确地表达原文的意思。前例中，最后一个字"也"之后，应当用问号，不应当用句号。因为最后两句话是表示选择关系的疑问句，"也"的用法与"邪"相同；用了句号，就改变了疑问语气，而变成叙述性的肯定判断语气了。后例中，"居径山"之后不应用句号，而应用逗号。因为用句号和用逗号所表示的句子之间的关系是不一样的。用了句号，连词"以"只管到"道高"为止；"以其道高"就成了"居径山"的原因和前提，而这显然是不合情理的。用了逗号，"以"一直管到"居径山"；"以其道高，居径山"就成了"时人谓之径山长者"的原因，而这是符合逻辑的。原句"有僧曰法钦"后的逗号也应改为句号，因为这句话表意完整，句意已完。

### 三、古文标点的基本要求

（一）要符合原文的语意。例如：

①使子路问之，曰："子之哭也，壹似重有忧者。"而曰："然。"（《礼记·檀弓》）

上例“而”字，从汉代郑玄注《礼记》始，不少人以为属下读，郑玄注说：“而，乃也。”其实，“曰”上无需加解释成“乃”的“而”字，多一个“而”字，反使文气滞碍。“而”应与“者”紧连，不该断开。“而”字作句末语气词，表示感叹，古书用例多见。如《论语·微子》：“已而已而。今之从政者殆而。”《左传·宣公四年》：“若敖氏之鬼不其馁而。”《汉书·韦贤传》：“我虽鄙耇，心其好而；我徒侃尔，乐亦在而。”颜师古注：“而者句绝之辞。”

②“汤（张汤）掘窟得盗鼠及余肉，劾鼠掠治，传爰书，讯鞫论报，并取鼠与肉，具狱磔堂下。”（《史记·酷吏列传·张汤》）

张汤是汉代有名的酷吏。张汤小时候，有一天抓住偷猪肉吃的老鼠，就模仿大人办案审讯老鼠。上例于“并取鼠与肉”后施逗号，这样“具狱”只有是动宾结构词组文义才通。但“具狱”是名词。具狱，《酷吏列传·张汤》裴骃集解引邓展曰：“罪备具。”又《汉书·于定国传》：“于公争之，弗能得，乃抱其具狱，哭于府上，因辞疾去。”颜师古注：“具狱者，狱案已成，其事备具也。”宋唐注家尽释其为狱案成后其事之备具，即定案或具以定罪的全部案卷，为名词。古籍中作为名词之“具狱”多见。《新唐书·崔安潜传》：“安潜于吏事尤长，虽位将相，阅具狱，未尝不身听之。”是其明证。因此《史记·酷吏列传·张汤》中“并取鼠与肉”后，当施顿号，“具狱”后当施逗号，以“具狱”为“取”的宾语才正确。

③慧星复见西方。十六日，夏太后死。（《史记·秦始皇本纪》）

上例断句没有考虑到古代用干支纪日，把记天数的十六日，看成是记日期，以至误断。正确断句应是“西方”后的句号去掉，将“十六日”属上读。上文意思是：“慧星在西方再出现后的第十六天，夏太后死了。”

④其春，公孙卿言见神人东莱山，若云“欲见天子”。天子于是幸缑氏城，拜卿为中大夫。遂至东莱，宿，留之数日。毋所见，见大人迹云。(《汉书·郊祀志》)

上例“宿”后不当点断，因“宿留”是一词，且为汉时常语。《史记·孝武本纪》：“宿留海上。”司马贞索隐：“音秀溜，迟待之意。”《汉书·五行志》：“唯弃须臾之间，宿留瞽言。”《后汉书·韦彪传》：“子其宿留乎？”“宿留”意为迟待，为联绵词。上例正确的标点应将“宿”后的逗号去掉，并且属下读。

(二)要合乎古代的语法规则。例如：

①秦攻赵长平，大破之，引兵而归，因使人索六城于赵而讲。赵计未定，楼缓新从秦来。赵王与楼缓计之，曰：“与秦城何如不与何如？”(《战国策·赵策三》)

清人王念孙《读书杂志·战国策杂志》说：“此以‘秦城’为句，‘何如不与’为句。‘不与’下本无‘何如’二字。《齐策》：‘田侯召大臣而谋曰：救赵孰与勿救。’犹此言‘与秦城何如不与’也。后人误读‘与秦城何如’为句，因于‘不与’下加‘何如’二字，而不知其谬也。《太平御览·人事部》引此作‘与秦城何如勿与’。”王念孙说前人因不知“与秦城何如不与”这样的句法，因此不但断错了句，而且又误添了“何如”二字。

②问今是何世，乃不知有汉，无论魏晋。此人一一为具

言，所闻皆叹惋。(陶渊明《桃花源记》)

上例中“具言”后不应有逗号，逗号应点在“所闻”之后。因为“所闻”表示动作的对象，即“所听到的(情况)”，应作“具言”的宾语。“皆叹惋”句省略了主语“闻者”，即桃花源中听渔人介绍外界情况的人。

③厩焚，子退朝。曰：“伤人乎不?”问马。(《论语·乡党》)

唐代陆德明《经典释文》认为上例应在“不”字后绝句，后来有人就根据陆的说法进行断句。但是在疑问词后加“不”，先秦汉语没有此种用法，因此如上断句是错误的。还有人这样断句：“厩焚，子退朝。曰：‘伤人乎?’‘不。’问马。”先秦汉语用“不”做单词句，也没有这种用法，因此这种断句方法也是错误的。正确的标点应该是：“厩焚，子退朝。曰：‘伤人乎?’不问马。”

(三)要合乎古代的声韵原理。例如：

①夫功者难成而易败，时者难得而易失也！时乎，时不再来！愿足下详察之。(《史记·淮阴侯列传》)

今天“时”与“来”的韵母已经不一样了，但在上古，这两个字的韵母读音非常相近，都属于古韵的“之”部，按上述标点，就把本来押韵的韵文弄得不押韵了。正确的标点应是：“时乎时，不再来！愿足下详察之。”

②钱竹汀宫詹云：“古人以二字命名者，多取双声叠韵，与夷犁、来涛涂、弥明、弥牟、灭明、由余、徐姚，皆双声也。”(梁绍壬《两般秋雨盦随笔·命名双声叠韵》)

所谓“双声”是指两个字的声母相同或相近，上例中，“与”、“夷”二字同属余母，“犁”、“来”二字同属来母，“涛”、“涂”二字同属定母，但标点者未留心这一点造成错误。正确的标点应是：“与夷、犁来、涛涂、弥明、弥牟、灭明、由余、徐姚，皆双声也。”

③赵王饿，乃歌曰：“诸吕用事兮，刘氏微；迫胁王侯兮，彊授我妃。我妃既妒兮，诬我以恶；谗女乱国兮，上曾不寤。我无忠臣兮，何故弃国？自快中野兮，苍天与直。吁嗟不可悔兮，宁早自贼。”（《汉书·高五王传》）

上例赵王的歌词里，“微”与“妃”上古同属“微”部，“恶”与“寤”上古分属可以押韵的“铎”部和“鱼”部，“国”、“直”与“贼”上古同属“职”部，在以上的歌词里它们分别押韵。唐代颜师古注《汉书》时，却将歌词这样断句：“我无忠臣兮何故、弃国自快中野兮、苍天与直”，颜氏不懂古音，使断句后的歌词不合上古两句一韵的规律，造成错误。

④吴黄龙中，童谣云：“行白者君，追汝句骊马。”（《历代诗话续编》）

上例“者”、“汝”、“马”古同属鱼韵，标点者不知童谣是押韵的，以至误读。正确的标点应是：“行白者，君追汝，句骊马。”

**四、古文标点的具体方法**

标点古文的操作步骤是：拿到一篇没有标点符号的古文，首先要仔细阅读，基本上读懂其意思；然后，根据一些明显的标志（如虚词、对话等），把容易分辨的句子先断开（“句读”或断句），逐渐缩小范围;第三步,对不易断开的地方,要认真推敲每个词的含义和可能的用法,并联系上下文的意思和句式的特点,确定在适当的地方断句;最后,再根据语意、语气等情况,在断句的地方,加上相应的标点符号。

下面介绍一些断句的具体方法:

1. 注意虚词(特别是连词、语气词)和一些凝固结构的用法

虚词的主要作用是表示语法关系和语气。连词经常起联接词组和分句的作用,句尾语气词通常用于句末,叹词一般单用,代词常在句末,等等。它们的位置往往是断句的标志。有些凝固结构,如"有所"、"无所"、"有以"、"无以"、"然则"、"虽然"、"然而"等,中间是不能断开的;有些凝固结构,如"不亦……乎"、"无乃……乎"、"何以……为"等,是单句形式,必须根据情况断开。抓住了虚词和凝固结构,就能把一些"面上"的句子大致断开。

例如,下面这段文字,选自清人彭端淑《为学一首示子侄》:

"天下事有难易乎?为之,则难者亦易矣;不为,则易者亦难矣。吾资之昏不逮人也,吾材之庸不逮人也;旦旦而学之,久而不怠焉,迄乎成,而亦不知其昏与庸也。吾资之聪倍人也,吾材之敏倍人也;屏弃而不用,其与昏与庸无以异也。然则昏庸聪敏之用,岂有常哉?"

这段文字相当典型。全段共有十七个句子,用了十七个标点符号。其中成为断句标志的句末语气词共十一个("乎"、"矣"、"也"、"焉"、"哉"),连词和凝固结构共四个("则"、"而"、"然则"),代词两个("之"),句首语气词("岂",也有人称为情态副词)一个。

值得注意的是:语气词"也"虽然大量用于句末,但有时也用于句中,不能一看到"也"字就断句。例如:

韩愈《送孟东野序》："金石之无声，或击之鸣。人之于言也亦然，有不得已者而后言，其歌也有思，其哭也有怀。凡出乎口而为声者，其皆有弗平者乎！"

上述例句中的三个"也"字，应当看成句中语气词，不能点断。又如：

《淮南子·主术训》："耕之为事也劳，织之为事也扰；扰劳之事而不舍者，知其可以衣食也。"

例句中加点的两个"也"字，也不能点断。

2．注意句式的对偶和排比

古人作文，好用对偶句式和排比句式，这也为我们正确断句提供了条件。例如：

李密《陈情表》："臣少多疾病，九岁不行；零丁孤苦，至于成立。既无伯叔，终鲜兄弟。门衰祚薄，晚有儿息。外无朞(jī)功强近之亲，内无应门五尺之僮。茕茕独立，形影相吊。"

苏轼《喜雨亭记》："古者有喜，则以名物，示不忘也。周公得禾，以名其书；汉武得鼎，以名其年；叔孙胜敌，以名其子。其喜之大小不齐，其示不忘一也。"

《史记·淮阴侯列传》："夫听者，事之侯也；计者，事之机也；听过计失而能久安者，鲜矣。听不失一二者，不可乱以言；计不失本末者，不可纷以辞。夫随厮养之役者，失万乘之权；守儋(擔)石(shí)之禄者，阙卿相之位。故知者，决之断也；疑者，事之害也。审毫厘之小计，遗天下之大数，智诚知之，决弗敢行者，百事之祸也。故曰：猛虎之犹豫，不若蜂虿(chài)之致螫(shì)；骐骥之跼躅，不如驽马之安步；孟贲之狐疑，不如庸夫之必至也;虽有舜禹之智,吟而不言,不如瘖聋之指麾也。"

上述几个例句,都是大量运用对偶、排比句式的文言文;掌握了其规律,断句并不很难。

3. 注意两个相同词语的连用

古文中两个相同词语连用,如果不属于形容词、名词的重迭形式,一般来说,它们分属两句话,应当从中间断开。例如:

《史记·孙子吴起列传》:"孙武既死,后百余岁有孙膑。膑生阿、鄄(juàn)之间,膑亦孙武之后世子孙也。……齐使者如梁,孙膑以刑徒阴见,说齐使。齐使以为奇,窃载与之齐。齐将田忌善而客待之。"

又如:

《山海经·北山经》:"是炎帝之少女,名曰女娃。女娃游于东海,溺而不返,故为精卫。"

《列子·汤问》:"汝心之固,固不可彻,曾不若孀妻弱子。虽我之死,有子存焉;子又生孙,孙又生子,子又有子,子又有孙,子子孙孙,无穷匮也。"

4. 注意人物对话的起点

古文中在叙述人物的对话时,经常用"曰"字,"曰"下通常是所讲的话。这对于正确断句,提供了标志。但要正确判断引言的起止,分清对话内容和叙述话语。例如:

《孟子·梁惠王下》:"孟子谓齐宣王曰:'王之臣有讬其妻

子于其友而之楚游者。比其反也,则冻馁其妻子,则如之何?'王曰:'弃之。'曰:'士师不能治士,则如之何?'王曰:'已之。'曰:'四境之内不治,则如之何?'王顾左右而言他。"

又如:

《论语·季氏》:"陈亢问于伯鱼曰:'子亦有异闻乎?'对曰:'未也。尝独立,鲤趋而过庭。曰:"学《诗》乎?"对曰:"未也。""不学《诗》,无以言。"鲤退而学《诗》。他日,又独立,鲤趋而过庭。曰:"学《礼》乎?"对曰:"未也。""不学《礼》,无以立。"鲤退而学《礼》。闻斯二者。'陈亢退而喜曰:'问一得三:闻《诗》,闻《礼》,又闻君子之远其子也。'"

《韩非子·外储说左上》:"客有为齐王画者。齐王问曰:'画孰最难者?'曰:'犬马最难。''孰易者?'曰:'鬼魅最易。夫犬马,人所知者,旦暮罄于前,不可类之,故难。鬼神,无形者,不罄于前,故易之也。'"

上述三段短文中,用了大量"曰"字。由"曰"字入手,可以断开不少句子。

## 复习思考题

1. 什么叫"句读"? 句读有何作用?

2. 标点符号与句读有什么差别?

3. 古文标点有哪几项基本要求?

4. 标点下列古文,并通过查阅工具书将难字难词搞懂,然后把它们翻译出来:

①子贡问曰何如斯可以谓之士矣子曰行己有耻使于四方不辱君命可谓

士矣曰敢问其次曰宗庙称孝焉乡党称弟焉曰敢问其次曰言必行行必果硁硁然小人哉抑亦可以为次矣曰今之从政者何如子曰噫斗筲之人何足算也(《论语·子路》)

②梁惠王曰寡人愿安承教孟子曰杀人以梃与刃有以异乎曰无以异也以刃与政有以异乎曰无以异也庖有肥肉厩有肥马民有饥色野有饿莩此率兽而食人也兽相食且人恶之为民父母行政不免于率兽而食人恶在其为民父母也仲尼曰始作俑者其无后乎为其象人而用之也如之何其使斯民饥而死也(《孟子·梁惠王上》)

③齐人有一妻一妾而处室者其良人出则必厌酒肉而后反其妻问所与饮食者则尽富贵也其妻告其妾曰良人出则必厌酒肉而后反问其与饮食者尽富贵也而未尝有显者来吾将瞷良人之所之也蚤起施从良人之所之遍国中无与立谈者卒之东郭墦间之祭者乞其馀不足又顾而之他此其为厌足之道也其妻归告其妾曰良人者所仰望而终身也今若此与其妾讪其良人而相泣于中庭而良人未之知也施施从外来骄其妻妾由君子观之则人之所以求富贵利达者其妻妾不羞也而不相泣者几希矣(《孟子·离娄下》)

④战于郎公叔禺人遇负杖入保者息曰使之虽病也任之虽重也君子不能为谋也士弗能死也不可我则既言矣与其邻重(童)汪踦往皆死焉鲁人欲勿殇重(童)汪踦问于仲尼仲尼曰能执干戈以卫社稷虽欲勿殇也不亦可乎(《礼记·檀弓下》)

⑤公问于众仲曰卫州吁其成乎对曰臣闻以德和民不闻以乱以乱犹治丝而棼之也夫州吁阻兵而安忍阻兵无众安忍无亲众叛亲离难以济矣夫兵犹火也弗戢将自焚也夫州吁弑其君而虐用其民于是乎不务令德而欲以乱成必不免矣(《左传·隐公四年》)

⑥晋中行文子出亡过于县邑从者曰此啬夫公之故人公奚不休舍且待后车文子曰吾尝好音此人遗我鸣琴吾好珮此人遗我玉环是振我过者也以求容于我者吾恐其以我求容于人也乃去之果收文子后车二乘而献之其君矣(《韩非子·说林下》)

[啬夫——指当地的乡官。]

⑦甘蝇古之善射者彀弓而兽伏鸟下弟子名飞卫学射于甘蝇而巧过其师纪昌者又学射于飞卫飞卫曰尔先学不瞬而后可言射矣纪昌归偃卧其妻之机下以目承牵挺二年之后虽锥末倒眦而不瞬也以告飞卫飞卫曰未也必学视而

后可视小如大视微如著而后告我昌以氂悬虱于牖南面而望之旬日之间寝大也三年之后如车轮焉以睹余物皆丘山也乃以燕角之弧朔蓬之簳彘射之贯虱之心而悬不绝以告飞卫飞卫高蹈抚膺曰汝得之矣(《列子·汤问》)

## 第三节　古文的翻译

### 一、古文翻译的基本要求

古文翻译就是将古代文献中的文言文在尽可能保持其原本意义与语言风格的前提下,准确、通畅地用现代汉语表述出来。古文翻译要能让不懂得古代汉语的人通过译文了解与掌握作品的内容。我国有六千年文明史,积累了丰富的文化遗产,通过古文翻译将文化遗产当中的精华广为传播,对于弘扬中华文化,具有非常重要的意义。古文翻译又是学习古代汉语的重要练习方法。翻译好文言文,需要调动译者掌握的全部古代汉语的综合知识。

因此,古文翻译又是文言文阅读能力的集中体现。

清代学者严复在将英文翻译成中文的实践中,归纳总结出“信、达、雅”三项翻译标准。所谓“信”,指译文要忠实于原文,要能准确再现原文的内容;所谓“达”,指译文要通顺、畅达;所谓“雅”,指译文要尽可能地反映原文的语言风格。“信”是这三项标准的基础,“达”与“雅”只有建立在“信”的基础上才能实现。这三项标准同样适用于将文言文翻译成现代汉语。使用规范的现代汉语,遵守“信、达、雅”的标准,这是古文翻译的基本要求。

### 二、直译与意译

古文翻译中的“信”的标准,在翻译实践中是通过“直译”的方法体现出来的。直译就是忠实于原作,紧扣原文的字、词、句,进行对应翻译。字字落实,句句落实,是直译的特点。正确的直译只有完完全全地读懂原文，对原作的字、词、句、篇有比较清楚的理解才能做到。请看下面二例：

君子博学而日参省乎己，则知明而行无过矣。(《荀子·劝学》)

有人这样翻译："君子广泛地学习并且天天参验自己，就知道清楚（各种事情）而且行动没有错误了。"《荀子》上段文字的出处为《论语·学而》："曾子曰：'吾日三省吾身：为人谋而不忠乎？与朋友交而不信乎？传不习乎？'"译者不知"参省"之"参"是"三"的通假字，是多次的意思，以至误译。上段译文中，译者将"知"也理解错了，"知"此处是"智"的古字，"知明"是头脑聪明的意思，译者全然不知，将其翻译成"知道清楚"，并且在之后还加上了（各种事情）以示语句完整。直译最能检验译者对作品字词与语句的理解程度。

在直译能够准确传达作品内容时，应尽可能地运用直译这种方法。但是古今汉语在语法结构、表达方法、词语搭配等诸方面都有所不同，作品的艺术风格有时通过简单的直译也往往难以表达出来，因此采取意译的方法进一步表达清楚作品的内容含义与风格特征是很有必要的。所谓"意译"，就是根据原文的大意进行翻译，是在全面理解原文内容与语言风格的基础上，从整体上通畅地再现原作。例如：

诸君而有意，瞻余马首可也。(《清稗类钞·冯婉贞》)

若采用直译的方法，"瞻余马首可也"就只能译成"看我的马头就可以了"，仍然令人费解，应该意译为："听我的指挥就可以了。"再如：

昔我往矣，杨柳依依；今我来思，雨雪霏霏。（《诗经·小雅·采薇》）

若采取直译的方法，可译为：“往昔我离开的时候，杨柳长得很茂盛；现在我回来了，雪下得很大。”如此翻译，直白寡情，且《诗经》的韵文之味一点都没有。若采取意译的方式译成：“回想当年我离家，绿柳枝儿窗前挂；现今战后我归来，大雪纷飞漫天下！”则多少传达了一些原作的寓情于景、征夫归来的亦悲亦喜的思想感情。意译是体现翻译“达”、“雅”标准的重要途径与方法。

**三、古文翻译的注意事项**

1. 准确吃透原文，使字、词、句尽可能在译文中得到落实，要使用规范的现代汉语进行翻译。下面举几个例子：

①公曰：“不可，微夫人之力不及此。因人之力而敝之，不仁；失其所与，不知；以乱易整，不武。吾其还也。”亦去之。（《左传·僖公三十年》）

有人这样翻译：“晋文公说：‘不可以这么干。没有人家的大力相助不行。依靠过人家的力量反而去伤害他，不符合“仁”的标准；抛弃友好邻邦，不符合“智”的标准；用战乱来替代安定局面，不符合“武”的标准。我们还是回去吧。’也撤离了。”这样翻译意思大致表达出来了，但没有能够做到每一字、词、句在译文中的落实。“夫人”的“夫”为指示代词，现代汉语意思是“那”，没有翻译出来；“不及此”意为“不可能到达今天的地位”，用“不行”来译，没有做到准确的对译，“亦去之”的“之”，代词，指郑国边境，译文没有翻译出来。上列译文没有能实现字、词、句的全部落实。

②积土成山,风雨兴焉;积水成渊,蛟龙生焉。(《荀子·劝学》)

有人这样翻译:“堆积土壤造成大山,风雨就产生了;积蓄大水造就深渊,蛟龙就产生了。”原文中的两个“焉”为兼词,一个意为“从大山中”,一个意为“从深渊中”,译文没有翻译出来,没能做到字字落实。

③姜氏何厌之有?(《左传·隐公元年》)

有人将上面这句文言翻译成“姜氏有什么满足!”这样翻译基本能让人看懂原文是什么意思了,但是现代汉语一般不这么讲。如果将此句译成“姜氏哪有满足的时候”,更接近规范的现代汉语的表达形式。

④求,无乃尔是过与?(《论语·季氏》)

有人这样翻译:“冉有,这大概是你的过错吧?”表面看译文好像没有什么问题。但原文的词语搭配特点一点没有体现出来,更看不出译者是否理解了原文用结构助词“是”作为提前宾语标志的句式特点。正确的译文应该是:“冉有,这恐怕要责备你了吧!”

2. 注意古今汉语在字、词、句,在用词与句式等方面并不存在绝对的对应。

数学上常讲对应,指两个集合内的元素的映射与对等。古今汉语在字、词、句,在用词与句式方面有相当多的对应情况,这是古文翻译中应该并且能够讲求字、词、句落实的基础。但是,古今汉语中字、词、句不存在映射与对等的情况很多,我们在翻译中要尽可能灵活机动地用现代汉语的表达方式传递原文的信息。请看下面几例：

①阳货欲见孔子，孔子不见。（《论语·阳货》）

上例有人翻译成："阳货想见孔子，孔子不见。"原文中的第一个"见"是使动用法，要读成 xiàn。现代汉语中没有这种用法，译者不知，因而误译。正确的译文应是"阳货想让孔子拜见他"。

②诚宜开张圣听，以光先帝遗德，恢弘志士之气。（诸葛亮《出师表》）

上例"开张"是"扩大"的意思，"圣听"是"皇帝的听闻"的意思。但如果将"开张圣听"译成"扩大皇帝的听闻"，就显得很别扭，因为现代汉语一般不这么说。如果将此译为"扩大皇帝的听闻范围"，表达就通畅多了。

③其石之突怒偃蹇，负土而出，争为奇状者，殆不可数。（柳宗元《钴鉧潭西小丘记》）

"其石"与"突怒偃蹇，负土而出，争为奇状者"是全体与分体、"分母与分子"、包含与被包含的关系。翻译时，要按现代汉语的表述习惯，将后者译为"石"的定语。

④侍中、侍郎郭攸之、费祎、董允等，此皆良实，志虑忠纯。（诸葛亮《出师表》）

上例使用了古代汉语常用的"并提"的修辞手法。《出师表》的原意是：侍中郭攸之、费祎，侍郎董允等都是贤良诚实、内心忠诚并且思虑纯正的人。此处官名“侍中”与“侍郎”并提，人名郭攸之、费祎、董允并提。古人写文章为了行文简练，将原本应用两个短语或两个句子表达的内容，合并为一个句子来表达，而现代汉语中一般不使用这种表达方式，翻译中要注意。

3. 译文要力求保持原文的语言风格

原作的语言风格是通过文章的字、词、句体现出来的。古文翻译要力求将这种熔铸在原作字、词、句当中的风格特点体现出来。例如：

①晏婴，齐之习辞者也。今方来，吾欲辱之，何以也？（《晏子春秋·内篇杂下》）

晏子即将出使楚国，楚王久闻晏子善于言辞，不太容易对付，故叫身边大臣出主意，想等晏子来后羞辱他一下。上例即是楚王对大臣讲的话。有人这样翻译：“晏婴，不过是齐国一个熟习外交辞令的家伙罢了。现在他就要到我们这儿来了，我想羞辱他一下，如何做呢？”原文的“齐之习辞者也”是一个表示肯定、确认语气的判断句，而译文译成了表示轻视、限制的语气，这样楚王向大臣征求办法去羞辱晏子好像就没有必要了。正确的翻译应该是：“晏婴，是齐国熟习外交辞令的人，现在他就要到我们这儿来了，我想羞辱他一下，如何做呢？”

②苟全性命于乱世，不求闻达于诸侯。（诸葛亮《出师表》）

上例两句话字数与结构均相同，是对偶句，将意思翻译出来比较容易，但句式特色也要努力体现出来。倘若这样翻译：“只求在乱世里苟全性命，不想在诸侯中显身扬名。”则可体现不少原作的语言风格。

③今欲以先王之政治当世之民，皆守株之类也。(《韩非子·五蠹》)

上例有人这样翻译："今天假如谁要用古代先王的政策来统治老百姓，那都同守株待兔的人一样愚蠢。"这样翻译意思大体是对的，但原文"皆守株之类也"语气比较含蓄，用了"同……一样愚蠢"这样的表达形式，把原文的意思完全点明，原文的含蓄的语言风格就无法保存了。

**四、古文翻译的具体方法**

古文今译的情况极其复杂，这儿仅从如何处理几个重要的具体问题角度，谈一些基本方法。

1. 紧扣原文字词，努力做到使原文中每一个字词(特别是实词)都在译文中得到落实，尽可能地不要漏译。凡能一句对一句，一字对一字地翻译的地方，应尽量按原文句式对译。例如：

范仲淹《岳阳楼记》："是进亦忧，退亦忧，然则何时而乐欤?"

【译文一：这样看来，进朝当官也忧愁，退居江湖也忧愁，既然这样，那么什么时候才能快乐呢?】

【译文二：当官也忧愁，下野也忧愁，那么什么时候才快乐?】

译文一做到了字字落实，对应翻译；译文二漏译了"是"、"然"和"欤"，明显失当。

又如：

司马迁《报任安书》:“向者,仆常厕下大夫之列,陪外廷末议。”

【译文一:先前,我曾经夹杂在下大夫的行列里,陪伴外朝的官吏发一些微不足道的议论。】【注意:“常”通“尝”。】

【译文二:以前,我也曾经当过官,在朝廷上发表过一些小小的议论。】

译文一紧扣了原文字句,一一对应加以翻译,完整地表达了原文的意思。译文二的理解正确,但没有紧扣字词翻译,原文的语意未能全面表达。

再如:

《论语·季氏》:“君子疾夫舍曰‘欲之’而必为之辞。”

【译文一:君子讨厌那种回避说“想做某件事”却必定要为做那件事找个托辞的态度。】

【译文二:君子讨厌那种人,他们想做某件事,不公开说“想做”,却一定要为自己找一个借口。】

译文一紧扣原文字句,字字落实地译成了现代汉语;译文二是意译,因而原文中有的词在译文中未落实。

2. 古汉语中的句子成分(如主语、谓语、宾语)经常省略,在译文中要根据“表达通畅明白”的要求,予以补足。有时,还要根据表达的要求,适当地在译文中添加一些词语。例如:

陶渊明《桃花源记》:“见渔人,乃大惊,问所从来。具答之。便要还家,设酒杀鸡作食。”

【译文一:桃花源里的人看见渔人,就非常惊讶,问他是从

哪里来的。渔人详细地回答了他们。有人就邀请他到家里去，摆上酒、杀了鸡、做好饭招待他。】

【译文二：看见了捕鱼的人，就很奇怪，问来的地方。全都回答了他们。就邀请回家，摆酒、杀鸡、做饭。】

译文一根据上下文意，补足了省略的成分，表意清楚明白，符合现代汉语的表达规律。译文二死扣原文字句，虽然做到了字字落实，但由于未能补出省略了的成分，因而表意不够清楚。

又如：

《史记·孙子吴起列传》："齐使者如梁，孙膑以刑徒阴见，说齐使。齐使以为奇，窃载与之齐。"

【译文一：齐国的使臣到（魏国的首都）大梁来，孙膑就用受过刑的罪犯的身份秘密拜见齐国使臣，向他进行游说。齐国使臣认为孙膑有杰出的才能，就偷偷地载了他，和他一起回到齐国。】

【译文二：齐国的使臣到大梁来，孙膑就以受刑犯人秘密拜见，游说齐使。齐使认为有特殊才能，偷偷车载一起回齐国。】

译文一补足了原文省略的成分，并根据现代的表达习惯，把"说齐使"译成"向他进行游说"（如译成"游说齐国使臣"也可以。但由于前面的译文是"秘密拜见齐国使臣"，所以改译成"向他进行游说"更好）；还在"以刑徒"的译文中添加"的身份"，使表达更通顺。译文二由于完全照字面直译，未能添补适当的词语，显得生涩。

再如：

《左传·隐公元年》:“及庄公即位,为之请制。公曰:‘制,岩邑也,虢叔死焉,他邑唯命。’”

【译文:到郑庄公继承王位(做了国君),姜氏就替他(指共叔段)请求制(这个地方)。庄公说:“制是险要的城邑,(从前)虢叔死在那里,(不宜给他,)其他地方一定听从(您的)吩咐。”】

在这段译文中,由于添加了一些词语(加点处),就使上下文意、逻辑关系显得明确;如果把加点的词语全都拿掉,则译文在表意方面就差得多。

3. 有些古汉语词句在现代汉语中找不到对应的说法,无法一字一字地对应翻译,或照字面翻译后显得呆滞生硬,在这种情况下,可以用意译的方法,译出其大意。例如:

韩愈《答李翊书》:“当其取于心而注于手也,惟陈言之务去,戛戛乎其难哉!”

【译文:当我从心中取出在学习中所获得的知识和认识,而把它们倾注到手上写成文章时,我只是务必排除世人用惯了的陈词滥语,那真是极其艰难的事啊!】

“戛戛乎”即“戛戛然”,形容词,用以表现韩愈写文章时,为了排除陈言、力求创新而冥思苦索、绞尽脑汁、极其艰难的样子。在现代汉语中,找不到同它对应的词,因此只能意译“戛戛乎其难哉”一句,通过程度副词“极其”表现其难。

又如:

《战国策·赵策》:“对曰:‘十五岁矣。虽少,愿及未填沟壑而讬之。’”

【译文:触龙回答说:“十五岁了。虽然他(舒祺)年纪小,我还是希望在自己死前把他托付给您。”】

“填沟壑”是古人对自己死亡的谦虚说法,意思是自己死后无人埋葬,尸体被扔到山沟里。如果这句话照字面直译成“我希望趁自己还没有填山沟就把他托付给你”,就令人费解,不如以“死”意译。

再如:

韩愈《师说》:“是故无贵无贱,无长无少,道之所存,师之所存也。”

【译文一:因此,不论地位高贵还是卑贱,不论年纪大还是年纪小,谁掌握了知识道理,谁就可以作老师。】

【译文二:因此,无论地位高贵还是卑贱,无论年龄大还是年龄小,道理存在的地方,就是老师存在的地方。】

译文一把“道之所存,师之所存”按大意翻译,显得明白易懂;译文二把这句话照字面硬译,就显得呆板费解。

4. 古汉语中有一些特殊的语序和句式,翻译时,应按照现代汉语的语序和表达习惯来表述。

(1)主谓倒装句,一般译成主语在前、谓语在后的句型。例如:

《列子·汤问》:“甚矣,汝之不惠!”

【译文:你的不聪明也太过分啦!】

《孟子·梁惠王上》:“宜乎,百姓之谓我爱也!”

【译文:老百姓说我吝啬真是太合适了!】

(2)宾语前置句,一般译成动词在前、宾语在后的形式。例如:

《晏子春秋·内篇杂下》:“缚者曷为者也?”(疑问代词作动词的宾语前置)

【译文:那个被捆缚的人是干什么的?】

《左传·成公三年》:“子归,何以报我?”(疑问代词作介词的宾语前置)

【译文:你回国后,用什么来报答我?】

《左传·僖公四年》:“君若以力,楚国方城以为城,汉水以为池,虽众,无所用之。”(介词“以”的宾语前置)

【译文:您如果使用武力,(那么,)楚国将以方城山为城墙,以汉水为护城河,您的军队虽然很多,但没有用它们的地方。】

《左传·宣公二年》:“将谏,士季曰:‘谏而不入,则莫之继也。’”(否定句中用“莫”,代词宾语前置。)

【译文:赵盾正要(进宫)劝谏晋灵公,士季说:“您劝谏君王如果谏言不被他采纳,就没有人跟着接替您了。”】

《左传·僖公四年》:“岂不谷是为?先君之好是继。”(动词的宾语前置,用“是”复指)

【译文:难道是为了我吗?是为了继承先君的友好关系。】

《论语·为政》:“父母唯其疾之忧。”(动词的宾语前置,用“之”复指)

【译文:父母亲只是担忧他生病。】

《左传·成公十三年》:“康公我之自出。”(介词的宾语前置,用“之”复指)

【译文:刘康公是由我国穆姬所生的。】

(3)某些作补语的介词结构,要译成状语。例如:

《荀子·劝学》:"南方有鸟焉,名曰蒙鸠,以羽为巢,而编之以发。"(表工具)

【译文:南方有一种小鸟,名字叫蒙鸠,它们用羽毛建造窝巢,而用毛发来编织它。】

《左传·僖公五年》:"师还,馆于虞。"(表地点)

【译文:晋国军队返回,在虞国住宿。】

《战国策·齐策》:"臣之妻私臣,臣之妾畏臣,臣之客欲有求于臣,皆以美于徐公。"(表对象,表比较)

【译文:我的妻子偏爱我,我的小妾害怕我,我的宾客想要对我有所要求,他们都以为我比徐公漂亮。】

《史记·项羽本纪》:"项伯乃夜驰之沛公军,私见张良,具告以事,欲呼张良与俱去。"(表对象)

【译文:项伯就连夜驰马到沛公的军队驻地去,悄悄地会见张良,把事情全都告诉了他,想叫张良跟他一起逃离。】

(4)有些双宾语句(动词一般不表示"赠告"义)中的间接宾语(即近宾语),往往要译成介词结构,并放在动词之前。例如:

《左传·宣公二年》:"使尽之,而为之箪食与肉,寘诸橐以与之。"

【译文:赵盾让灵辄吃尽了食物,并且给他准备了一筐饭和肉,把它们放在口袋里,送给了他。】

《左传·襄公十四年》:"天生民而立之君。"

【译文:上天生下人民并为他们确立了君王。】

贾谊《论积贮疏》:"古之人曰:'一夫不耕,或受之饥;一女不织,或受之寒。'"

【译文:古人说:"一个农夫不耕田,就有人因此而遭受饥饿;一个妇女不织布,就有人因此而遭受寒冷。"】

(5)有些“动——宾——补”的句式，要把宾语译成介词结构，并放到动词前面，因为现代汉语中的补语一般紧接在动词后面，中间不能插进宾语。例如：

韩愈《张中丞传后叙》：“二公之贤，其讲之精矣。”

【译文：张巡、许远这两个人这样贤能，他们对这件事情考虑得十分周到啊。】

5. 对古汉语中某些特有的修辞方式，翻译时，要对用词或句式进行适当的调整，使之符合现代的习惯说法。

(1)“并提”一般要分开翻译。例如：

《汉书·景帝纪》：“封故御史大夫周苛、周昌孙、子为列侯。”

【译文：封先前的御史大夫周苛的孙子和周昌的儿子为列侯。】

《史记·淮阴侯列传》：“大夫种、范蠡存亡越，霸句践，立功成名而身死亡。”

【译文：大夫文种和范蠡使已经灭亡了的越国复生，使勾践成就霸业，立了大功，成了美名，但文种被迫自杀，范蠡被迫出逃。】

(2)“互文”一般要将省略的内容补齐了翻译。例如：

杜牧《泊秦淮》：“烟笼寒水月笼沙，夜泊秦淮近酒家。”

【译文：烟雾般的水气和朦胧的月光笼罩着寒冷的河水和岸边的沙地，夜晚客船停泊在秦淮河边靠近酒家（酒店）的

地方。】

杜甫《北征》:"不闻夏殷衰,中自诛褒妲。"

【译文:没听说唐王朝像夏、商、西周一样衰亡,是因为在事变过程中,朝廷自己诛杀了像祸国的妹喜、妲己、褒姒一样的宠妃杨贵妃。】

(3)"借代(代称)"一般要译成所称代的对象。例如:

《孟子·梁惠王上》:"为肥甘不足于口与?轻暖不足于体与?"

【译文:是因为肥美的食品不能满足您的嘴巴的需要吗?是因为又轻又暖的衣服不能满足您的身体的需要吗?】

《左传·僖公二十三年》:"我二十五年矣,又如是而嫁,则就木焉。"

【译文:我已经二十五岁了,如果再过这样长的时间出嫁,那我就要进棺材了。】

陶渊明《桃花源记》:"黄发垂髫,并怡然自乐。"

【译文:老人和孩子都心情愉悦自在快乐。】

(4)"引用"(特别是用典)要译成明白的语言。例如:

司马迁《报任安书》:"虽才怀随和,行若由夷,终不可以为荣。"

【译文:我即使怀有像随侯珠、和氏璧那样宝贵的才能,德行像许由、伯夷那样高尚,终究不可以拿这个作为荣耀。】

6. 有些古代的专有名词,如地名、国名、官名、朝代名、人名、年号、族号、典章制度名称、度量衡名称等,以及一些常用的名词如

“君子”、“小人”、“天子”、“大臣”、“将军”等,可以直接沿用,不必翻译。

7. 译文要力求反映原文的语气神情和语言风格。

(1)语气词要尽量翻译,并运用恰当的现代词语表达,以便比较充分地表现原文的语气神情。例如,“其”的译法就有多种:

①表强烈的反问语气:《左传·僖公五年》:“一之谓甚,其可再乎?”(谓,通“为”)

【译文:一次已经算是过分了,难道还可以来个第二次吗?】

②表委婉的祈使语气:《左传·僖公四年》:“昭王之不复,君其问诸水滨!”

【译文:周昭王南巡没有返回,您还是到水边去询问这件事吧!】

③表较强硬的祈使语气:《庄子·人间世》:“子其有以语我来!”

【译文:你要把情况告诉我!】

④表测度语气:《左传·成公三年》:“王送知罃曰:‘子其怨我乎?’”

【译文:楚共王送别知罃时说:“你大概很恨我吧?”】

(2)排比句句式整齐,有较强的气势,译文要力求表现这种语言风格。例如:

《论语·子罕》:“知者不惑,仁者不忧,勇者不惧。”

【译文:有智慧的人不会迷惑,讲仁爱的人不会忧愁,具勇力的人不会畏惧。】

司马迁《报任安书》:“修身者,智之符也;爱施者,仁之端也；取与者，义之表也；耻辱者，勇之决也；立名者，行之极也。”

【译文：加强自身的道德修养，是智慧的凭信；爱怜别人并乐于施舍，是仁的开端；拿取和给予合宜适当，是义的标志；对待耻辱的态度，是对勇敢与否的判断；树立流传后世的美名，是德行的最高准则。】

(3)对偶句式具有对称美，语言紧凑生动，译文也应尽量用对偶句式(两句字数要相同，力争对仗)表现其风格特色。例如：

司马迁《报任安书》：“士为知己者用，女为说己者容。”

【译文：士人为了解自己的人用力，女子为喜欢自己的人打扮。】

司马迁《报任安书》：“仆少负不羁之才，长无乡曲之誉。”

【译文：我小时候就缺少不受羁绊的高远材质，长成后又没有乡党邻里的赞誉之词。】(也有人将“负”理解为“恃”，即“倚仗”)

(4)比喻和夸张具有形象、生动、鲜明、易懂的特点，译文应照原文直译。例如：

《史记·陈涉世家》：“陈涉太息曰：‘燕雀安知鸿鹄之志哉！’”

【译文：陈涉长叹道：“燕子和麻雀哪里知道大雁和天鹅的志向啊！”】

《诗经·卫风·河广》：“谁谓河广，曾不容刀。”

【译文：谁说黄河河面宽广，竟然容纳不下一条小船。】

等等。

8. 要防止用现代的流行词语去翻译古代的名词。

这里主要有两种情况：

(1)古代的职官名称，不可以用与之相当的现代官名去翻译。例如：

> 《资治通鉴·赤壁之战》："遂以周瑜、程普为左右督，将兵与(刘)备并力逆(曹)操；以鲁肃为赞军校尉，助画方略。"

"左右督"即"左右都督"，相当于现代的正副总司令，但不可以用"正副总司令"去翻译；"赞军校尉"相当于现代的"参谋长"，也不可以用"参谋长"去翻译。

这类古代的职官名称，不必翻译。

(2)古代有关意识形态方面的一些名词术语，也不宜用现代名词去翻译。例如：

"士"、"儒"、"儒生"等词，不要译成"知识分子"；"劳心者"、"劳力者"(《孟子·滕文公上》)不要译成"从事智力活动的人"、"体力劳动者"(或"劳动人民"、"劳苦大众")，等等。

上面，我们对翻译的标准和主要方法，进行了简单的介绍。

翻译是一项实践性很强的工作。为了搞好古文今译，需要很好地理解古汉语关于文字、词汇、语法、音韵、修辞等方面的理论知识，了解古代的历史、文化、民俗、地理、社会等背景，真正读懂、读通古代的文章，掌握适当的翻译技巧，提高驾驭现代汉语的能力，并不断地进行训练。只有在实践中综合运用各种有关知识，反复琢磨，积累经验，才能真正掌握翻译的技能，逐步做到"信"、"达"、"雅"的完美结合。因此，在古汉语学习中，对古文今译一定要高度重视，勤于实践。

## 复习思考题

1. 古文翻译的基本要求是什么?

2. 什么叫"直译"? 什么叫"意译"?

3. 古文翻译要注意哪些事项?

4. 标点下列短文,并把它们译成现代汉语:

①魏王遗荆王美人荆王甚悦之夫人郑袖知王悦爱之也亦悦爱之甚于王衣服玩好择其所欲为之王曰夫人知我爱新人也其悦爱之甚于寡人此孝子之所以养亲忠臣之所以事君也夫人知王之不以己为妒也因谓新人曰王甚悦爱子然恶子之鼻子见王常掩鼻则王常幸子矣于是新人从之每见王常掩鼻王谓夫人曰新人见寡人常掩鼻何也对曰不之知也王强问之对曰顷尝言恶闻王臭王怒曰劓之夫人先诫御者曰王若有言必可从命御者因揄刀而劓美人(《韩非子·内储说下》)

②孟尝君将入秦止者千数而弗听苏秦欲止之孟尝君曰人事者吾已尽知之矣吾所未闻者独鬼事耳苏秦曰臣之来也固不敢言人事也固且以鬼事见君孟尝君见之谓孟尝君曰今者臣来过于淄上有土偶人与桃梗相与语桃梗谓土偶人曰子西岸之土也挻子以为人至岁八月降雨下淄水至则汝残矣土偶曰不然吾西岸之土也吾残则复西岸耳今子东国之桃梗也刻削子以为人降雨下淄水至流子而去则子漂漂者将何所之也今秦四塞之国譬若虎口而君入之则臣不知君所出矣孟尝君乃止(《战国策·齐策》)

【桃梗——用桃木枝刻成的人。挻——音 shān,揉合,揉制。】

③淮阴侯韩信者淮阴人也始为布衣时贫无行不得推择为吏又不能治生商贾常从人寄食饮人多厌之者常数从其下乡南昌亭长寄食数月亭长妻患之乃晨炊蓐食食时信往不为具食信亦知其意怒竟绝去信钓于城下诸母漂有一母见信饥饭信竟漂数十日信喜谓漂母曰吾必有以重报母母怒曰大丈夫不能自食吾哀王孙而进食岂望报乎淮阴屠中少年有侮信者曰若虽长大好带刀剑中情怯耳众辱之曰信能死刺我不能死出我袴下于是信孰视之俛出袴下蒲伏一市人皆笑信以为怯(《史记·淮阴侯列传》)

【晨炊蓐食——一大早烧好饭,在床上就把饭吃了,极言吃饭时间之早。

蓐，通“褥”。　漂母——在河中拍洗绵絮的老年妇女。】

④(韩)信至国召所从食漂母赐千金及下乡南昌亭长赐百钱曰公小人也为德不卒召辱己之少年令出袴下者以为楚中尉告诸将相曰此壮士也方辱我时我宁不能杀之邪杀之无名故忍而就于此(《史记·淮阴侯列传》)

【中尉——官名，专管缉捕盗贼。　就于此——取得成就，达到眼前地位。】

⑤(韩)信方斩曰吾悔不用蒯通之计乃为儿女子所诈岂非天哉遂夷信三族高祖已从豨军来至见信死且喜且怜之问信死亦何言吕后曰信言恨不用蒯通计高祖曰是齐辩士也乃诏齐捕蒯通蒯通至上曰若教淮阴侯反乎对曰然臣固教之竖子不用臣之策故令自夷于此如彼竖子用臣之计陛下安得而夷之乎上怒曰亨之通曰嗟乎冤哉亨也上曰若教韩信反何冤对曰秦之纲绝而维弛山东大扰异姓并起英俊乌集秦失其鹿天下共逐之于是高材疾足者先得焉跖之狗吠尧尧非不仁狗固吠非其主当是时臣唯独知韩信非知陛下也且天下锐精持锋欲为陛下所为者甚众顾力不能耳又可尽亨之邪高帝曰置之乃释通之罪(《史记·淮阴侯列传》)

【鹿——谐音“禄”，指帝位。】

## 第四节　常用工具书

### 一、语文工具书简史

工具书是专门编纂出来供人们查检从而获取某一方面知识的特定类型的图书。我国语文工具书的编纂历史源远流长，六千年的华夏文明给人们留下了十分丰厚的优秀语文工具书遗产。我国在先秦时期，就已产生了具有检字作用的汉字著作《史籀篇》。西汉问世的《尔雅》是我国历史上第一部词典，它解释经义，辨识名物，它的编成对后世影响很大。东汉刘熙仿《尔雅》体例著《释名》，采用音训的方法解释词语，探究名物制度的源流。汉代孔鲋的《小尔雅》也是受《尔雅》的影响编成的，世称“《尔雅》之补”。东汉许慎编写的《说文解字》，是我国第一部最有系统且最为完整的古代字书，是中国文字学史上的里程碑。汉代扬雄所撰《方言》是我国第一部解释方言词语的工具书。三国魏时的张揖博采汉人笺注、增广《尔雅》所未备而撰成的《广雅》，是研究古代词汇和训诂的重要资料。南朝梁陈时顾野王仿《说文解字》，编成《玉篇》，收字丰富，注释详赡。隋代陆法言撰成《切韵》，开我国系统韵书之先河，后世复出《唐韵》、《广韵》与《集韵》，体例与《切韵》类同，但后出转精。清代编撰语文工具书之风大盛。高邮王念孙的《广雅疏证》博搜汉以前的古训，由古音求古义，颇多创见，被公认为训诂学的经典著作。段玉裁的《说文解字注》，全面考订、注释传世的《说文解字》，是中国文字学的集大成著作。《康熙字典》收字空前，《佩文韵府》收词宏富，给人们研究古代汉语提供了方便。清代还出现了《助字辨略》、《经传释词》等一批极具学术价值的文言虚词专著，对人们阅读古代文献帮助很大。

## 二、传统语文工具书举要

1.《尔雅》

《尔雅》是我国古代最早的一部词典。其时代和作者已不可考，一般认为大体是战国后期至西汉时的儒生为了研读儒家经典、解决阅读中的词义障碍而编纂的工具书。东汉刘熙《释名》说："尔，昵也；昵，近也。雅，义也；义，正也。五方之言不同，皆以近正为主也。"《尔雅》是一部以今语释古语、以"雅言"释方言的训诂专书。大约《尔雅》在战国后期开始编纂，以后陆续增补，到西汉成书时，已非出于一时一人之手。东晋时期，训诂学家郭璞用了二十年功夫对这部书加以整理并作了注释；北宋时，邢昺等又据郭注详为疏解，这就是现在通行的《十三经注疏》本中的《尔雅注疏》。

《尔雅》按照所释词语的内容，分为十九篇：《释诂》、《释言》、《释训》、《释亲》、《释宫》、《释器》、《释乐》、《释天》、《释地》、《释丘》、

《释山》、《释水》、《释草》、《释木》、《释虫》、《释鱼》、《释鸟》、《释兽》、《释畜》。前三篇《释诂》、《释言》、《释训》解释古书中的一般词语；后十六篇解释百科名词。《释亲》解释有关亲族称谓；《释宫》解释同建筑物有关的名词；《释器》解释生活用具及器物的名称；《释乐》解释乐器的名称；《释天》解释天文、气象以及有关祭祀、狩猎的名称；《释地》解释古地理、物产的名称；《释丘》解释丘陵地形的名称；《释山》解释山岳和山峦形状的名称；《释水》解释江河泉渠的名称；《释草》解释花、草、瓜、果、粮、菜等植物名称；《释木》、《释虫》、《释鱼》、《释鸟》、《释兽》、《释畜》是解释木果、虫豸、水族、禽鸟、兽畜等的名称。

《尔雅》所解释的字、词，多为单音词，也有不少是双音词及多音词。例如：

> 卬、吾、台、予、朕、身、甫、余、言，我也。(《释诂》)
> 朝、旦、夙、晨、晙，早也。(《释诂》)
> 希、寡、鲜，罕也。鲜，寡也。(《释诂》)
> 春猎为蒐，夏猎为苗。(《释天》)
> 谑浪、笑敖，戏谑也。(《释诂》)
> 祁祁、迟迟，徐也。(《释训》)
> 狒狒，如人，被发，迅走，食人。(《释兽》)

《尔雅》解释词义的方法，有“通训”法，即把许多同义词或近义词集中胪列，最后用一个常用词(通语)来统一解释。比如前面所引的“朝、旦、夙、晨、晙”等词，都是“早”的意思，胪列之后再行解释。有“分训”法，用于一词多义，如《释诂》：“希、寡、鲜，罕也。鲜，寡也。”“罕”是稀罕，除有“数量少”的意思，也包含有“不常见”、“不常有”的意思，“寡”则一般指“数量少”。另外还有意义相同的词互相训释的“互训”法及以相反的词义训释的“反训”法。

《尔雅》首创了按词的意义编排词汇的体例，是我国第一部类义辞书。它的编排方式对后世的工具书的体例有很大的影响。《尔雅》保存的大量先秦词汇及其解释，对古代文献的阅读和研究有较高的参考价值。《尔雅》其书还保存了许多珍贵的古代社会生活、天文地理、虫鱼鸟兽及名物典章制度等方面的资料。

《尔雅》在释义方面存在着一些缺陷，比如有时虚词与实词不分，一些名物的解释也缺少科学根据。但瑕不掩瑜，它仍不失为一部学习与研究古代汉语的重要工具书。

历代注释《尔雅》的著作很多，除晋代郭璞注之外，清代邵晋涵的《尔雅正义》和郝懿行的《尔雅义疏》学术价值比较大。

2.《说文解字》

《说文解字》是我国现存的最早的一部字典，东汉许慎著。今传本有正文十四篇，《后叙》一篇，共十五篇，每篇又以上下分别之。它是学习与研究汉字的最重要的工具书。

《说文解字叙》中曾记述全书原书共收汉字 9353 字；另有重文 1163 字。目前通行本的正文和重文，已经超出了这两个数字，是因为后人进行了补加。

《说文解字》首创了汉字的部首编排法。清代的《康熙字典》及当代编写的字典辞书采用部首检索法的做法，就是受《说文》部首归类的影响。《说文》全书分汉字为五百四十部。

《说文》收字，以小篆为主体，每字如有其他形体的古文、籀文、异体字，则作为重文处理，置于每字之下。

每个单字，先列小篆字形，再加以解释。注解分为三部分：一、解释字的本义；二、根据“六书”分析和说明文字的形体构造；三、注明读音。由于东汉时人们还没有创造出“反切”的注音方法，因此许慎仅采用了“某声”、“读若某”、“读某声”或“读与某同”的直音法与读若法注音。现在通行本中的反切注音，是宋初徐铉根据《唐韵》后来加上去的。

许慎采用六书的方法，通过分析汉字的字形结构，来探求字的本义。有关“六书”理论的具体内容，本教材文字部分有详细介绍。

《说文解字》原书早已残缺，五代时南唐的徐锴曾经对它进行过整理，称作《说文系传》，世称“小徐本”。北宋初年，徐锴的哥哥徐铉也对《说文解字》作过一番整理、校定，这就是世称的“大徐本”。现在通行的《说文解字》就是大徐本。

后世特别是清代，出现了一大批研究《说文》的著作，其中以段玉裁的《说文解字注》、桂馥的《说文解字义证》、王筠的《说文解字释例》及《说文解字句读》、朱骏声的《说文通训定声》影响最大，段、桂、王、朱四人被誉为“说文四大家”。

3.《广韵》

《广韵》全称《大宋重修广韵》，为北宋初年陈彭年等编撰。它是我国现存的最为完整的一部古代韵书，是在前代韵书的基础上增订而成的。全书共五卷，分为206个韵部，计有平声五十七韵，上声五十五韵，去声六十韵，入声三十四韵。平声韵部分因为字数较多，分为上下两卷，上平声二十八韵，下平声二十九韵。上、去、入则各占一卷。书中“附录二”载有韵目。全书共收两万六千一百九十四字。

《广韵》将所收字的同音字集中在一起成为一组，每字先解释字义，然后注音。有异读则分别注明。下面以去声的“四绛”韵的“巷”字条为例作一说明：

巷 街巷又姓诗云巷伯胡绛切三　衖 上同亦作鄉　閧 说文云斗也孟子邹与鲁閧俗作鬨

上组同音字共有三个。“巷”字下面的“街巷又姓”是字义的解释，“诗云巷伯”是举例证明“巷”作“姓”用，“胡绛切”是反切注音，“三”是指此组与“巷”同音的字共有三个，除“巷”外，还有“衖”、“閧”。每组字，《广韵》用圈隔开，以避免与他组字混淆。

《广韵》部目的下面，注有“独用”、“同用”字样，这是为写作近体诗的人提供的押韵的依据。所谓“独用”,指本韵部的字只能单独使用,即在创作中用到该韵脚的字只能在同一个韵部里找字相押;所谓“同用”,指几个韵部的字可以共同使用,即规定同用的几个韵部里的字都可以在韵脚相押。下面是上平声二十八个韵部:

| | |
|---|---|
| 东第一独用 | 冬第二锺同用 |
| 锺第三 | 江第四独用 |
| 支第五脂之同用 | 脂第六 |
| 之第七 | 微第八独用 |
| 鱼第九独用 | 虞第十模同用 |
| 模第十一 | 齐第十二独用 |
| 佳第十三皆同用 | 皆第十四 |
| 灰第十五咍同用 | 咍第十六 |
| 真第十七谆臻同用 | 谆第十八 |
| 臻第十九 | 文第二十欣同用 |
| 欣第二十一 | 元第二十二魂痕同用 |
| 魂第二十三 | 痕第二十四 |
| 寒第二十五桓同用 | 桓第二十六 |
| 删第二十七山同用 | 山第二十八 |

上表的“东”、“鱼”、“江”、“微”、“齐”韵部,后有“独用”字样,若在近体诗词创作中找韵脚的字就只能在本部中找,而不能与其他韵部的字相押。上表的“支”、“佳”、“灰”、“真”、“寒”、“删”、“冬”、“虞”、“文”、“元”等后有“同用”字样,则在诗词创作中可以与规定的同用的其他韵部的字相押,如“支”后有“脂之同用”字样,则“支”、“脂”、“之”三韵的字可以在诗词创作中互相押韵。

《广韵》对于汉语语音史的研究具有其他典籍所无法比拟的价值。书中还保存了大量古词语的解释,对阅读古代文献帮助很大。

《广韵》的源流最早可追朔到隋代陆法言编撰的《切韵》。《切韵》原书五卷，早已亡佚，只有一些残本传世。其书审音细致，但内容比较简略。唐代孙愐在《切韵》的基础上撰成《唐韵》，对《切韵》的韵目、字数和注释作了一些增订。其书现在也已失传，只有写本残卷和一篇保存在《广韵》书前的序文。

中华书局出版有周祖谟校订的《广韵校本》一书，是目前比较完善的版本。

4.《康熙字典》

清代张玉书、陈廷敬等编。是我国第一部最大的字典，收字47035个，重文计有1995字，合计49030字。原名《字典》，康熙四十九年（1710年）开始编纂，康熙五十五年编成，遂称为《康熙字典》。此书是在明代梅膺祚《字汇》、张自烈《正字通》两书基础上加以增广订正而成，字数也超出两书一万余字。

此书仿照《字汇》、《正字通》体例，部首采用《字汇》的214个部首，分别归入子、丑、寅、卯、辰、巳、午、未、申、酉、戌、亥十二集。同一部中的字，以笔画数为序排列。每字下采用先注音后释义的方式。注音采用《唐韵》、《集韵》、《韵会》和《正韵》的反切。释义采用《说文解字》及其他的字书、韵书中的解释，释义之后尽可能引用古书材料以说明义项在文献语言中的运用情况。先列本音本义，后列别音别义。别体俗体讹字，附列注后。

《康熙字典》在注音上还采用了"叶音"的方法。所谓"叶音"，是一种为了求得韵文韵律的协和，临时改变字的读音的做法。这是古人不懂得古今字音变化的一种违背音韵学的原理的做法。叶音说的采用，导致《康熙字典》注音出现了很多错误，这是我们翻检时要注意的。

《康熙字典》释义的源流失考、引用材料失误等方面的问题很多，清代王引之曾作《字典考证》，纠正引文错误二千五百余条，可资参考。

5.《经籍籑诂》

《经籍籑诂》由清代阮元主编，臧镛堂等人具体编撰。该书是唐代以前古书训诂资料的汇编。全书收录有唐以前(包括唐代在内)的经、史、子、集四部当中的重要著作的旧注，以及字书当中的解释，以单字、单词为条目，依照平水韵一百零六个韵部，分平、上、去、入编入，每韵一卷。

一字为一条目，每条先列举字的本义，然后列引申义或假借义。碰到多音字则分别采入几个韵部，并根据字义的不同，分别加以解释。如果各家说法对某一字的训诂完全相同，也重复加以收录。书中只收各字的解释与训诂材料，一律不加注读音。

下面是该书的"毅"字条：

毅|果敢也[论语子路]刚|木讷集解引王肃〇|果也[国语楚语下]|而不勇注〇|敢[太元元冲]〇致果为|[左氏宣二年传]又[书皋陶谟]扰而|传[泰誓下]尔众士其尚迪果|传又[后汉书高彪传注]〇致果曰|也[书皋陶谟]|郑注又[后汉书盖勋传注]〇|强而能决断也[论语泰伯]士不可以不宏|集解引包注〇|谓能强果断也[论语泰伯]皇疏〇|端[太元元错]〇|胜也[尔雅释诂]〇得胜也[尔雅释诂注]〇|困也

上举条例中，竖线("|")，用以替代所要查检的本字；圆圈("〇")，用来表示隔断上下两种不同的解释；方括号("[ ]")，用来代表书名和篇名。

《经籍籑诂》搜罗比较全备，但略嫌芜杂缺乏条理。段玉裁《与刘端临第二十四书》评论说："《经籍籑诂》一书甚善，乃学者之邓林也。但如一屋散钱，未上串。"

中华书局与成都古籍书店出版了该书的影印本。

6.《助字辨略》

《助字辨略》，清人刘淇著。这本书是我国最早的一部专门解释汉语虚词的著作。全书共五卷，共收虚词四百七十六个。该书博采先秦以至宋、元的经、子、史传以及诗、词、俗语，按词目所属的韵部排列，依上下平、上、去、入四声编成。

此书将虚词分为三十类，计：重文、省文、助语、断辞、疑辞、咏叹辞、急辞、缓辞、发语辞、语已辞、设辞、别异之辞、继事之辞、或然之辞、原起之辞、终竟之辞、顿挫之辞、承上、转下、语辞、通用、专辞、仅辞、叹辞、几辞、极辞、总括之辞、方言、倒文、实字虚用等。分类周详细密，但重复烦琐之处甚多。

本书将方言俗语也列入研究范围。作者使用方言俗语来训释诗词，在当时颇令人耳目一新。

中华书局曾据开明书店《助字辨略》章锡琛校注本重印出版，书后附有全部词目的笔画索引。

7.《经传释词》

《经传释词》十卷，清王引之著。这是一部专门解释古书虚词特殊用法的训诂学著作。全书共收虚词一百六十个。语料采摘只限于"九经"、"三传"及周秦西汉的古籍，但征引材料比较丰富。由于作者精通周秦古音，在解释虚字时，常常从声韵原理出发发掘虚词之间的内在联系，富有独创见解。

本书对于所收各字，先简要地解释用法，然后征引古籍来进行论证。某词若有若干种用法，则分为若干条解释。每条解释尽可能地博引例证，推源溯本，说明其演变情况。如果所引例证有费解之处，再对所引原文进行解释。

本书按中古守温三十六字母编排所收虚词。

## 三、现代编写的常用古代汉语工具书

1.《辞源》

(1)旧《辞源》

《辞源》本来是一部解释语词，兼收百科的综合性的语文词典。这部书的编纂开始于清光绪三十四年(1908 年)。1915 年，以甲乙丙丁戊五种版式出版。1931 年出版续编。1939 年出版《辞源》正、续编合订本。1949 年出版简编。正续编共收词目十万条。旧版《辞源》每个词条都先解释词义与用法，再引书证以说明词义演变的源流，同以往的辞书相比，编纂水平有了很大的提高。但是存在的缺点和错误依然很多，如立目不当、解释错误、引用书证不加严格稽核以致出现大量引文舛误问题，等等。

(2)《辞源》修订本

《辞源》修订本是阅读古籍用的工具书和古典文史研究工作者的参考书，是一部新型的古代汉语词典。

1958 年《辞源》修订工作开始，由于“文革”的干扰，修订工作一度中断，至 1976 年，开始恢复修订。根据与《辞海》及《现代汉语词典》分工的原则，《辞源》修订本删去旧《辞源》中的现代自然科学、社会科学和应用技术的词语，专收古代汉语的词汇。但原有的关于文史方面的百科词目仍然保留，修订本只用来解决阅读古书时关于词语典故和有关古代名物典章制度等知识性的疑难问题。到 1983 年，修订本全部出齐。

《辞源》修订本在单词下注汉语拼音和注音字母，并加注《广韵》的反切，标出中古的声韵。《广韵》不收的字，采用《集韵》或其他韵书的反切。单字有数种读音的，分别注音。单字下复词第一字的不同读音，也按单字注音的次序，相应地加以注明。复词条的组成，包括释义和书证，注明出处或加注参考资料。多义词的解释一般以本义、引申、通假为先后。单字仍照旧《辞源》用部首排列，同部首的按笔画数多少为序，同笔画数的，按起笔笔形，即按丶一(包括㇀)丨(包括㇄)丿(包括㇜)为序，依次排列。每个单字下的复词按字数多少为序，字数少的排在前，多的排在后。字数相同的，以第二字的笔画数多少为序。笔画数相同的，以第二字的起笔笔形丶一丨丿为序。书末还附四角号码索引。

由于修订本也是成于众手，书中意义解释、语源列举、书证搜集等方面仍然存在着若干问题,这些都有待于今后再次修订时改正。

2.《辞海》

(1)旧辞海

旧《辞海》也是一部兼有解释普通语词和百科性质的综合性辞书。初版于1936年,由中华书局以甲、乙、丙、丁四种版式出版。1947年出版合订本。

所收词目,由普通语词和专门语词两部分组成。按部首编排,以字带词,词以字数、笔画为序。

(2)《辞海》修订本

1959年夏,旧《辞海》开始修订。1979年出版《辞海》修订本三卷本,次年出版三卷本的缩印本。1983年,又出版《辞海·增补本》。1989年出版进一步修订后的合订本。

修订后的《辞海》被确定为一部兼收古今语词和百科性质的综合性词典,因为“兼收”,所以对阅读古代文献也有一定的参考作用。全书共收单字14872个,选收词目106587条,包括成语、典故、人物、著作、历史事件、古今地名、团体组织,以及各学科的名词术语等。

全书使用规范简化字排版。单字用汉语拼音注音。单字按部首表分别排列;同部首的单字以笔画数顺序排列;笔画数相同的,按起笔笔形一丨丿丶乙的顺序排列;字数相同的,按第二字的笔画数排列。全书还收录了3000余幅插图。

3.《词诠》

《词诠》,杨树达著,全书五卷。这部书搜集了古书中常用的介词、连词、助词、叹词及一部分代名词、动词、副词等,说明每词的用法与意义,共五百多字。

全部词目按注音字母次序排列,书前列有部首与笔画索引。

《词诠》首先标明词类,然后进行训释,每种用法各举古书用例说明。所引书证,每条都详细注明原文书名、篇名的出处。

《词诠》对于每条词目,不论是普通用法或例外用法,都详引例证,分条解说。最多的如"以"字条下列有二十二种用法。部分常用虚词同时含有具体实义,也标明其词类,说明其用法。

《词诠》与前人的《助字辨略》和《经传释词》相比,应是后出转精,解释虚词较前书明确,例证比较丰富。

《词诠》初版于1928年,先由商务印书馆出版,1954年中华书局重印出版。

4.《汉语大词典》

《汉语大词典》是一部大型的、历史性的汉语语文词典。全书十二卷,另有检索表与附录一卷。共收词目约近40万条,5000余万字。全书收录了汉语的一般语词以及进入一般语词范围的专门语词。全书注重阐明每条语词的源流发展与历史演进。单字则以有文献例证者为限,没有例证的僻字、死字一般不收列。

该书所收条目分为单字条目与多字条目。多字条目依"以字带词"的原则,列于单字条目之下。单字条目依二百个部首归部,部首相同的按笔画数(减去部首本身笔画数)的顺序排列,笔画数相同的按起笔笔形一丨丿丶乙的顺序排列。

为了表明汉语历史发展的事实,本书繁体字与简体字并用,正体字与异体字并用。单字条目字头下依次标注现代音与古音。现代音用汉语拼音字母标注,古音用《广韵》、《集韵》等韵书反切标注,并标明声、韵、调,在后依次列出声调、韵部与声类。古音有辨义异读的,不论现代音相同与否,均分列条目。全书各条目均采取先释义后列举书证的格式。每条语词在释义后均列举古代文献中的用例数例,以各书证的时代先后次序排列,以阐明每条语词的历史源流演变情况。

这部词典按部首分部编排。部首以传统的《康熙字典》214部为基础,酌情删并,共立二百部。

《汉语大词典》是目前相对来说收词最为宏富、释义最为精审、书证稽核最为严谨的大型汉语辞书，联合国认定该书是权威的汉语工具书。但由于成于众手、编撰时间仓猝、材料搜集还有不少缺憾，因此依然存在着不少问题。

5.《汉语大字典》

《汉语大字典》是一部解释汉字形、音、义的大型语文工具书，全书八卷，最后一卷是附录与索引。共计收录单字 56000 左右。本书注重形、音、义的密切配合，尽可能历史地、正确地反映汉字形、音、义的发展。在字形方面，在楷书单字条目下，收列了能够反映形体演变过程的、有代表性的甲骨文、金文、小篆和隶书形体，并简要说明其结构的演变。在字音方面，对所收列的楷书单字尽可能地注出现代读音，并收录了中古的反切，标注了上古的韵部。在字义方面，不仅注重收录常用字的常用义，而且注意考释常用字的生僻义和生僻字的义项，还适当地收录了复音词中的词素义。

本字典收列楷书单字，并根据存字、存音、存源的原则，在单字下酌收少数复词。收字以历代辞书为依据，并从古今著作中增收部分单字。单字条目的组成，一般包括字头、解形、注音、释义、引证。单字按照与《汉语大词典》共同商订的二百部分部排列。有古文字的单字，在字头后面选列能够反映字形源流演变的古文字形体，并根据阐明形音义关系的需要，酌附字形解说。

各分卷附该卷部首检字表，末卷附总检字表。

## 复习思考题

1. 简要说明下列工具书的主要性质，并设法找到这些工具书翻阅一下以取得感性认识：

(1)《尔雅》

(2)《说文解字》和《说文解字注》

(3)《广韵》

(4)《康熙字典》

(5)《经籍籑诂》

(6)《助字辨略》

(7)《经传释词》

(8)《辞源》修订本

(9)《汉语大词典》

(10)《汉语大字典》

2.《尔雅》是一部什么样的工具书？它对我们学习古代汉语有什么作用？

3.《说文解字》是一部什么样的工具书？它对我们学习古代汉语有什么作用？

4. 简述“说文四大家”及其代表著作。

5. 说明《辞源》修订本与《辞海》修订本的异同。

6.《广韵》是一部什么样的工具书？它对我们学习古代汉语有什么作用？

7.《康熙字典》是一部什么样的工具书？它对我们学习古代汉语有什么作用？

8.《经籍籑诂》是一部什么样的工具书？它对我们学习古代汉语有什么作用？

9.《词诠》是一部什么样的工具书？它对我们学习古代汉语有什么作用？

10.《经传释词》是一部什么样的工具书？它对我们学习古代汉语有什么作用？

11. 任意确定20个字，查考《说文解字》、《康熙字典》、《辞源》、《辞海》、《汉语大词典》、《汉语大字典》，看看这些工具书的注解内容有何异同。

12. 标点并翻译短文：

①灌夫为人刚直使酒不好面谀贵戚诸有势在己之右不欲加礼必陵之诸士在己之左愈贫贱尤益敬与钧稠人广众荐宠下辈士亦以此多之夫不喜文学好任侠已然诺诸所与交通无非豪桀大猾家累数千万食客日数十百人陂池田园宗族宾客为权利横于颍川颍川儿乃歌之曰颍水清灌氏宁颍水浊灌氏族(《史记·魏其武安侯列传》)

【使酒——借酒而使性子。　与钧——跟他们平等。钧，均。多——推重、称扬。　任侠——讲究信义，打抱不平。　豪桀——豪杰。　为权利—

追逐权势利益。】

②古人之观于天地山川草木虫鱼鸟兽往往有得以其求思之深而无不在也夫夷以近则游者众险以远则至者少而世之奇伟瑰怪非常之观常在于险远而人之所罕至焉故非有志者不能至也有志矣不随以止也然力不足者亦不能至也有志与力而又不随以怠至于幽暗昏惑而无物以相之亦不能至也然力足以至焉于人为可讥而在己为有悔尽吾志也而不能至者可以无悔矣其孰能讥之乎　（王安石《游褒禅山记》）

③夫君子之所取者远则必有所待所就者大则必有所忍古之贤人皆负可致之才而卒不能行其万一者未必皆其时君之罪或者其自取也　（苏轼《贾谊论》）

④太史公曰古者人臣功有五品以德立宗庙定社稷曰勋以言曰劳用力曰功明其等曰伐积日曰阅封爵之誓曰使河如带泰山若厉国以永宁爰及苗裔始未尝不欲固其根本而枝叶稍陵夷衰微也　（《史记·高祖功臣侯者年表》）

【明其等——使功劳等级明确。　使——即使。　厉——磨刀石。】

# 后　记

为了适应教育现代化的需要,进一步深化师范教育改革,加强教学基本建设,江苏省教委于1998年9月正式启动高等学校小学教育专业20余门必修、选修课程的38本教材的编写工作。我们这部《汉语》教材,就是其中的一本。

这部教材属通论性质,分为上、下两编,上编讲现代汉语理论,下编讲古代汉语理论;既可供全日制高校小学教育专业本、专科学生使用,也可供成人高校有关专业和在职中小学教师进修提高使用。

这部教材是集体劳动的产物。编写组成员共8人,来自大江南北各有关学校。他们的姓名和分工是:

马景仑(南京师范大学):上编第一章绪论、下编第一章绪论、下编第二章文字、下编第五章音韵。

谢玲(南京师范大学附属幼儿师范学校):上编第二章语音。

钟敏(常州师范学校):上编第三章汉字、上编第六章修辞。

魏南江(无锡师范学校):上编第四章词汇。

孙汝健(南通师范学院):上编第五章语法。

史灿方(江苏广播电视大学):下编第三章词汇。

杨振国(盐城师范学院):下编第四章语法。

王强(扬州教育学院):下编第六章修辞标点翻译和常用工具书。

作为主编,我逐字逐句地审阅了全部书稿,在一定程度上对全书的语言风格进行了统一,并对原稿中部分章节的内容进行了删改、调整和补充。

这部教材是全体编委心血和汗水的结晶。从 1998 年 12 月 26 日召开编写组全体成员会议,明确分工和写作要求,到 1999 年 6 月 30 日全部书稿审订修改完毕,在半年的时间里,各位编委在繁忙的本职工作之余,辛勤笔耕,埋头苦干,终于按时完成了本书的编写任务。没有编委们的齐心协力和忘我工作,就不可能有这部教材的问世。在这里,我要真诚地向他们道一声"谢谢"。

这部教材在编写和审订过程中,参考了国内许多同类教材,特别是杨润陆、周一民编著的《现代汉语》(北京师范大学出版社 1995 年 10 月第 1 版)和王力先生主编的《古代汉语》(修订本)(中华书局 1982 年 3 月第 2 版)。谨向这些教材的编者表示衷心的感谢。本教材下编古代汉语部分,也参考了我本人编写的《古代汉语和古典医籍》(上册)(江苏人民出版社 1997 年 6 月第 1 版),并引用了其中的某些内容,特此说明。

本书责任编辑周明教授不仅十分仔细地审读了全部书稿,而且提出了许多很有价值的修改意见。在此,谨向周先生表示衷心的感谢。

由于编写时间较短,编写人员水平有限,书中粗疏失当之处在所难免,敬希使用本教材的广大师生和各界读者批评指正。

马景仑

1999 年 9 月 10 日

于南京师范大学文学院